Ralf Gréus

MIT DEM WOHNMOBIL IN DIE PROVENCE

und in das Languedoc

Die Anleitung für einen Erlebnisurlaub

Verlag Roth - Schulz
D-7129 Brackenheim 4

Die Deutsche Bibliothek – CIP-Einheitslaufnahme

Gréus, Ralf:
Mit dem Wohnmobil in die Provence und in das Languedoc:
die Anleitung für einen Erlebnisurlaub / Ralf Gréus.
- 1. Aufl. - Brackenheim : WOMO-Verl. Roth-Schulz, 1993
  (Womo-Reihe ; 12)
  ISBN 3-928840-12-6
NE: GT

Titelbild: Lavendelfeld bei Sault
1. Auflage 1993
Druck:
Wilhelm Röck GmbH, 7102 Weinsberg
Karten:
Doris Gréus, Wiesbaden
Fotos:
vom Autor oder von Anna und Lena
Vertrieb:
GeoCenter, 7000 Stuttgart 80
Herausgeber:
WOMO-Verlag Waltraud Roth-Schulz
Hornstraße 4, 7129 Brackenheim
Tel. 07135/14553
Fax 07135/14652

ISBN 3-928840-12-6

Einladung

Freuen Sie sich auf

- abwechslungsreiche Landschaften
- geschichtsträchtigen Boden und antike Bauwerke
- Badeplätze an klaren Flüssen und Stauseen
- Rotwein, Käse und Pastis
- Menschen, denen ein gutes Essen wichtiger ist als die Pflege ihres Autos
- deren Restaurants und Cafés
- das Midi, in dem die Kunst des Pétanque bisweilen mehr zählt als die Bildung
- die Sonne, den Wind und manchmal auch auf den Regen
- Wanderungen mit phantastischen Fernblicken
- gemütliche, nicht überfüllte Campingplätze
- die schönsten freien Übernachtungsplätze ?

Dann folgen Sie uns kreuz und quer durch eine der schönsten Kulturlandschaften Südeuropas, auch wenn wir nicht selten die ausgetretenen Wege verlassen.

Ihr

Reinhard Schulz

Inhaltsverzeichnis

WARNUNG 7

ANLEITUNG FÜR DEN ERLEBNISURLAUB MIT
DIESEM REISEFÜHRER 8

KARTE DER ÜBERNACHTUNGSPLÄTZE + TOUREN .. 12

ANREISE 14

DURCH DIE PROVENCE UND DAS LANGUEDOC
AUF 16 TOUREN 18

Tour 1: Tore zum Süden
Défilé de Donzère - St. Paul Trois Châteaux
Suze la Rousse - Orange - Châteauneuf du Pape ... 18

Tour 2: Der Provence auf's Dach
Dentelles de Montmirail - Beaumes de Venise
Gigondas - Carpentras - Vaison la Romaine
Mont Ventoux 30

Tour 3: Das Plateau de Vaucluse
Sault - Forcalquier - Venasque - Pernes les Fontaines
Fontaine de Vaucluse - L'Isle sur la Sorgue 43

Tour 4: Durch das Tal von Apt
Gordes - Kloster Sénanque - Roussillon - Apt - Saignon
Rustrel - Simiane la Rotonde - Oppedette - Viens ... 56

Tour 5: An die Nordhänge des Lubéron
Saignon - Bonnieux - Lacoste - Ménerbes
Oppède le Vieux 80

Tour 6: Zwischen Lubéron und Durance
Lourmarin - Cucuron - Mérindol 95

Tour 7: Traumstadt vor Bergklotz
Aix - Montagne Ste. Victoire - Vauvernargues
Rians 102

Tour 8: An die Ufer des Verdon
See von Esparron - Riez - Moustiers
See von Ste. Croix - Grand Canyon du Verdon
Castellane - Sisteron 114

Tour 9: Wie Gott in Frankreich?
Avignon - Villeneuve - Barbetane 130

Tour 10: Licht und Schatten
Les Baux - St. Rémy - Fontvieille 145

Tour 11: Arles, Frankreichs größte Gemeinde
Kloster Montmajour - Arles - St. Gilles 159

Tour 12: Römische Erbschaften
Pont du Gard - Uzès - Nîmes 170

Tour 13: Flamingo-Road
Camargue - Stes. Maries de la Mer
Aigues Mortes 182

Tour 14: Zwischen Meer und Cevennen
Agde - Pézenas - Lac du Salagou
St. Guilhem le Désert - Ganges........................... 194

Tour 15: Die Causses und die Gorges
Gorges du Tarn - Aven Armand - Mont Aigoual
Gorges de la Jonte - Millau - Roquefort
Chaos de Montpellier le Vieux - Nant 204

Tour 16: Traumschlucht mit Mängeln
Gorges de l'Ardèche - Aven d'Orgnac
Bagnols sur Cèze 219

TIPS UND INFOS FÜR SÜDFRANKREICH 226

Boules - Pétanque 226
Campingplätze 227
Diebstahl.. 228
Fotografieren/Filmen 230
Freies Camping 231
Fremdenverkehrsbüros 232
Gas 232
Geld 233
Karten 234
Lebensmittel/Getränke 234
Literatur 235
Notfälle 236
Post 237
Preise 237

Radfahren 237
Reisezeit/Klima 238
Restaurants 240
Sehenswürdigkeiten 242
Sprache 243
Stellplätze 243
Strände/Bademöglichkeiten 244
Straßenverhältnisse/Tankstellen 245
Telefonieren 246
Toiletten 246
Tourismus 248
Unfall 248
Wanderungen 250
Wasserversorgung 252
Wein 252

Zeichenerklärung für die Karten

═══════	Autobahnen	Ü	Übernachtungsplatz
▬▬▬▬	Hauptstraßen	P	Parkplatz
────────	Nebenstraßen	♁	Kirche, Kloster
⬚	Trinkwasserstelle	⁞	Burg, Ruine
⊗	Campingplatz	▲	Berggipfel
⌓	Höhle, Grotte		

Warnung!

Daß ein Reiseführer mit einem Inhaltsverzeichnis beginnt, ist ja noch normal, aber danach gleich eine "Warnung"?

Wir möchten Sie vor einer Fehlinvestition bewahren. Falls Sie nämlich dieses Buch kaufen, weil Sie einen Strandurlaub am Meer planen, weil Sie lauschige Stellplatztips hinter den Dünen erwarten oder urige Fischerkneipen, würden Sie enttäuscht. Denn das Meer kommt in unserem Buch so gut wie gar nicht vor!

Südfrankreich am Meer ist vollkommener Kommerz; kein Stückchen Land ist ungenutzt. In solchen Gegenden gibt es keinen Raum für Wohnmobile. Es sei denn auf dem Campingplatz. Aber einen Campingplatzführer publizieren schon andere. Außerdem ist die Küste im Sommer so überfüllt, daß man sie ehrlicherweise kaum noch weiterempfehlen kann; von Geheimtips keine Spur!

Und schließlich wollte ich mir selbst die Meeresgestade auch nicht zumuten - nur weil ich einen Reiseführer schreibe. Also war ich konsequent und habe sie ausgeklammert; aber nur beinahe, denn ein paar Tips konnte ich mir doch nicht verkneifen.

Am Ende der Warnung noch ein Trost: Nicht zu kurz kommen die Badeplätze an den Flüssen - und einige Stauseen gibt es schließlich auch noch.

Falls die Warnung für Sie zu spät kommt, weil Sie das Büchlein schon gekauft haben, der Meeresurlaub aber dennoch stattfinden soll: Südfrankreich ist - von wenigen Ausnahmen abgesehen - nirgends so unschön wie an der Küste. Disponieren Sie um, verkürzen Sie den Badeurlaub! Oder - Sie glauben uns nicht und ärgern sich über das rausgeworfene Geld für dieses Buch. Sie werden an der Küste noch manchen Franc zuviel ausgeben!

Anleitung für den Erlebnisurlaub mit diesem Reiseführer

Provence und Languedoc gehören zu den beliebtesten Urlaubszielen der Deutschen. Entsprechend umfangreich ist auch die Reiseliteratur, jedenfalls über die Provence. Unser Büchlein kommt nun noch hinzu, wobei darin natürlich die wohnmobilistischen Aspekte dieses Teils Südfrankreichs besonders behandelt werden sollen. Ich werde Ihnen von meinen Fahrten erzählen, bei denen mich meistens meine Frau und meine beiden Töchter, manchmal aber auch, beim Wandern, ein Freund begleitet hat. Sie werden also einen Reiseführer lesen, in dem das Subjektive mindestens soviel Raum einnimmt wie die üblichen Ortsbeschreibungen. Neben rein praktischen Ratschlägen möchte ich Ihnen in allererster Linie eine Gebrauchsanweisung in die Hand geben, mit welcher sich der eigene Urlaub nicht nur im Abklappern von Sehenswürdigkeiten erschöpft.

Unsere eigenen Fahrten verliefen in den Oster-, Pfingst- und Sommerferien in etwa auf den Routen, in die ich die einzelnen Reisebeschreibungen aufgeteilt habe. Das Gebiet war aber zu groß, um hieraus eine einzige Südfrankreichreise zusammenzustellen, wobei auch eine Tour nicht unbedingt nahtlos an die vorherige anschließen muß. Ich könnte mir vorstellen, daß so ähnlich auch Ihre Fahrten verlaufen. Sie werden schnell merken, daß ich gelegentlich etwas mogeln mußte, denn nicht immer haben wir die Touren so in einem Stück durchgezogen, wie ich diese literarisch dargestellt habe. Und vor allem werden Sie merken, daß ich weder die Provence noch das Languedoc vollständig bereist oder beschrieben habe. Zwar taucht ein Großteil der bekannten Ziele in unserem Buch auf, aber insgesamt liefere ich Ihnen nur eine subjektive Auswahl, wobei ich Sie oben schon davor warnen mußte, daß ich die Meeresküste fast ganz ausgeklammert habe.

Wenn Sie unseren Touren nachfahren, gilt als oberstes Gebot: Schlagen Sie sich ein zu großes Programm von vornherein aus dem Kopf! Vielfahrerei ist eine der schlimmsten Unsitten wohnmobiler Urlauber. Streichen Sie lieber touristische Attraktionen aus Ihrem Programm, denn wenn Sie weniges genießen, haben Sie mehr davon als wenn Sie vieles abhaken!

Von einer Fahrt nach Südfrankreich erwarten Sie vermutlich Kultur, Sie wollen Bau- und Kunstdenkmäler betrachten.

8

Ich nenne Ihnen die Hauptsehenswürdigkeiten, Sie aber denken daran, daß ich einen Wohnmobilführer geschrieben habe und nicht mit den Kunstreiseliteraten wetteifern kann.

Die kulinarische Zufriedenheit spielt gerade im Urlaub eine große Rolle. Ich nenne Ihnen daher gute Restaurants, und zwar vorwiegend solche, die wir auch selbst erprobt haben; schlichte und noblere, billige und teure.

Wandern wird immer beliebter, auch in Südfrankreich. Wir nehmen Sie mit auf ein paar Rundwanderungen unterschiedlicher Länge.

Aber deswegen haben Sie diesen Reiseführer bestimmt nicht gekauft. Sie wollen mit dem Wohnmobil in die Provence oder ins Languedoc und erwarten nun von uns Vorschläge für Übernachtungsplätze. Sie sind es leid, immer endlos auf der Stellplatzssuche herumzukurven. Wir haben dieses sozusagen für Sie erledigt und beschreiben Ihnen einsame Stellplätze, aber auch solche in der Nähe von Häusern, auf denen Sie ruhig schlafen können, selbst wenn Sie zu den ängstlicheren Naturen gehören. Wir helfen Ihnen beim Auffinden solcher Plätze, und manchmal haben wir diese auch fotografiert.

Jeder unserer Touren stellen wir eine Übersicht voran, in der wir Ihnen Besichtigungsvorschläge machen, eine oder mehrere Gaststätten empfehlen, wo wir Ihnen Übernachtungsplätze nennen und Sie oft auch auf Wander- und Ausflugsrouten hinweisen. Die den Touren vorangestellten Angaben sind dann im folgenden Text näher beschrieben. Damit Sie sich bei der Lektüre des Buches orientieren können, sind alle Orte, insbesondere die Übernachtungsplätze auf einer zu den Routen gehörenden Landkarte dargestellt. Diese Skizzen ersetzen natürlich keine Straßenkarte, wenngleich sich unsere Zeichnerin um möglichst maßstabgenaue Abbildungen bemüht hat.

Damit Sie gezielt einen Übernachtungsplatz suchen können, haben wir nachfolgend eine Übersichtskarte abgedruckt, auf der die Ziffern einen Übernachtungsplatz anzeigen und den Nummern der späteren Touren entsprechen.

Wir gehen davon aus, daß viele Wohnmobilisten in Abständen Campingplätze aufsuchen. Ich schreibe keinen Campingplatzführer, ich nenne Ihnen aber im Text und auf den Karten gelegentlich doch solche Plätze, die für Wohnmobile geeignet sind. Womit ich allerdings weniger das sanitäre Drumherum meine, als vielmehr die Stellplatzmöglichkeiten oder einen gewissen lagebedingten Reiz. Auch in Südfrankreich wird das freie Übernachten immer stärker reglementiert, so daß schon deshalb Campingplätze immer tiefer in unser wohnmobilistisches Bewußtsein eindringen müssen.

Unsere Karten enthalten auch Wasserzapfstellen, die nicht auf Campingplätzen liegen. Wenn im Text der einzelnen Routen das Auffinden dieser Wasserhähne, Quellen oder Brunnen nicht beschrieben ist, liegen diese an der Straße, so daß man sie beim aufmerksamen Vorbeifahren erkennen kann. Ein besonderes Augenmerk haben wir auf öffentliche Toiletten gerichtet; vor allem, wenn diese in der Nähe von Stellplätzen liegen.

Bei den einzelnen Reisebeschreibungen würde sich vieles wiederholen, was man genausogut auch zusammenfassen kann. Wir haben daher den Touren einen weiteren, sozusagen allgemeinen Teil hinzugefügt. Wenn Sie also mit diesem Büchlein verreisen wollen, lesen Sie bitte zunächst die allgemeinen Tips im hinteren Teil des Buches vollständig, und folgen Sie erst dann unseren Touren. Diese bauen nämlich auf dem allgemeinen Teil auf.

Nach meinen beiden früheren Büchern habe ich die Erfahrung gemacht, daß viele Stellplätze auf Jahre unverändert bleiben, bei wenigen ändern sich die Bedingungen aber sehr schnell, mitunter von einer Saison auf die andere. Die Kunstreiseführerautoren haben es da einfacher. Diese sind demnach nicht so auf die Mithilfe ihrer Leser angewiesen. Ich freue mich also, wenn Sie mir von Ihren Erfahrungen berichten, denn Sie tragen damit zur Aktualisierung der Bücher bei. Vielleicht finden Sie auch Orte, die ich gar nicht kenne oder nicht für erwähnenswert gehalten habe. Meine Adresse:

Ralf Gréus
Bahnhofanlage 18
6830 Schwetzingen
Tel. 06202/25775

In diesem Zusammenhang muß ich noch auf die Selbstverständlichkeit hinweisen, daß weder der Verlag noch ich als Autor dafür einstehen können, daß das Übernachten auf den von uns erwähnten Plätzen polizeilich oder sonstwie erlaubt ist. Alle Angaben in diesem Reiseführer sind ohne Gewähr.

Am Ende der Gebrauchsanweisung muß ich noch vor den schädlichen Nebenwirkungen bei der Anwendung dieses Buches warnen: Übervölkern Sie bitte die empfohlenen Stellplätze nicht. Bücher dieser Art können nämlich bei Überdosierung zum raschen Exitus des Stellplatzes führen. Schließlich möchte ich selbst an die beschriebenen Orte zurückkehren können, ohne mich vor den Einheimischen verstecken zu müssen, um nicht gelyncht zu werden

Ich wünsche Ihnen nun viel Freude in Südfrankreich und daß Sie mit dem Wohnmobil wenigstens ein wenig von der Freiheit erleben, die Sie sich erhoffen.

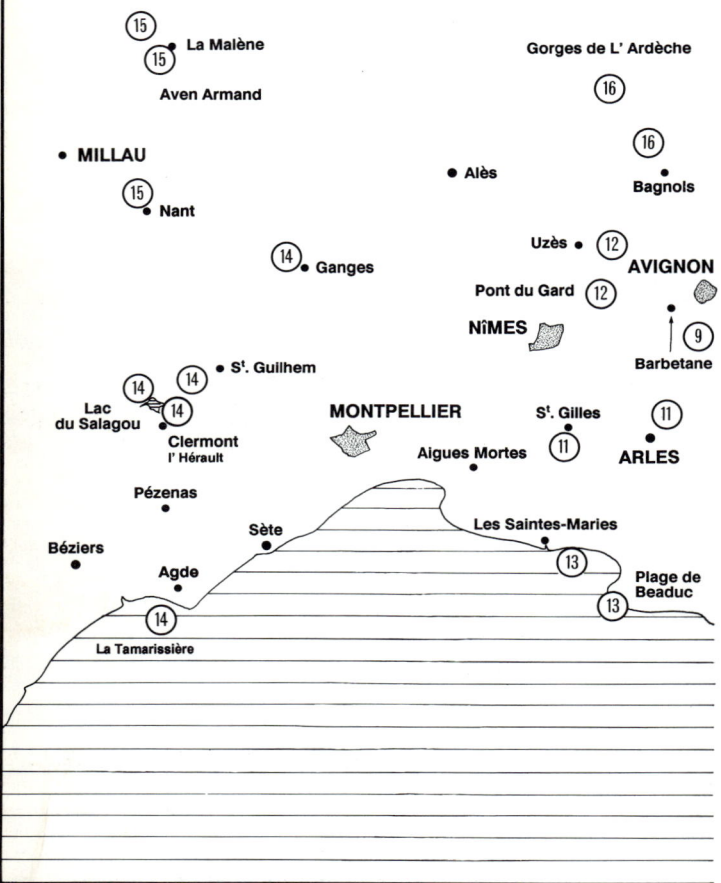

ÜBERNACHTUNGSPLÄTZE UND TOUREN

(Die Ziffern betreffen die Touren ab Seite 18)

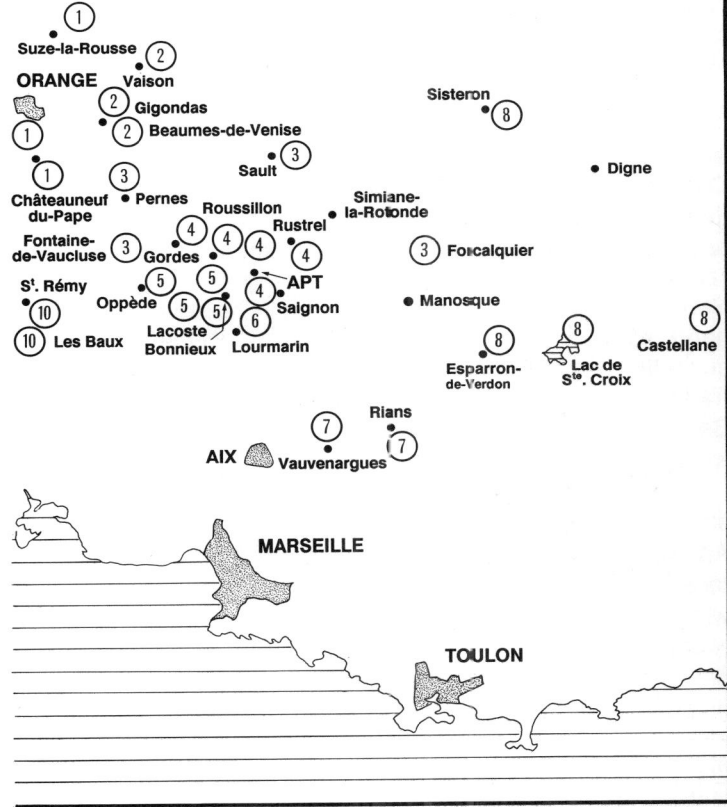

Anreise

Man darf wohl unterstellen, daß Sie auch ohne meine Hilfe in die Provence finden. Ins Languedoc ist es schon etwas schwieriger, allein schon, weil niemand so recht weiß, wo dieses Gebiet im Norden überhaupt anfängt. Dafür ist die Grenze zur Provence klar definiert: Es ist die Rhône.

Durch ihr Tal führt auch die klassische Anreisestrecke, entweder auf der Autobahn oder, parallel daneben, auf der Nationalstraße. Im Grunde gibt es nur **drei Hauptwege** nach Südfrankreich: Die Saône-Rhônetalstrecke, die Route Napoléon und die Küstenstraße von Italien über Monaco und Nizza.

Es kommt natürlich darauf an, welcher südfranzösische Ort als erstes angesteuert werden soll, und wo Sie zu Hause sind. Da viele unserer Ziele im größeren Umkreis von Avignon liegen, und da die wenigsten von Ihnen aus Südostdeutschland anreisen werden, ist die **Saône-Rhônetalstrecke** im Normalfall der eindeutig schnellste Anreiseweg - solange Sie von Staus verschont bleiben. Wir wohnen in Nordbaden, und ich habe schon viele Alternativen getestet. Keine Strecke ist schneller - und teurer. Der klassische Routenverlauf: Auf der französischen A 36 über Mulhouse und Besançon zur A 6 bei Beaune, einem der Hauptverkehrsknotenpunkte Frankreichs, wo drei Autobahnen zusammentreffen.

Wie aber gelangt man zur A 36 bei Mulhouse? Wer wohnt schon in Südbaden, und bei wem fruchten die jährlichen Appelle der Automobilclubs, den Urlaub sonntags oder montags zu beginnen?. Ehrlich gesagt: auf diesem Ohr sind auch wir taub, zu sehr fiebern wir jedesmal der Reise entgegen. Nicht ungern fahre ich sogar (freitags-) nachmittags los, um dann nach drei oder vier Stunden den ersten Urlaubsabend zu genießen. Die Ferien beginnen dann nicht gleich zu Anfang mit einer ganztätigen Reise. Nun möchte ich allerdings von diesen drei Anreisestunden nicht deren zwei im Stau bei Karlsruhe stehen. Ich meide daher seit Jahren bei allen Fahrten in den Süden die A 5 Frankfurt-Basel. Ein paar Kilometer westlich zur deutschen Autobahn verläuft im Elsaß eine Straße, die inzwischen auch fast durchgehend vierspurig ausgebaut ist. Wir fahren über Speyer (wer mehr von Westen kommt, wählt die Autobahn über Landau), Germersheim, Straßburg und Colmar. Außer etwas Zähflüssigkeit südlich von Straßburg und bei Colmar gibt es hier sogar am Freitagabend vor den Oster- oder Pfinstferien keine Staus. Wählen Sie aber südlich von Colmar unbedingt die Strecke über Guebwiller auf der N 83, fahren Sie nicht auf der A 35 in Richtung Mulhouse. Sie stoßen dann bei

Burnhaupt auf die A 36 (Belfort - Besançon). Im Elsaß verbringen wir meistens die erste Nacht und oft auch noch einen ganzen Tag, ehe wir dann von dort am Sonntagmorgen nach Südfrankreich weiterfahren. Das Elsaß glänzt auch mit idealen Wohnmobilbedingungen - wir unterbrechen für die Werbung - von denen ich Ihnen in Band 6 der WOMO-Reihe: "*Mit dem Wohnmobil ins Elsaß*" berichte. Haben Sie diese Alternative erst einmal kennengelernt, werden auch Sie nicht mehr bei Bruchsal, Rastatt oder Baden-Baden im Autobahnstau dahinkriechen.

Die A 36 ist häufig gähnend leer, man hat hier noch Zeit zum Luftholen. Denn ab Beaune wird die nun fast schnurgerade nach Süden verlaufende Autobahn (A 6, die *Autoroute du Soleil*) ziemlich voll, wobei der Verkehr nach Süden hin immer mehr zunimmt, um dann in **Lyon** zum Höhepunkt zu kommen. Die Frage heißt dort nur: Wie lange ist der Stau? Stundenlange Wartereien sind uns bislang erspart geblieben, ich wüßte in südlicher Richtung direkt in Lyon auch keine Umgehungsmöglichkeit.

Für die **Heimfahrt** kann ich Ihnen jedoch einen Tip geben: Entlang der Rhône ist südlich der Innenstadt die Autobahn dreispurig ausgebaut, wobei auf den beiden rechten Spuren oft eine kilometerlange Schlange steht. Benutzen Sie stur die Fahrspur links außen, Sie werden dann nicht mehr auf der Autobahn durch Lyon gelotst, sondern durch andere innerstädtische Straßen. Keine Sorge, die Fahrtrichtung Paris ist immer ausgeschildert. Nur dort, wo sich Ihre linke Fahrspur nach links von der Autobahn trennt, steht ein Wegweiser nach Paris, dem Sie nun natürlich nicht folgen dürfen, zeigt er nämlichn auf den offiziellen Autobahnweg. Wenn Sie, anstatt nach links die Autobahn zu verlassen, nun ihm folgen und sich hier wieder auf die Autobahn einreihen, ernten Sie zurecht ein wütendes Hupkonzert - außerdem stehen Sie gleich wieder im Stau.

Man kann Lyon in beiden Richtungen aber auch fast autobahnmäßig umfahren: Wenn Sie von Norden kommen, verlassen Sie die Autobahn bei der Anschlußstelle Anse/Lyon (par 51). Fahren Sie nun auf einem Autobahnstück mit der Nr. A 46 weiter bis zu dessen Ende bei der N 83. Dort muß man sich ein Stück in Richtung Lyon halten, um dann bei erster Gelegenheit wieder auf den Autobahnring (Richtung Marseille) abzubiegen.

Man kann auf dem Weg nach Lyon die Autobahn auch umgehen: Man verläßt bei Besançon die A 36 und wählt die N 83 über Lons-le-Saunier und Bourg-en-Bresse nach Lyon. Der Weg ist aber nur 30 km kürzer als über die Autoroute,

15

wesentlich zeitaufwendiger, aber billiger und vor allem landschaftlich viel reizvoller. Und man findet reichlich Übernachtungsplätze. Zum Beispiel auf (oder frei vor) kleinen und preiswerten Campingplatz von Quingey, 22 km südlich von Besançon, wo man herrlich in Ortsnähe am breiten Wasserlauf der Loue stehen kann. Einen netten Zeltplatz mit Bademöglichkeit gibt es auch etwa 13 km südlich von Quingey bei Rennes.

Oder Sie entscheiden sich schon weiter im Norden für eine andere nervenschonende, aber leider auch etwas längere Alternative, Sie wählen nämlich die **Autobahn durch die Schweiz** über Basel, Bern, Genf nach Lyon. Diese Strecke ist inzwischen durchgehend autobahnmäßig fertig (hoffentlich auch die Autobahnumfahrung von Genève) und hat den Vorteil, daß man wenigstens 30,-- DM Autobahngebühren spart - sofern man die Schweizer Vignette ohnehin kaufen würde. Auf dieser Strecke gibt es auch keine Staus an den französischen Mautstellen, und Lyon wird großzügig auf dem bereits oben schon erwähnten südöstlichen Autobahnring umschifft.

Südlich von Lyon tauschen wir auch mal die Autobahn mit der Route-National, die hier allerdings sehr stark befahren sein kann. Wir sind dort schon hervorragend vorangekommen, in anderen Urlauben mußten wir jedoch bereits an der nächsten oder übernächsten Anschlußstelle wieder reumütig auf die Autobahn zurück.

Französische Autobahnen gehen ins Geld, denn unser WOMO ist dort ein Laster und ungerechterweise deutlich teurer als ein Wohnwagengespann. Die Preise will ich Ihnen erst gar nicht nennen, sie steigen ohnehin ständig. Und ob Sie die Autobahn benutzen oder nicht, scheint mir weniger eine Geld- als mehr eine Glaubensfrage zu sein.

So Sie zu den Liebhabern der Landstraße gehören, werden Sie ohnehin die einzige echte Alternative zur Rhônetalstrecke bevorzugen, die **Route-Napoléon**, oder deren westliche Schwester. Sie wählen den landschaftlich schönsten Anreiseweg: Auf der Autobahn zunächst durch die Schweiz über Basel (oder Zürich), Bern und Genf (Genève), und dann in Frankreich über Annecy nach Grenoble. Südlich dieser ehemaligen Stadt olympischer Winterspiele endet dann die Autobahn am Beginn zweier Landstraßenalternativen, der östlichen Route Napoléon und der westlicheren Route d' Hiver. In Sistéron treffen die beiden gleichlangen Strecken wieder zusammen, von denen ich nicht sagen könnte, daß die eine empfehlenswerter wäre als die andere. Landschaftlich etwas schöner ist wohl der westliche Weg.

16

In Sisteron ist man dann schon in der Provence, außerdem beginnt dort die Autobahn nach Aix-en-Provence. Die Route Napoléon führt über Digne, Castellane - sehr kurvenreich - ans Meer bei Nice (Nizza). Wer als erstes Urlaubsziel den östlichen Teil der Provence ansteuert, wird sich immer für diesen Weg entscheiden, die Schweizer Autobahnvignette ist aber auch hier unverzichtbar. Ich kam auf der Landstraße zwischen Grenoble und Sisteron immer recht zügig voran. Wegen des kurzen französischen Autobahnstücks ist dieser Weg auch eindeutig der billigste.

Sisteron

Zur **Küstenstraße,** die von Italien nach Frankreich führt, schreibe ich hier nichts, da ich wegen der schlechten wohnmobilistischen Bedingungen den östlichen Teil der Provence am Meer in meinem Buch ausklammere. Eine echte Alternative ist dieser Weg auch ohnehin nicht.

Die **Kraftstoffpreise** kann man bei der Routenauswahl wohl vernachlässigen, so groß sind die Preisunterschiede in Deutschland, der Schweiz und Frankreich nicht mehr, allerdings sind auch in Frankreich die Autobahntankstellen die teuersten.

Irgendwann sehen Sie es schon an der Landschaft, Sie sind angekommen. Ihr Wohnmobil steht gut geparkt für die Nacht, Sie sitzen in einem Café und genehmigen sich vielleicht den ersten Pastis. Und Sie sind voller Tatendrang, denn vor Ihnen liegen einige unserer 16 Touren.

17

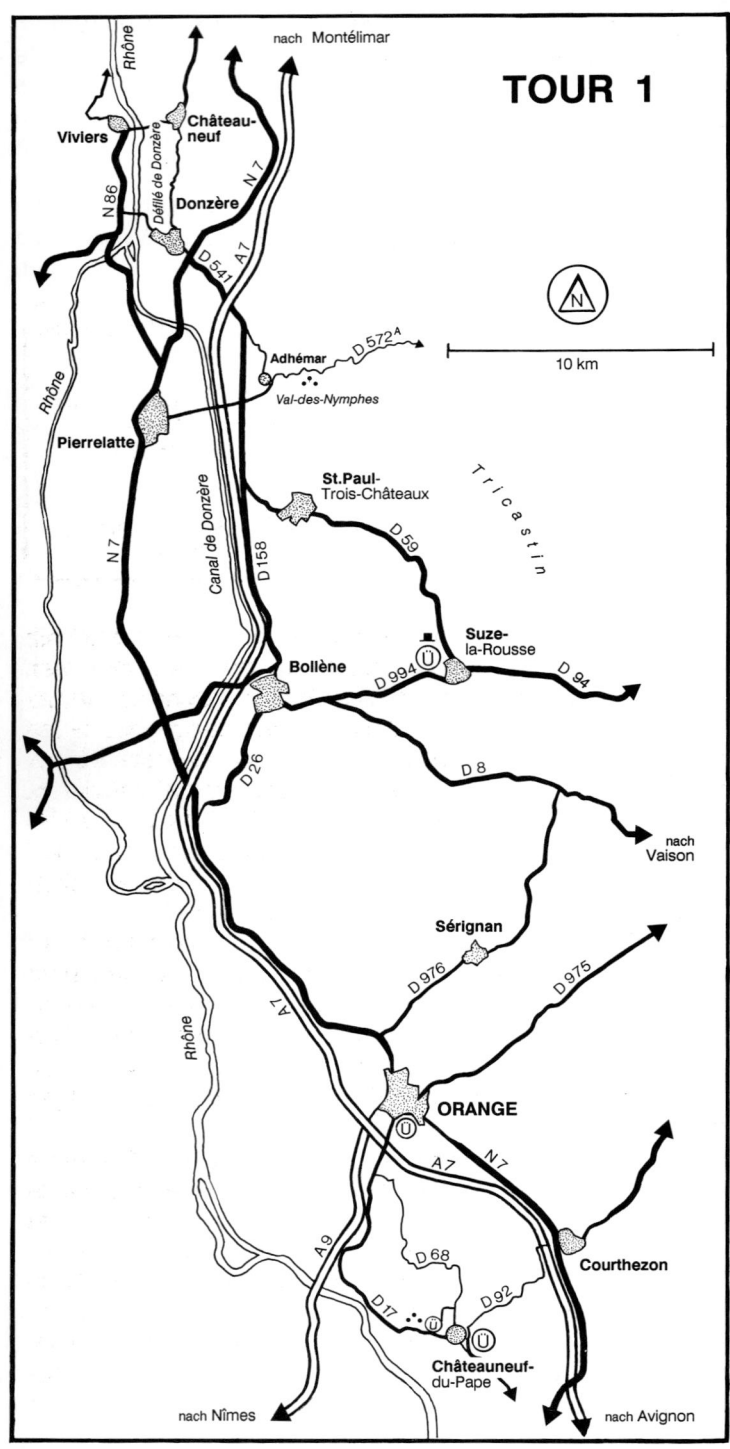

TOUR 1

DURCH DIE PROVENCE UND DAS LANGUEDOC AUF 16 TOUREN

Tour 1: Tore zum Süden

Défilé de Donzère - St. Paul Trois Châteaux
Suze la Rousse - Orange - Châteauneuf du Pape

Übernachten:	auf dem Hügel St. Eutrope in Orange; zwei Möglichkeiten in Châteauneuf-du-Pape
Besichtigen:	Défilé de Donzère; Kirche von St. Paul-Trois-Châteaux; Schloß und Weinuniversität von Suze-la-Rousse; in Orange: röm. Stadtgründungstor, röm. Theater, Museum, Altstadt
Essen:	Hostellerie *Château des Fines Roches* bei Orange; Restaurant *Porte des Princes* in Courthézon

Den unvermeidlichen Stau in **Lyon** haben wir seit eineinhalb Stunden hinter uns. Es ist schon viel Wahres dran, wenn man überall liest, Lyon sei das "Tor zum Süden". Denn unaufhaltsam zwängt sich eine nie endende Autoschlange fast mitten durch die Stadt. Und wer dem stinkenden Autobahntunnel entkommen ist, atmet südlich davon erst einmal tief durch. Wehe dem, der hier am Wochenende zu Beginn einer Ferienzeit mit den Zigtausenden zusammentrifft, die schon auf Sonne, Meer und Pastis eingestimmt sind, von den Hunderttausenden an Spanienurlaubern gar nicht zu reden.

Der Alptraum des Verkehrsstaus in der Tunnelröhre bleibt uns zum Glück erspart, denn wir haben uns beeilt, an einem Sonntagmittag, eine Woche vor Pfingsten, Frankreichs drittgrößter Stadt den Rücken zu kehren. Aber aufgeatmet haben wir schon, als wir die Rhône erreicht haben, und als wir neben ihrem meist grauen Wasser dem Zug nach Süden folgen durften.

Überraschend schnell nimmt der Verkehr wieder fließende Formen an, unsere Erwartung auf südfranzösische Impressionen wird jedoch gedämpft: Zuerst durch eine der größten Raffinerien Frankreichs zur Rechten, dann durch kaum endende Industrieanwesen beidseitig der Autobahn und schließlich durch eine Mautstelle vorne quer. Keine blühenden Gärten, keine Zypressenreihen und auf südfranzösisches Laissezfaire deutete allenfalls die ständige Rechtsüberholerei PS-starker Einheimischer hin. In Lyon erlebt man einen Hauch von

Süden, das Klima wird vielleicht etwas milder, Südfrankreich beginnt hier jedoch noch nicht.

Aber eine Ahnung vom Süden beschleicht mich dennoch, und es wird schon Gründe haben, daß mir auf der Autobahn nach Valence meine Jugend wieder ins Gedächtnis kommt: Mir fällt wieder ein, daß ich meinen ersten Urlaub, in dem ich nicht mehr mit den Eltern unterwegs war, im Sommer 1968 in der Provence erlebt habe, und daß ab diesem Moment das Paradies der Erde für mich dort lag. Wie oft habe ich, als ich dann später einen Führerschein besaß, davon geträumt, mit meiner Zündapp-Bella, einem uralten Motorroller, in das Midi zu reisen. Von Weißbrot, Käse und natürlich Rotwein zu leben und im vielzitierten "Lichte der Provence" römische Altertümer zu erforschen oder bei den Boules-Spielern zu kiebitzen. Mein Roller gab jedoch den Geist infolge eines Kurbelwellenschadens auf, noch ehe ich einen Mitfahrer gefunden hatte. Und ein Jahr später mußte ich den Zündverteiler meines Käfers zweimal zerlegen, bevor ich mir am Strand von Saintes-Maries einen kräftigen Sonnenbrand einfing. Zu diesem Zeitpunkt waren die "alten Ruinen" längst out, und nach zwei Wochen im Zelt am Strand von Saintes-Maries hatte ich mein Auto zehnmal freigegraben und konnte keinen Sand mehr sehen. Danach war dann auch Südfrankreich zu nahe, die damals noch bruchstückhafte Autobahn war nur noch lästiger Zweck, um nach Spanien und Marokko zu fahren. Ich reiste später nach Griechenland oder in die Türkei, und wenn mir jemand berichtete, er werde seinen Urlaub in Südfrankreich verbringen, tat er mir fast leid. Aber alte Liebe rostet bekanntlich nicht, was der "geneigte Leser" schon an der Existenz dieses Büchleins sieht.

Wie gesagt, Lyon liegt seit eineinhalb Stunden hinter uns, während ich von der Jugend träume und mich insgeheim frage, ob ich nun im Wohnmobil mit Klappstühlen und einem großen Wasservorrat wirklich glücklicher bin als mit Hundehüttenzelt und Luftmatraze im Sand von Saintes-Maries. Aber dafür reisen nun Frau und zwei Töchter mit mir, als wir bei Valence die Autobahn verlassen. Bis hierhin reichte einst die römische Provincia, so daß, historisch gesehen, sich diese Stadt mit Recht als "Tor zur Provence" bezeichnen darf.

Unverkennbar sind wir nun im Süden Frankreichs, denn Obstplantagen und dazugehörige Großmärkte säumen unseren Landstraßenweg, auf dem wir überraschend zügig vorankommen. **Montélimar** weist sich auf dem Ortsschild als "Porte de Provence" aus, zudem als Stadt des Nougats, dessen weiße, süßliche mit Mandeln durchsetzte Masse, so wenig mit der uns bekannten Schokolade gemeinsam hat und uns nicht hinter dem Lenkrad hervorlocken kann. Wir wollen nicht gleich am Anfang des Urlaubs Plomben aus unseren Zähnen einbüßen.

Nach wenigen Kilometern erreichen wir dann die geologische Öffnung zum Midi, den **"Défilé de Donzère"**. Die Rhône, zweitlängster und zugleich wasserreichster Fluß Frankreichs, hat sich hier durch einen gebirgigen Engpaß gearbeitet. Ein paar Kilometer weiter im Norden hat man den parallel zur Rhône gegrabenen Kanal in den 30-iger Jahren unseres Jahrhunderts mit einem gewaltigen Wasserkraftwerk gestaut, wodurch der Fluß nicht nur schiffbar wurde, sondern auch zur Energiegewinnung beitragen konnte. Ein Tropfen auf dem heißen Stein, wie man an mehreren gigantischen Atomkraftwerken sehen kann.

Um den "Engpaß von Donzère" zu betrachten, sollten Sie in dem kleinen Städtchen Châteauneuf-du-Rhône auf der D 73 in Richtung Viviers abbiegen, 3 km auf der N 86 nach Süden fahren, um danach wieder den Fluß auf einer Hängebrücke zu überqueren. Ihr WOMO darf dazu aber nicht höher als 3 m sein, sonst bleibt es an einer Bahnunterführung stecken. Bis zu dieser kann man aber auch von Donzère aus fahren, um die letzten 300 m, zu Fuß zur Brücke zu bewältigen.

Bei Bollène zweigt in westlicher Richtung die Straße zur Ardèche-Schlucht ab, wohin wir erst in den Sommermonaten abbiegen werden (siehe Tour 16). Jetzt, in der Vorsaison, lockt uns mehr der **Tricastin**, ein lieblicher und von Touristen sorgsam gemiedener Landstrich östlich der Rhône. Schon wenige Kilometer südlich von Donzère verlassen wir die Hauptstraße: Über La Garde-Adhémar (sehenswerte Kirche) bummeln wir zum einstigen griechischen Quellheiligtum Valdes-Nymphes und nach **St. Paul-Trois-Châteaux**. Kelten, Griechen und Römer haben dort schon gesiedelt, und heutzutage sind hier die Feinschmecker auf der Suche nach preiswerten Trüffeln. Auch ein paar Kunstgenießer verschlägt es ab und zu vor die romanische Kirche des kleinen Ortes, wo sie dann in Ihren Reiseführern die passenden Worte finden könnten: "Die dreischiffige Basilika mit ihrer meisterhaften Steinmetzarbeit gebietet auch dem eiligen Reisenden diesen kleinen Umweg". Damit wäre sogar ein Anliegen meines Buches getroffen: Sind doch die bekannten baulichen Sehenswürdigkeiten der Provence - es gibt wahrlich nicht wenige - schon sattsam breitgetreten, literarisch wie auch buchstäblich. Die Kirche von St. Paul-Trois-Châteaux fällt dabei aus dem Rahmen, man erlebt sie nicht verfälscht - weder von Postkartenständern noch von Reisebussen.

Und da wir nun schon mal vom geraden Weg nach Süden abgewichen sind, drängt sich ein weiterer Abstecher geradezu auf. Einmal, weil man unweigerlich Geschmack am Tricastin bekommt, und zum anderen, weil er zu "Université du vin" führt. Im 10 km südostwärts gelegenen **Château von Suze-la-Rousse** ist in einem markanten, auf einem Fels erbauten Schloß (Besichtigung nur mit Führung um 14,3o, 15,3o, 16.3o und 17,3o Uhr; außer im Juli und August dienstags geschlossen; Besichtigung des Schloßparks bis 20,oo Uhr) seit dem Jahre 1978 die erste Weinhochschule der Welt zu Hause. Auch wer nicht gerade das Diplom als Weinkundler erwerben möchte, kann hier mit Hilfe von Simultanübersetzungen für Ausländer ein Wochenendseminar besuchen und dabei sogar im WOMO vor dem Schloßtor **übernachten**. Fahren Sie dem Wegweiser zum Château hinterher, er geleitet Sie zu einem Parkplatz unter Bäumen, wo es heimelige Nischen im Buschwerk gibt. Das richtige für romantische und unerschrockene Schloßbesucher, denn im Mai trällern hier die Nachtigallen, aber der Platz liegt einsam.

Wir halten uns zwar für romantisch und unerschrocken, wir fahren aber trotzdem weiter nach Orange. Sinnvoll ist es auch, von hier Vaison-la-Romaine (2. Tour) anzusteuern, zumal die Strecke dorthin landschaftlich besonders abwechslungsreich ist.

In **Orange** stehen wir bald vor dem einzigen echten "Tor zur Provence", dem "**Arc de Triomphe**". Der heißt zwar heute so, aber ein Triumphbogen ist er trotzdem nicht. Nur ein sogenanntes Stadtgründungstor. Ein Faux-Pas wäre es, würde ich mich nicht meinen Reiseliteraturkollegen anschließen und es jedem Banausen mit auf den Weg geben: Triumpfbögen kannten die Römer nur in Rom, Stadtgründungstore hingegen überall, so auch in St. Rémy. Welchen Sinn aber hatte so ein Tor? Es diente Propagandazwecken und tat, in Stein gemeiselt, von der Macht römischer Truppen und, mit Verlaub, auch von deren Triumphen kund. Ehrlich gesagt, wer versonnen auf dem abgetretenen Rasenstück vor diesem Bauwerk in Gedanken an Asterix und Obelix phantasiert, sich gar inmitten eines römischen Triumphzuges fühlt und das unablässige Tosen des vorbeirauschenden Verkehrs für Beifallsstürme hält, hat - so ist jedenfalls meine Meinung - mehr von solchen Stätten, als der, welcher einen Triumpfbogen von einem Stadtgründungstor unterscheiden kann.

Und sehenswert ist der Stadtgründungs-Triumphtorbogen allemal! Vor allem auf den gut erhaltenen Ost- und Nordseiten (die Westseite wurde 1949 teilweise restauriert) sind ausgesprochen plastisch die Stärke und Macht römischer Krieger

22

dargestellt, denen die nackten und in Ketten gelegten Gallier nichts entgegenzusetzen haben. Sie besitzen auch nicht die modernen Waffen, die Ihnen zu Abschreckungszwecken in Stein gemeiselt vorgeführt werden. Die Wissenschaft nimmt an, daß das Tor nach der Niederwerfung des Gallieraufstandes im Jahre 21 n. Chr. auf- oder wiederaufgebaut worden ist, und daß die Skulpturen über eben diesen Aufstand berichten. Sozusagen der eigenen in Orange kasernierten Garnison als Vorbild und zugleich den gallischen Barbaren als Warnung.

Denn damals kam jeder an dem Monument vorbei, der von Lugdunum (Lyon) nach Arausio (Orange) fuhr, so ähnlich wie heute, denn der Verkehr auf der N 7 strömt ohne Unterlaß um das Tor herum.

Erstaunlicherweise ist der Parkplatz seitlich des Tores, das immerhin als eine der bekanntesten und zugleich interessantesten antiken Sehenswürdigkeiten Südfrankreichs gilt, so gut

23

wie frei. Hier lassen wir unser Wohnmobil auch während der weiteren Stadtbesichtigung stehen. Sicherheitshalber frage ich eine Passantin nach dem Fußweg. Sie kann es kaum fassen, daß wir unser Auto so weit außerhalb der Altstadt parken möchten und rät dringend davon ab. Ich nehme mir diesen Rat nicht zu Herzen und unterstelle, daß die alten Römer schon so klug waren, ihr Propagandator den Stadtbewohnern und nicht den Bauern vor die Tür zu setzen. Die Wegstrecke in die Stadt ist kaum der Rede wert und in der Innenstadt sind für größere Wohnmobile legale Parkplätze nur schwer zu finden (am erfolgreichsten sucht man auf dem baumbestandenen Platz bei der Touristeninformation). Und wer nicht ausführlich durch die Gassen schlendert, verpaßt eine der schönen Seiten dieser Stadt. Der man unrecht tun würde, erwähnte man sie nur oder hauptsächlich wegen der antiken Bauwerke Der Wochenmarkt, der donnerstags in den Gassen aufgebaut wird, gilt sogar als einer der interessantesten der Provence.

Theater von Orange

Wenngleich ich einräumen muß, daß die römischen Bauten unbestreitbar die Attraktion der Stadt (27.000 Einwohner) sind, das **antike Theater** noch mehr als der "Arc de Triomphe". Wir laufen durch die Altstadtgassen und stehen plötzlich vor einer riesigen Mauer, der Rückseite der Theaterstirnwand. Ludwig XIV. soll sie als "schönste Mauer in meinem Königreich" gepriesen haben. Nicht weniger eindrucksvoll ist die Vorder-, also Innenseite, die in römischer Zeit mit Marmor, Säulen und Statuen geschmückt war. Außerdem war am oberen Ende der Bühnenwand ein Holzdach montiert, um die

24

Akustik zu verbessern. Die ist aber auch so keinesfalls schlecht, wie man heute noch bei der Besichtigung feststellen kann; oder während der Festspiele, die schon seit dem letzten Jahrhundert abgehalten werden, und bei denen schon so berühmte Künstler wie Caruso akustisch verwöhnt haben. Das Bauwerk, welches einst 10.000 Besuchern Platz bot, ist das besterhaltene römische Theater in Europa und wird nur noch vom Theater im türkischen Aspendos übertroffen. Die Statue in der Mitte der Bühnenwand zeigt Kaiser Augustus, während dessen Regierungszeit das Theater erbaut worden ist. Raten Sie mal, wie hoch die - stark restaurierte - Skulptur ist: ganze 3,55 m!

Das Theater kann man täglich außer dienstags zwischen 9,oo und 18,3o Uhr, von Oktober bis März von 9,oo bis 12,oo Uhr und von 13,3o bis 17,oo Uhr gegen eine Eintrittskarte, die auch im gegenüberliegenden Museum und in den Gymnasion-Ausgrabungen gilt, besichtigen. Im **Museum** ist das berühmte römische Marmorkataster ausgestellt. 850 Quadratkilometer von Arausio des Jahres 77 n. Chr. sind dort in Stein geritzt und katalogisiert: Grundstücksgröße, Eigentümer und sogar der Wert (von 12 bis 14 Uhr Mittagspause, dienstags geschlossen).

Es wäre übrigens ein großer Fehler, die Theateranlage zu verlassen und sich gleich wieder ins Auto oder ins nächste Straßencafé zu setzen. Den Ausblick von der Colline St. Eutrope, dem Hügel, an den das Theater gelehnt ist, darf man sich keinesfalls entgehen lassen. Von hier oben schaut man auf das Theater und die Gassen der Stadt, der Blick reicht

Blick vom Hügel St.- Eutrope

25

sogar bis zum Mont Ventoux. Den Weg zum Hügel findet man zu Fuß, wenn man außerhalb des Theaters an der Bühnenwand links (also östlich) bei nächster Gelegenheit die Stufen bergauf nimmt.

Oder man benutzt das Auto und biegt westlich des Theaters auf die steile Zufahrtsstraße (mit Wegweiser zur Colline St. Eutrope). Das empfiehlt sich schon für eine **Übernachtung**, denn auf den Parkplätzen oben auf dem Hügel stehen Sie am Rand von Wiesen und neben einem lauschig verwahrlosten Park. Es gibt Wasser, eine heruntergekommene Toilette und ein paar Häuser; trotzdem nächtigt man hier einsam. Fahren Sie oben auf dem Hügel bei der Weggabelung nicht links zur Piscine (Schwimmbad), sondern geradeaus bis zum Ende des Weges am Park. Die schmale Straße braucht Sie übrigens nicht zu schrecken, es gibt keinen Gegenverkehr. Achten Sie aber bei der Runterfahrt auf den gefährlichen seitlichen Absatz am Ende des Sträßchens.

Stellplatz auf der Colline St.- Eutrope

Wir verbringen auf der Colline St.-Eutrope einen entspannten Nachmittag. Dabei betrachten wir uns auch die Reste des römischen Kapitols und des festungsartigen Schlosses, das hier im Jahre 1622 die Herren von Nassau-Oranien errichten ließen. Wilhelm I. von Nassau, der erste Statthalter Hollands und Vorfahr der holländischen Königsfamilie gründete nämlich in der Stadt ein Fürstentum. Arausio hieß zu diesem Zeitpunkt längst Orange, was ja ein und derselbe Wortstamm ist und mit der Südfrucht nichts zu tun hat, auch wenn die Stadt diese heute im Wappen trägt. Und so kam es, daß sich die holländischen Könige auch heute noch Oranier nennen.

26

Noch schöner gelegen ist der **Übernachtungsplatz**, den wir 10 km weiter südlich bei **Châteauneuf-du-Pape** finden. Auf einer Anhöhe am Nordrand des weltbekannten Weindorfes (2.000 Einwohner) ragt die Turmruine eines Schlosses steil in den provenzalischen Abendhimmel. Der Bau diente den Päpsten während der Zeit des Exils in Avignon als Sommerresidenz; und damals haben Sie auch den Rotwein der Gegend schätzen gelernt, der den kleinen Ort weltberühmt gemacht hat. Wir finden hier seitlich der Burgruine einen ganz besonders schönen und geräumigen Übernachtungsplatz, der außer einer Toilette alle Vorzüge eines ordentlichen Stellplatzes aufweist: großflächig, eben, wegen der nicht allzu weit entfernten Häuser sicher, aber trotzdem weitgehend in freier Natur. Das Beste aber ist die Lage, denn von einer kleinen Anhöhe hat man einen weiten Blick, vorbei an der stimmungsvollen Ruine über endlose Weinfelder ins Tal der Rhône, hinter dem gerade die Sonne untergeht. Genauso haben wir ihn uns vorgestellt, den Abend in der Provence.

Blick vom Stellplatz ins Rhônetal

Wer Schwierigkeiten hat, diesen Stellplatz zu finden, fahre in Châteauneuf auf der D 68 nach Norden in Richtung Orange und dann bei erster Gelegenheit links dem Wegweiser "Château" hinterher.

Auch für die ängstlicheren Gemüter ist in Châteauneuf gesorgt: Im unteren Teil des am Hang liegenden Dorfes gibt es seitlich der Durchgangsstraße einen weiteren ausreichend großen Parkplatz, der von Häusern umstanden ist. Sie müssen nur dem Wegweiser "Salle polyvalente" oder dem Klacken der

Boules-Kugeln folgen, denn dem beliebten Spiel mit den Eisenkugeln frönt man auch auf diesem Parkplatz, der unmittelbar hinter dem Schwimmbad liegt.

Stellplatz bei Châteauneuf-duPape

Von der schönen Anhöhe und der Ruine abgesehen ist Châteauneuf-du-Pape uninteressanter als man es erwartet. Das gilt vor allem für den Weinkauf. Wer sich nicht gut auskennt, kauft wegen des klangvollen Namens leicht einen mittelmäßigen Wein überteuert ein. Ich kann kaum glauben, daß ausgerechnet hier im Jahre 1923 die "Appellation-Contrôlée" also die geschützte Herkunftsbezeichnung und damit das in Frankreich wegweisende Weinprüfsystem geschaffen wurde. Wenn Sie unbedingt einmal einen Châteauneuf-du-Pape trinken wollen, kosten Sie ihn lieber im Restaurant oder zu Hause beim Weinhändler, der oder ein Wirt lassen sich nämlich nicht so leicht einen schlechten Tropfen andrehen wie der unbedarfte Tourist. Ist dieser besonders blauäugig, kauft er im Winzermuseum "Cave du Père Anselme" eine merkwürdig verformte und auf alt getrimmte, also interessant gemachte - und deswegen besonders überteuerte - Flasche.

Aber Restaurant-Tips kann ich Ihnen geben, wenn auch nicht nur aufgrund eigener Erfahrung: Die Hostellerie *Château des Fines Roches* (Tel. 90 83 70 23; von Oktober bis Juni sonntags abends ganzjährig zudem montags geschlossen; unbedingt vorbestellen) 3 km östlich des Ortes an der D 17 (auf der Michelin-Karte eingezeichnet) schmückt sich mit einem Michelin-Stern und ist entsprechend gediegen - auch preislich. Sie wurde uns aber von Feinschmeckern wärmstens empfoh-

28

len. Wir lassen uns aber von dem aufgemotzten Äußeren am Ende einer Privatstraße schrecken und ziehen heute das Abendessen im WOMO vor. Am frühen Abend ist es noch mild, so daß wir vor dem Auto sitzen können. Was nämlich die Aussicht anbelangt, kennen wir in Südfrankreich kaum einen schöneren freien Stellplatz! Es wäre wirklich schade, wenn wir uns hier nur zum Schlafen aufhalten würden.

Bei anderer Gelegenheit testen wir in Courthézon 7 km nordöstlich von Châteauneuf das sehr schlichte **Restaurant Porte des Princes** (Tel. 90 70 70 26; im Februar und montags geschlossen), inspiriert durch den "guten Tip von Merian". Wer keine überzogenen Erwartungen hat und preiswerte, typisch französische Restaurants liebt, wird sich hier wohlfühlen. Denn der Küchenchef versucht sich nicht an Kreationen, die er bei seinen besternten Kollegen abgekupfert hat und doch nicht beherrscht, sondern beschränkt sich mit dem, was schon seit Jahren bei den Gästen ankommt. Außerdem lohnt es sich, das kleine Städtchen und die romanische Kirche mit einem Fundament aus dem 8. Jh. zu besichtigen.

Damit sind wir schon mittendrin in der Provence, die wir uns bei der nächsten Tour einmal von oben betrachten wollen.

29

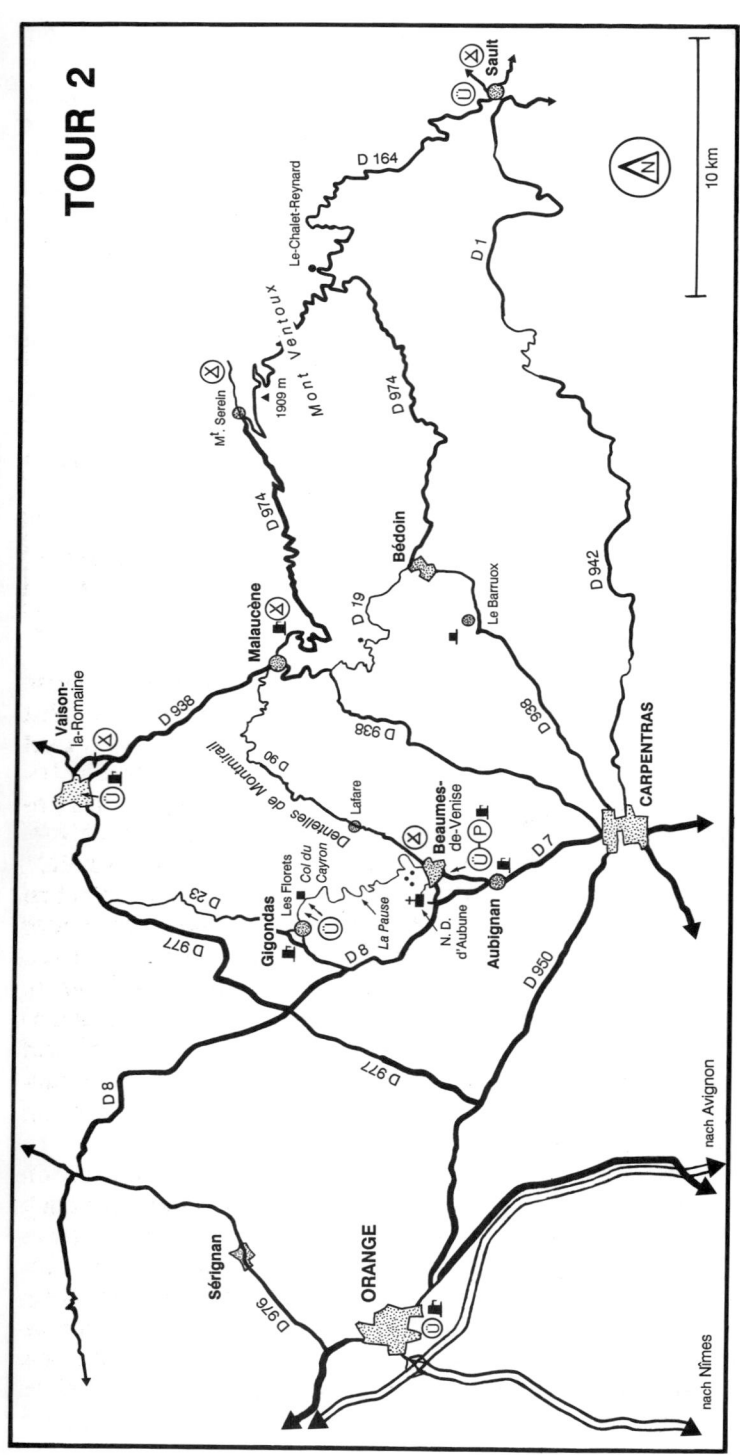

TOUR 2

Sault
Le-Chalet-Reynard
D 164
D 1
Mont Ventoux
1909 m
Mt. Serein
D 974
D 974
Bédoin
Le Barroux
D 19
Malaucène
D 942
D 938
Vaison-la-Romaine
D 938
D 938
Dentelles de Montmirail
D 90
Lafare
CARPENTRAS
D 23
Col du Cayron
Les Florets
Beaumes-de-Venise
Gigondas
La Pause
N. D. d'Aubune
D 7
D 977
D 8
Aubignan
D 950
D 977
Sérignan
D 8
D 976
ORANGE
nach Avignon
nach Nîmes

10 km

N

Tour 2: Der Provence auf's Dach

Dentelles de Montmirail - Beaumes de Venise - Gigondas Carpentras - Vaison la Romaine - Mont Ventoux

Übernachten:	Marktplatz von Beaumes-de-Venise; Campingplatz in Beaumes-d.V.; mehrere Möglichkeiten in oder bei Gigondas; Parkplatz in Vaison-la-Romaine; Campingplatz in Vaison; Campingplatz am Mont Ventoux
Besichtigen:	Dentelles de Montmirail; Kapelle Notre Dame d'Aubune; Gigondas; Markt und Altstadt von Carpentras; Ausgrabungen, Oberstadt und Kathedrale von Vaison-la-Romaine; Mont Ventoux
Wandern:	von Beaumes-de-Venise zur Kapelle Notre Dame d'Aubune; von Gigondas rund um die Dentelles Sarrasins
Essen:	Auberge *St.Roch* in Beaumes-de-Venise; Restaurant *Les Florets* bei Gigondas; Restaurant *L'Oustalet* in Gigondas; Restaurant *Le Bâteleur* oder Pizzeria *Du Vieux Vaison* in Vaison

Schon auf unserer zweiten Tour muß ich literarisch etwas mogeln: Die Fahrt zum **Mont Ventoux** fällt nämlich zunächst dem Wetter zum Opfer, genauso wie in den folgenden zwei Provence-Urlauben. Zugegeben, wir haben auch große Ansprüche und wollen den höchsten Berg der Provence uneingeschränkt genießen. Dazu bedarf es vor allem guter Sichtverhältnisse, denn auf den Ventoux fährt man **nur** der Aussicht wegen. Im Sommer ist es aber, besonders wenn man nicht zu den Frühaufstehern gehört, bei gutem Wetter fast immer dunstig, und in den Übergangsjahreszeiten verschwinden die obersten der 1.912 m oftmals gerade dann in dicken Wolken, wenn man am Fuße des Gebirges angekommen ist. Verschieben Sie also bei klarem Wetter niemals den Gipfelsturm auf morgen, sonst kommt garantiert wettermäßig etwas dazwischen, und Sie werden den Ventoux auch weiterhin nur von unten kennen.

Von dort ist uns der "Fudschijama der Provence" schon lange geläufig, sein hoher Kegel mit der weißen Kuppe ist auch wirklich nicht zu übersehen. Ob man in der Nähe von Orange steht, in Avignon, auf dem Plateau de Vaucluse oder dem Kamm des Lubéron, man sieht von überall den heiligen Berg, den Berg des Windes, dem die Römer den Namen ventosus (der Windige) gaben. Und jetzt, Anfang April, besteht seine weiße Haube wirklich noch aus Schnee. Im Sommer sieht diesem der Kalkstein zum verwechseln ähnlich, der Schnee bleibt aber häufig bis in den Mai hinein. Ob in diesem Jahr das Tauwetter ganze Arbeit geleistet hat, wollen wir erst gar nicht ergründen, denn schon am Vormittag umhüllen dicke Wolken aus der Blumenkohlfamilie das weiße Haupt. Erst beim vierten Anlauf - am Ende dieser zweiten Tour - spielt das Wetter mit.

Bis dahin trösten wir uns mit nicht weniger eindrucksvollen Zielen am Fuße des Ventoux. Und am Ende unserer Tour werden wir wissen, daß diese Ziele lohnender sind als der sie - nur topographisch - überragende Berg.

Unter allen Gebirgszügen der Provence gefallen mir die **Dentelles de Montmirail** am besten. Das kleine Gebirge zwischen Gigondas und Malaucène auf halbem Weg zwischen Orange und dem Mont Ventoux sieht stellenweise den italienischen Dolomiten zum Verwechseln ähnlich. Nur bewegt man sich in den Dentelles ("Klöppelspitzen") lediglich auf einer Höhe zwischen 500 und 734 m. Hier kann man also schon zu eindrucksvollen Spaziergängen und Wanderungen aufbrechen, wenn anderswo noch Tiefschnee liegt. Die Bergsteiger unter unseren Lesern wissen ohnehin Bescheid, kennen sie nämlich die verschiedenen Schwierigkeitsgrade der zackigen Kalkfelsen in den Dentelles Sarrasines. Auch wir werden uns hier beim Wandern sportlich betätigen.

Wir kommen auf der D 7 von Carpentras, wohin wir weiter unten noch einmal zurückkehren werden und wählen unterhalb einer gewaltigen Felswand das Dorf **Beaumes-de-Venise** als Etappenziel. Jeder Weinkenner hat schon mal von dem natürlichen Süßwein gehört, der hier im Windschatten einer Felswand auf Terrassen reift. Aus kleinen, süßen Muskateller-Trauben wird ein Wein gekeltert, den man jung als Aperitif trinkt. Mein Fall ist er nicht, Sie können ihn aber in mehreren Probierstuben testen. Die vielen Höhlen im Fels haben dem Weindorf zu seinem Namen verholfen, denn Baumes bedeutet Höhlen. Wir krakeln auf einem Pfad zur Ruine des mittelalterlichen Schlosses, von dem wir eine schöne Aussicht genießen.

Unseren Fußweg verlängern wir gleich noch zur 1,5 km weiter westlich des Ortes und rechts der D 7 / D 81 gelegenen **Kapelle Notre-Dame-d'Aubune**. Das Kirchlein aus dem 12. Jahrhundert (im 17. Jahrhundert restauriert und mit seitlichen Anbauten versehen) zieht uns vor allem wegen seiner schönen Lage auf einer Aussichtsterrasse und wegen seines schlanken, hohen Glockenturms in seinen Bann. Eine andere Touristengruppe hat sich bereits das Kirchentor aufgeschlossen (den Schlüssel gibt es angeblich beim unterhalb der Kirche liegenden Haus), so daß wir uns auch die undefinierbaren, naiven Malereien im Inneren betrachten können. Mit größeren Wohn-

32

mobilen kann man nicht direkt bis zur Kapelle fahren. Parken Sie in Beaumes-de-Venise oder an der D 7.

Lassen Sie sich für den kleinen Ausflug ruhig Zeit, denn in Beaumes-de-Venise können Sie ordentlich am Rande des riesigen Parkplatzes im Ortszentrum übernachten. Von weitem werden Sie sogar von den Gendarmen bewacht, und eine öffentliche Toilette gibt es auch. Nur in der Nacht auf Dienstag muß man weichen, dann wird hier der Markt aufgebaut. Am Wochenende sollte man sich wegen einer Diskothek auch möglichst weit nach rechts (Westen) stellen. Wir bevorzugen diesesmal den **Campingplatz**. Der ist nämlich in Beaumes-de-Venise besonders angenehm und preiswert: Wir stehen dort am rauschenden Bach vor einem üppig duftenden Ginsterstrauch. Zu Fuß braucht man ins Dorf keine fünf Minuten.

Gehen Sie am Bach entlang, dann treffen Sie nahe der **Auberge St. Roch** auf die Straße. Sie werden den Weg - jede Wette - erst in der Nacht zurückstolpern, denn das **Gasthaus** ist allein schon die Fahrt nach Beaumes-de-Venise wert: Lecker, preislich im Rahmen und ohne großes Getue. Probieren Sie unbedingt den würzigen Saumon au pistou (Lachsstükke mit Knoblauchpaste) und zum Dessert das köstliche nougat glacier.

Am Col du Cayron

Auch den nächsten Tag verplanen wir kulinarisch. Wir fahren nämlich zum mittäglichen Picknick ins Herzstück der Dentelles auf einen riesigen Felsbrocken beim **Col du Cayron**. So heißt die Stelle, die man ansteuern muß, wenn man einen schönen Eindruck von dem zackigen Gebirge gewinnen möchte. Wir folgen dazu in Gigondas dem Wegweiser **"Les Florets"**. Der Asphaltbelag hört beim Hotel (das wir noch nicht getestet haben, dessen Küche aber gelobt wird und wo man bei gutem Wetter unter Bäumen essen kann) auf, so daß wir auf einem zunehmend schlechter werdenden, unbefestigten Weg bergauf holpern. Aber schon nach 600 m ist die Paß-"Höhe" erreicht. Hätte man mich mit verbundenen Augen hier hochgeführt, ich wähnte mich auf wenigstens 1500 m, in Wirklichkeit sind es oben gerade mal 400 m. Unser Picknickfelsen liegt vor einem kleinen, einsamen Parkplatz. Leider ist hier "Camping interdit", was nicht von jedem WOMO befolgt wird, zumal möglicherweise auch nur das Zelten verboten ist. Aber weiter unten am Ende der Teerstraße darf man, auch relativ einsam, **nächtigen**; man kann sich ja zunächst auf dem schöner gelegenen Parkplatz oben auf dem Paß aufhalten und erst bei Einbruch der Nacht herunterfahren. Prächtiger kann die Umgebung nämlich nicht sein! Die Zacken der gegenüberliegenden Dentelles Sarrasines sind die bizarrsten des Gebirgszuges, zwischen ihnen hängen jetzt um die Mittagszeit unzählige Kletterer, deren Rufe bis zu unserem Vesperstein zu hören sind.

Ein schönes, weniger exponiertes **Übernachtungsplätzchen** findet man auch, wenn man bei Erreichen der Paßhöhe nach rechts weiter leicht bergauf fährt. Nach mehreren hundert Metern macht der Fahrweg eine deutliche Linkskurve, vor der rechts unter Bäumen ein weiterer Parkplatz angelegt ist.

Am Wochenende ist hier oben tagsüber allerdings viel los, wie wir bei einer **Wanderung** ein Jahr später feststellen:

Unser Wohnmobil parken wir dazu in Gigondas, wo wir am oberen Ende des kleinen Marktplatzes starten. Vor der Brücke führt uns dort eine rot-gelbe Markierung auf einen Fahrweg hinauf in die Weinberge, wo wir bei einer weiten Aussicht auf den kleinen Ort noch einmal Kraft für den weiteren Anstieg tanken. Ein Wegweiser geleitet uns bald zur Anhöhe mit dem klangvollen Namen "La Pause" (dort finden Sie auch den oben erwähnten einsamen Übernachtungsplatz unter Bäumen). Dort treffen wir auf die geschotterte Straße, auf der man zum Col du Cayron weiterlaufen könnte. Wir folgen ihr aber nur ein kurzes Stück nach links, denn nach wenigen hundert Metern zweigt rechts ein Pfad ab, der hoch zu den Kalkzacken der Dentelles Sarrasines führt (erst grün, später blau markiert). Oben bleiben wir immer am Fuß der Felsen, auf deren Nordseite ein Pfad durchs

Blick auf Gigondas

Unterholz getreten ist. Stellenweise muß man schon ein
wenig klettern, und feste Schuhe sind unabdingbar. Ab
und zu zweigen auch andere Wege ab, herunter zum Col
du Cayron oder zwischen den Dentelles hindurch auf
deren Südseite. Wir lassen uns davon nicht beirren,
denn unser Weg dürfte erst am Ende des Höhenzuges
- immer noch nördlich des Kammes - wieder hinunter auf
das Fahrsträßchen führen. Aber Theorie und Wirklichkeit liegen weit auseinander, und wir irren durch Weinberge zu Tal. Dort hat man nun mehrere Alternativen; die
kürzeste: Man kehrt hier schon zum Col du Cayron um.
Wir stiefeln statt dessen auf der kleinen Straße nach
rechts Richtung Lafare. Auf halber Strecke dorthin und
nach einem kurzen Abstieg kommt man an einer Brücke
vorbei. Rechts davon hören wir das Rauschen von
Wasserfällen, die kleine Badegumpen bilden; der rechte
Ort für eine Mittagsrast. Eine Stärkung ist auch nötig,
denn nun ist Klettern angesagt: Bei der Brücke geht es
nämlich steil bergauf (man findet den Einstieg kaum;
gehen Sie etwas in Verlängerung der Brücke geradeaus
den Hang hoch, unten liegt unter Umständen ein großer
Felsbrocken, es gibt dort auch eine schwer zu erkennen-
de weiße Markierung). Später stößt man dann wieder
auf einen Fahrweg, der im Norden bei "La Pause"
wieder auf unseren Hinweg trifft.
Wer weniger sportlich ambitioniert oder nicht schwindelfrei ist, wandert einfach nach Lafare, zu einem der
ursprünglicheren Dentelles-Dörfern und von dort auf

35

demselben Weg zurück zum Col du Cayron. Man kann auch von Lafare eine Südschleife zurück nach "La Pause" ziehen, die Wanderung wird dann aber über 20 km lang. Unser Weg verbindet mehrere Alternativen: Wir klettern nämlich bei der erwähnten Brücke vor dem Wasserfall zunächst ein paar hundert Meter auf der weiß markierten Strecke, wir kehren dann aber um, da uns das Gelände zu unruhig wird. Über Lafare, den Col du Cayron und "Les Florets" finden wir dann wieder zurück zu unserem Auto (Karte: Éditions Didier & Richard Nr. 27; die Strecken sind zwischen 10 und 22 km lang).

Das Weindorf **Gigondas** gehört zu den angenehmsten Orten der Gegend. Es macht Spaß, durch die steilen Gäßchen zu streifen und sich am Ende in einem bescheidenen Café zu erholen. Oder im **Restaurant *L'Oustalet*** am Dorfplatz, preisgünstig und ländlich (Tel. 90 65 85 30, montags abends und dienstags geschlossen). Wer nach dem Abendessen nicht mehr loskommt, kann hier auch mal eine **Nacht** verbringen: Auf dem kleinen Parkplatz seitlich unterhalb des Dorfplatzes hinter der Brücke; aber bitte nicht in Scharen! Am Dorfbrunnen kann man auch den Wassertank auffüllen und öffentliche Toiletten gibt es dort ebenfalls.

Gigondas ist bekannt für seinen kräftigen Rotwein, der zu den besten Südfrankreichs zählt. Ich habe verschiedene durchprobiert, sie waren auch besser als die meisten anderen Côtes-du-Rhônes. Aber eine echte Offenbarung, eine Adresse zum Auffüllen des heimischen Weinkellers habe ich nicht gefunden.

Bevor wir nach Norden zur Ventoux-Tour starten, drängt sich ein Abstecher nach Süden auf. Vor allem freitags. Dann ist nämlich in **Carpentras** (26.000 Einwohner) Markt, einer der größten in der Provence. Wo kommen nur die notwendigen Kunden für diese vielen Stände her? Alleine die Kleiderbuden verteilen sich auf mehrere Gassenzüge. Und wer sich mal wieder mit Naturprodukten eindecken möchte, ist hier gerade richtig: Olivenöl, Vollwertbrot, Ziegenkäse von der Farm, biologisch angebautes Gemüse; dazu die ganze Palette sonstiger französischer Marktköstlichkeiten - und im Winter frische Trüffel. Berühmt ist auch die Synagoge im Altstadtkern, die älteste und ausgeschmückteste Frankreichs. Carpentras war übrigens der erste Aufenthaltsort des Papstes in Frankreich, bevor dieser nach Avignon umzog.

Am Markttag parkt man am besten auf dem Platz bei der Porte d'Orange (beschildert); in die Altstadt sind es von dort nur wenige Schritte.

Die Nacht verbringen wir in **Vaison-la-Romaine** (10.000 Einwohner). Im Gegensatz zu benachbarten Malaucène, einem an sich freundlichen Ort, in dessen Umkreis aber neben der Straße angebrachte Schilder auf ein allgemeines Campingverbot hinweisen, hatten die Stadtväter von Vaison ein wohnmobilistisches Einsehen: Die **Nacht** auf dem Parkplatz am Flüßchen Ouvèze ist nämlich erlaubt, was schon deswegen sehr erfreulich ist, weil man von hier nicht nur einen schönen Blick auf die nachts angestrahlte mittelalterliche Oberstadt hat, sondern auch zu Fuß alles erreichen kann. Besonders ruhig stehen Sie, wenn Sie seitlich der öffentlichen Toiletten am Ende des Parkplatzes hinunter direkt ans Bachufer fahren.

Dienstags wird hier jedoch ein großer und sehenswerter Markt aufgebaut, dann kann man nur auf den **Campingplatz** *Le Moulin de César*, der 1 km östlich des Ortszentrums direkt am Flüßchen liegt, in welchem man im Sommer sogar baden kann. Das Wasser ist zwar nur hüfthoch, aber vor allem Kinder haben in der erfrischenden Strömung viel Spaß, und einen kleinen Kiesstrand gibt es auch. Der insgesamt angenehme Platz ist von Ende März bis Mitte Oktober geöffnet. Es muß allerdings bezweifelt werden, ob der Zeltplatz wieder in Betrieb genommen worden ist, nachdem im September 1992 ein verheerendes Hochwasser die Anlage zerstört hat. Die reißenden Fluten haben dabei auch mehrere Zelte und Wohnwagen weggeschwemmt, wobei einige Urlauber den Tod fanden. Auch ganze Häuserzeilen stürzten zusammen und im Ort starben über 30 Menschen. Die Natur hat sich nach tagelangen Regenfällen so am Menschen gerächt, der die Wasser aufsaugenden Wälder abgeholzt, die Flüsse begradigt und ihre Ufer zubetoniert hat. Das Wasser floß zu schnell ab, mit ihm gewaltige Schlammlawinen, die vor der Stadt wieder aufgestaut wurden, wo man das Bett des Ouvèze umgelenkt und von seiner natürlichen Breite auf die Hälfte von 10 Metern reduziert hat.

Wer angesichts dieser Ereignisse im Ort auf dem riesengroßen Parkplatz bei den Ausgrabungen schlafen möchte, muß früh aufwachen. Hier darf man (jedenfalls vor dem Unglück) nämlich nur zwischen 20,oo und 7,oo Uhr stehen - eine ungewöhnliche Variante der immer zahlreicher werdenden Restriktionen gegenüber Wohnmobilen. Und ausgerechnet nachts sind dann dort die Toiletten abgesperrt.

Aber sonst ist von Vaison fast nur Positives zu berichten. Trotz der vielen Touristen ist vor allem die **Oberstadt** jenseits des Ouvèze erstaunlich wenig verkitscht. Erst nach dem zweiten Weltkrieg wurden hier die Häuser wieder aufgebaut,

Römische Brücke

hauptsächlich als Ferienwohnungen. Wir klettern hinauf zur Burgruine und kommen dabei durch die malerischsten Winkel. Auf dieser Seite des Flusses siedelten in vorrömischer Zeit die keltischen Vocontiner, die sich mit den römischen Besatzern jenseits des Gewässers arrangieren konnten. Im Mittelalter war dann nur noch der Felsen der Oberstadt bewohnt, ehe die Menschen im 18. Jahrhundert wieder nach unten in die Neustadt zogen. Die Oberstadt verfiel danach, bis die Touristen kamen. Und unten, jenseits der **römischen Brücke**, die das Hochwasser leicht beschädigt überstanden hat und heute noch benutzt wird, begann ein elsässischer Zigarrenfabrikant na-

38

mens Burrhus, der sich für einen Nachfahr des römischen Burrus hielt, mit den **Ausgrabungen**. Er hatte es hier einfach, denn durch den nachantiken Umzug auf's andere Flußufer waren die römischen Gemäuer nur teilweise überbaut. So können wir heute durch zwei Ausgrabungsgebiete links und rechts des großen Parkplatzes streifen, das Quartier de la Villasse (westlich), in dem heute noch gebuddelt wird, und den Quartier de Puymin (östlich). Ich finde allerdings, daß es Interessanteres zu sehen gibt, als die dortigen römischen Mäuerchen, denen man ohne kundige Führung nicht mehr ansieht, wozu sie einst dienten. Aber das kleine Museum im Quartier von Puymin beherbergt einige schöne Mosaiken und Statuen, die noch eine Ahnung vom römischen Leben aufkommen lassen. Oberhalb des Museums gelangt man auch zum **Theater**, das aber hauptsächlich nur noch eine Nachbildung der antiken Stätte ist. Auch hier begegnet man dem Phänomen fast aller antiker Theater: Der Blick von den oberen Zuschauerrängen in die Landschaft ist anregend und beruhigend zugleich (das Ausgrabungsgelände ist täglich ohne Mittagspause geöffnet, je nach Jahreszeit bis 19,oo Uhr).

Theater von Vaison-la-Romaine

Vaison-la-Romaine wartet aber mit noch einer weiteren baulichen Sehenswürdigkeit auf. Die **Kathedrale** Notre-Dame (11. Jahrhundert) unweit unseres Übernachtungsplatzes steht auf römischen Fundamenten und hat einen beachtlichen Kreuzgang aus dem 12. Jahrhundert. In frühchristlicher Zeit und im Mittelalter hatte hier sogar ein Bischof seinen Sitz.

Auch kulinarisch kann Vaison überzeugen: Einmal im kleinen **Restaurant** *Le Bâteleur* vor der Römerbrücke mit gutem

39

Preis-Leistungsverhältnis (Tel: 90 36 28 04; Sonntagabend und Montag geschlossen); bei schmalem Geldbeutel oder mit Kindern in der **Pizzeria** *Du-Vieux-Vaison* (Tel. 90 36 19 45) in der Oberstadt. Wir sitzen dort vor einem alten Stadttor im Freien und freuen uns an den leckeren Pizzas auf hauchdünnem Teig.

In Vaison brechen wir auch zur Fahrt auf den **Mont Ventoux** auf. Sie wissen ja, daß wir diese Fahrt wetterbedingt schon dreimal verschoben haben. Wir hätten noch weiter warten sollen. Denn auch diesesmal sind die Sichtverhältnisse nicht ideal. Es herrscht zwar strahlendes Hochsommerwetter, aber bis wir gegen Mittag endlich die 30 km von Vaison bis zum Gipfel in Angriff genommen haben, hat schon wieder ein Dunstschleier die Provence eingenebelt. Und ich sage es noch einmal in aller Deutlichkeit: Ersparen Sie sich, der Umwelt und Ihrem Auto die Fahrt hier hoch, wenn die Luft nicht wirklich klar ist. Der Ventoux lohnt sich einzig wegen der Fernsicht. Die kann bei guten Bedingungen bis nach Korsika oder zu den Pyrenäen reichen. Außerdem sieht man ein breites Spektrum von Alpengipfeln und Provencelandschaften.

Dieser freie Rundblick trieb auch den italienischen Dichter Francesco Petrarca auf den Gipfel des Ventosus, des Windumtosten. Am 24. April 1336 erfüllte sich Petrarca einen lang gehegten Wunsch und bezwang mit seinem Bruder den fast Zweitausender. Das war zu dieser Zeit eine Sensation. Es gab nämlich weder Karten noch gepflegte Wege, und wer konnte, mied die unheimliche Bergregion schon wegen der vielfältigen Gefahren. Petrarca ist aber nicht nur geklettert, er hat den Trip auch literarisch festgehalten und gilt deshalb heutzutage als "Vater des Alpinismus" und als Begründer der nachantiken Reiseschilderungen (es böte sich hier an, den Bogen von Petrarca zur WOMO-Reihe zu spannen, wir wollen das aber lieber nicht tun). Freilich war der Poet nicht der erste Gipfelstürmer, denn schon die Römer unterhielten hier oben ein Heiligtum, das man entdeckte, als die Wetterstation errichtet wurde. Und genaugenommen wurde eine Gottheit schon vor den Römern verehrt, es war der keltische Gott der Winde.

Im Laufe der Jahrtausende hat sich einiges getan am Ventoux: Wetterwarte, Fernsehsender und Militärstation sind unübersehbar. Genauso wie die Süßigkeits- und Andenkenbuden und die Skilifte. Sogar der Wald ist wieder da. Der Holzbedarf der Schiffswerfte in Toulon verschlang einst alle Bäume. Aber schon im 19. Jahrhundert begann eine planmäßige Wiederaufforstung. Sogar bis dato fremde Baumarten wurden angesiedelt - und Trüffeleichen zum Wohle der Feinschmecker in ganz Frankreich. Die naturale Wiederbelebung sieht zwar schon ganz gut aus, sie ist aber noch nicht vollends gelungen, wie das schlimme Hochwasser des Jahres 1992 beweist.

Gipfelregion des Mont Ventoux

Bei einer Höhe von 1.600 m, der natürlichen Baumgrenze, endet der Forst. Man fährt ab da durch eine weißliche Geröllhalde, die in der Sonne von Ferne Schneefeldern gleicht. Von nahem entdeckt man - außer der Sicht bei klaren Tagen - nichts schönes. Es sei denn man wäre Botaniker. Dann könnte man in der Gipfelregion noch Flechte und Moose ausmachen (aber nicht ausgraben!), die sonst nur in Grönland oder im Polargebiet wachsen. Oder man ist Radfahrer. Genauer: ambitionierter Sportradler mit rennradmäßigem Vehikel. Dann ist die Qual über den Gipfel die Herausforderung unserer Zeit, der sportliche Höhepunkt des Urlaubs, der Beweis der Fitneß oder gar der Männlichkeit (die Frauen sind deutlich in der Unterzahl). Jedenfalls begegnen uns an einem glutheißen Tag im Juli weit mehr Radler als Autofahrer. Aber nicht jeder überlebt die Strapazen. Anläßlich der Tour de France des Jahres 1967 starb der englische Radprofi Tom Simpson kurz unterhalb des Gipfels und löste damit im Sport die erste große Doping-Diskussion aus. Radfahrer aus ganz Europa legen heute am Unglücksort südlich des Gipfels (beschildert) zum Andenken des Sportlers Ehrenbeweise nieder: Vom Fahrradreifen bis zum Handschuh. Rad- und Autorennen führen heute nicht mehr durch diese Region, die, jedenfalls im Sommer, touri-

41

stisch eher ruhig zu nennen wäre. Im Winter, das heißt von Mitte November bis Mitte April ist die Straße über das steinerne Haupt zwischen den Skiorten Le Chalet-Reynard und Mont Serein ohnehin gesperrt. Dann herrscht hier oben auch schon mal Frost bis 30 Grad minus.

Auch im Sommer ist es mindestens 10 Grad kälter als im Tal, so daß man hier nicht so gerne ein Schlafplätzchen sucht, auch wenn der Wind nicht bläst, der allerdings fast immer dem Namen des Berges alle Ehre macht. Mir wäre es also zu kalt hier oben. Wer aber auch im Sommer ohne Dunst, also gleich nach Sonnenaufgang, die Fernsicht genießen möchte, kann auf dem **Campingplatz** von Mont Serein in schöner Berglage aber 1.400 m Höhe sein Haupt betten (geöffnet von Dezember bis April und vom 1.7. bis 31.8.).

Soweit wir feststellen konnten, wird die freie Übernachtung auf einem der Gipfelparkplätze auch geduldet. Gemütlich ist diese indessen nicht, von den Temperaturen ganz abgesehen. Dabei sehe ich auch für große Wohnmobile keine Probleme für die Bergfahrt, solange Sie bei der Talfahrt Ihre Bremsen schonen.

Und wenn man dann von oben lange genug in die Weite oder die Waschküche gestarrt hat, wenn die obligatorischen Fotos oder das Video im Kasten sind, fährt man - jedenfalls bei unserer Streckenführung - auf der Südroute wieder ins Tal und steht damit am Anfang unserer dritten Provence-Tour.

Am Fuß des Mont Ventoux

42

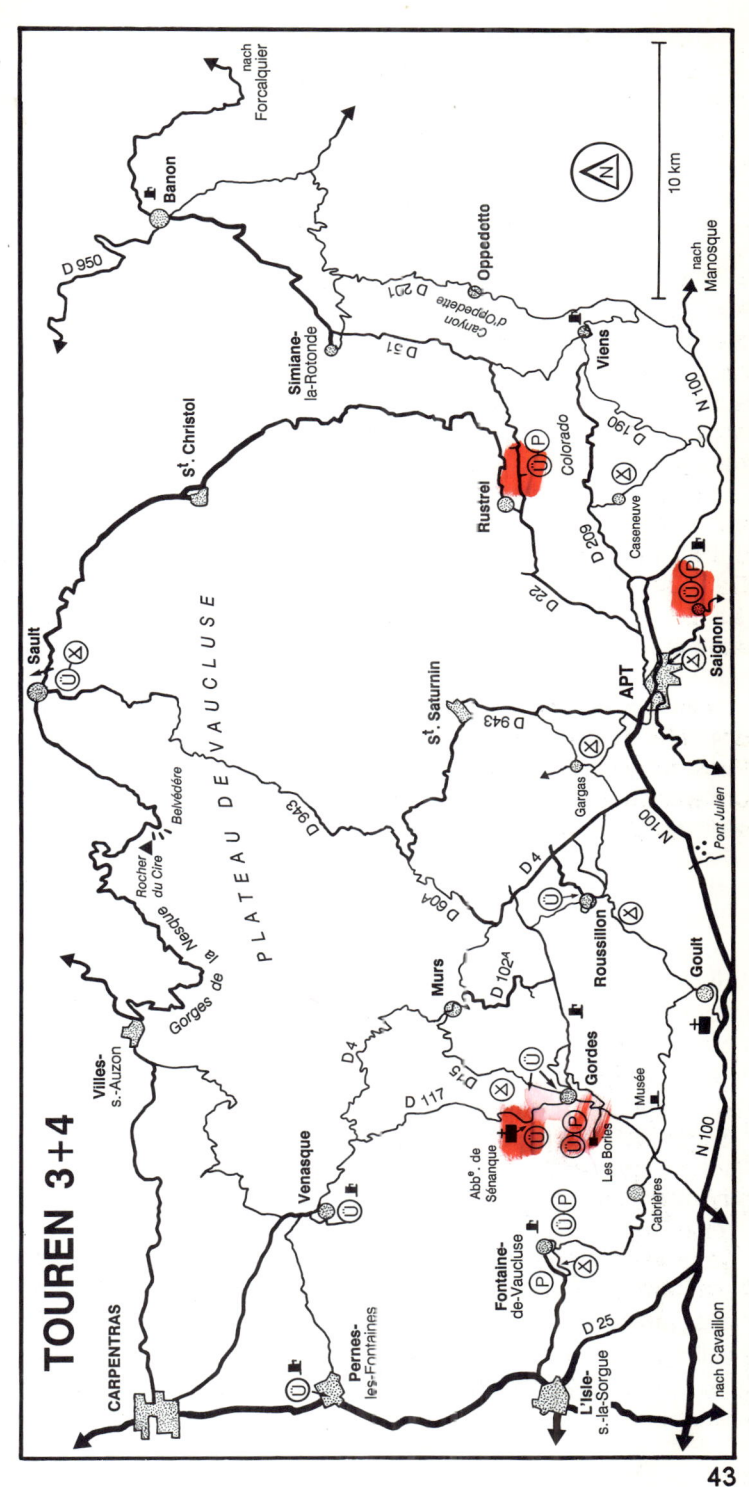

TOUREN 3+4

43

Tour 3: Das Plateau de Vaucluse

Sault - (Forcalquier) - Venasque - Pernes les Fontaines
Fontaine de Vaucluse - L'Isle sur la Sorgue

Übernachten:	auf den Parkplätzen am Rand von Venasque; in Pernes-les-Fontaines; mehrere Möglichkeiten in Fontaine-de-Vaucluse
Besichtigen:	Friedhof von Forcalquier; romanische Kirche von Venasque; das Städtchen Pernes-les-Fontaines; Fontaine-de-Vaucluse; die Stadt L'Isle-sur-la-Sorgue
Essen:	*Restaurant Signoret* in Sault; *Hostellerie du Château* oder *Hôtel du Parc* in Fontaine-de-Vaucluse
Wandern:	Spaziergang zur Sorguequelle oder zur Burg von Fontaine-de-Vaucluse; Wanderung rund um Fontaine-de-Vaucluse
Karte:	Seite 43

Unser Wohnmobil wird zum Verkehrshindernis. Im zweiten Gang machen wir uns nämlich die Bremswirkung des Motors zu Nutze, als wir uns vom Mont Ventoux behutsam abwärts winden. Wir sind zu langsam für die meisten Radsportler, die uns in halsbrecherischer Talfahrt überholen. Erst als wir bei Chalet-Reynard nach links auf die D 164 abbiegen, wird es ruhiger. Bald tritt auch der Wald zurück und die ersten violetten Teppiche der Lavendelfelder breiten sich aus. Fast unmerklich ist die alpine Landschaft in eine Hochebene übergegangen, in das **Plateau de Vaucluse**.

Wir kurven nun durch ein karges, dünn besiedeltes Gebiet: Hier und da ein Gehöft, ein paar Schafe und viel Brachland mit aufgelassenen Feldern und wildem Lavendel. Dazwischen wieder sorgsam gezogene Reihen dieser blauen Pflanzen und Lavendeldestillerien. Ab und an sieht man auch einen Touristen, aber der ist in diesem Teil der Provence schon eher eine Seltenheit. Wenn man dann in **Sault** einfährt, wähnt man sich schon in einer Kleinstadt. Doch im Ort und in umliegenden Weilern wohnen zusammen gerade 1.200 Menschen. Das reicht aber schon, um ein kleines Zentrum zu schaffen: Für Lavendel, seinen Honig und dessen Verarbeitung zu (französischem) Nougat. Aber das und die wenigen Touristen können das Dorf kaum ernähren. So kommt man beim Gang durch die verwinkelten Gassen häufiger an leerstehenden Häusern vorbei als an bewohnten. Und nicht mal die Zweithausbesitzer haben flächendeckend zugeschlagen. Wie gesagt, das Land ist unspektakulär und dennoch - jedenfalls zur Lavendelblüte ab Mitte Juli - unglaublich schön. Wem die Landschaft zu langweilig wird, gehe ins kleine Museum von Sault. Dort gibt es neben keltischen und gallo-römischen Funden sogar eine ägyptische Mumie zu bestaunen. Oder man kommt mittwochs, wenn Markttag ist. Die meisten Fremden suchen aber nur den Lavendel, der hier in 800 m Höhe ideale Wachstumsbedingungen vorfindet. Auf die größten Lavendeläcker stößt man beim nordöstlich gelegenen Dorf Ferrassières (näheres zum Lavendel siehe bei der 8. Tour).

Manch einer sucht auch die französischen Atomraketen, die 7 km südlich seitlich des Weges nach St. Christol in unterirdischen Röhren für ihren unseligen Einsatz bereitgehalten werden. Vielleicht sucht auch mal jemand ein **Übernachtungsplätzchen**. Es gibt hier zwei davon, und zwar seitlich der D 950, der Straße nach Forcalquier: Entweder am Ortsausgang von Sault linkerhand vor dem Feuerwehrhaus oder etwa 1,5 km weiter in einem Picknick-Wäldchen seitlich der Straße beim Sportplatz. Gegenüber liegt dann auch der Campingplatz, den man sich sparen wird. Denn in Sault hält sich niemand länger auf. Vielleicht noch zu einem preiswerten Mahl im **Restaurant** *Signoret* (Tel. 90 64 00 45), wo wir noch nicht selbst waren, dessen einfache Kost aber einmütig gelobt wird.

Man kann von Sault weiter nach Osten gelangen, nach Forcalquier und von dort zu unserer 8. Tour. Auf diese Weise wird man die provenzalische **Lavendelstraße** abfahren. Oder man wendet sich nach Süden und trifft bei Apt auf unsere 4.Tour. Sie dürfen uns aber auch von hier aus direkt zurück nach Westen, nach Venasque (Seite 46) folgen. Wenn Sie es aber zeitlich einrichten können, gönnen Sie sich zur Zeit der Lavendelblüte noch einen Abstecher ostwärts bis Forcalquier.

Es ist nicht nur die blaue Duftpflanze, die diese Fahrt lohnend macht, sondern auch der Landschaftseindruck insgesamt. Und wenn man ehrlich ist, sind die Lavendelfelder auch weniger häufig, als manch blumige Reisebeschreibung verspricht. Sie kommen dann auch durch das Dorf **Banon**. Nicht um es zu besichtigen. Sie werden vielleicht einen Kaffee trinken und weiterfahren. Aber Sie werden an den "Banon de Banon" denken, jenen Ziegenfrischmilchkäse, der in Sariette, einem Bohnenkraut, verpackt auf den Markt kommt. Kenner halten den Chèvre für einen der besten, dessen Bezeichnung aber (noch) keinen Schutz erfährt, wenngleich er nur im Umkreis von Banon den Zusatz "de Banon" führen soll, der das traditionelle Herstellungsverfahren verspricht. Versuchen Sie ihn in unterschiedlichen Reifegraden.

Am Ende unseres Abstechers kommen wir nach **Forcalquier**, das von sich behauptet, einen der schönsten Friedhöfe der Welt zu besitzen. Wir folgen dem Wegweiser "Cimetière" (auf der Michelin-Karte eingezeichnet) und wandeln unter Arkaden, Taxushecken und zwischen merkwürdigen steinernen Häuschen. Schön ist auch das Städtchen selbst mit alten Gassen und Bauwerken. Den kleinen Stausee seitlich der D 950 können Sie allerdings vergessen, man darf dort nicht baden, und ein Übernachtungsplätzchen gibt es auch nicht. Wenn Sie mal ein touristisch unbelecktes, provenzalisches Dorf in schöner Hügellage kennenlernen möchten, spazieren Sie doch kurz durch Dauphin seitlich der D 13 auf dem Weg nach Manosque. Oder gegenüber durch St. Maine, auf dessen Dorfplatz wir sogar die **Nacht verbringen** (für größere WOMO's ungeeignet).

Wahrscheinlich werden Sie aber in Sault nicht weiter nach Osten fahren, sondern die **Gorges de la Nesque** ansteuern. Die Fahrt auf der Aussichtsstraße oberhalb der Nesque-Schlucht empfehlen wir besonders denjenigen, die keine Zeit mehr für die bekanntere Verdon-Schlucht haben. Den schönsten Blick hat man am Belvédère gegenüber der 400 m hohen Wand des Rocher de Cire.

Am westlichen Ende der Schluchtstrecke biegen wir 2 km westlich von Villes-s.-Auzon auf die schmale D 14 nach links in Richtung **Venasque** ab. Hier begegnen wir wieder der Nesque, denn auf einem Bergrücken hoch über ihr liegt ein bezauberndes kleines Dorf, dem man heute beim besten Willen nicht mehr ansieht, daß hier einst ein Bischof residierte. Das war zwar schon in der Merowingerzeit, und seit die Wissenschaft sich einig ist, daß das berühmte sogenannte Baptisterium gar nicht aus dieser Zeit, dem 6. Jahrhundert, stammt, scheinen die Bildungshungrigen an diesem Ort vorbeizufahren. Während unserer Visite, immerhin in der Woche nach Pfingsten, können wir die ausländischen Autos mit einer Hand zählen. Was mich wirklich wundert, denn in Venasque wohnen der schönen Lage wegen besonders viele Fremde. Und eigentlich ist es auch gar nicht so wichtig, ob die kleine Kapelle seitlich der schönen romanischen Kirche ein Taufhaus oder eine Grabstätte war. Der Verwendungszweck ist zwar zugegebenermaßen ein gänzlich unterschiedlicher, der schlichte Raum beeindruckt uns dennoch sehr. Die Erbauer haben antike Säulen wiederverwertet, wobei sie es nicht so genau nahmen (oder nicht besser wußten) und diese im 11. Jahrhundert - und nicht, wie manche behaupten, im 6. Jahrhundert - verkehrtherum aufgestellt haben. Die Vertiefung in der Mitte der Kapelle, die man lange Zeit für das Taufbecken gehalten hat, wurde, wie man nun weiß, erst nachträglich ausgehoben. Achtung: Die Kapelle ist mittwochs geschlossen, dann muß man mit den im Vorraum aufgehängten Bildern vorlieb nehmen.

Kirche von Venasque

Parken Sie unbedingt außerhalb der Tordurchfahrt, das Dorf ist so klein, daß sich niemand auf dem kurzen Weg zur Kirche wunde Füße holt. Es gibt mehrere kleine Parkplätze, auf denen man ohne weiteres übernachten kann, zumal auf der kleinen Fläche links unterhalb des Tores zum schönen Blick noch eine öffentliche Toilettenanlage hinzukommt. Sowie ein Restaurant (das angeblich von Deutschen betrieben wird und gut sein soll), das sich bei uns aber ebenso wenig wie die Stellplätze einem praktischen Test unterziehen mußte. Bringen Sie für eine Übernachtung Lebensmittel mit, denn größere Einkaufsmöglichkeiten gibt es nicht.

Unsere Tour führt uns nun nördlich, bzw. westlich um das Plateau de Vaucluse herum, genau so gut könnte man aber auch von Venasque quer über das Plateau oder zunächst durch eine Schlucht nach Apt weiterreisen. Vorbei an dem Dörfchen **Murs** (zu deutsch: Mauern), dessen Name an die letzte große Pestepidemie des Jahres 1720 erinnert. Quer durch das Plateau de Vaucluse hat man damals eine Mauer gezogen, von der Rhône bis nach Sisteron. Mit ihr sollte die Pest aufgehalten werden, weshalb sogar Wachsoldaten entlang der Mauer patrouillierten. Murs war eine solche Wachstation. Die Mauer konnte nichts daran ändern, daß damals mehr als 100.000 Menschen in der Provence starben. Wer in dieser Gegend bei Wanderungen auf Mauerreste trifft, steht vielleicht vor diesem Zeugnis der Verzweiflung.

Wer von Venasque nach Murs fährt darf sich zuvor einen Abstecher nach **Pernes-les-Fontaines** nicht verkneifen. Wo findet man sonst schon mitten im Ort auf handgeschriebenem Schild eine freundliche Einladung zur **Übernachtung**:

Unten am fast ausgetrockneten Bachlauf der Nesque haben die freundlichen Stadtväter ein Holzschild annageln lassen. Uns sind die Parkbuchten etwas zu laut und zu sehr im Städtchen gelegen, das man sich aber unbedingt näher betrachten muß. Sofern man überhaupt dazu kommt. Denn unterhalb der

schattigen Stellplätze, die man am besten bei einem kurzen Rundgang am südlichen Nesque-Ufer findet, liegt hier der Boules-Platz. Besonders beeindruckt bin ich vom zielsichersten Spieler der Runde, der sich aber nicht mehr bücken kann und deswegen die Eisenkugeln mit einem an einer Schnur hängenden Magneten aufhebt. Wenn Sie jetzt auch gerade auf dem schattigen Mäuerchen seitlich des Boules-Platzes von Pernes-les-Fontaines sitzen und einer Boules-Spielerin sowie sieben Boules-Spielern zuschauen, werden Sie nicht nur alle diejenigen Lügen strafen, die in unzähligen Abhandlungen behaupten, Boules sei eine reine Männersache. Sie werden

48

sich auch über die Spielregeln Gedanken machen; dann sollten Sie im hinteren Teil dieses Buches unter dem entsprechenden Stichwort weiterlesen.

Aber nach Pernes-les-Fontaines fährt man natürlich nicht nur wegen der Einladung zur Übernachtung und schon gar nicht wegen der Boules-Spieler. Der Ort hat nämlich ein interessantes Stadtbild, dem man noch ansieht, daß Pernes ehemals Hauptstadt der dortigen Grafschaft Venaissin (benannt nach Venasque) war. Für den Namenszusatz "les Fontaines" gibt es auch gute Gründe, nämlich 33 Brunnen, die heute noch großenteils in Betrieb sind. Kein wasserspeiendes Maul gleicht dabei dem anderen. Aber auch kein Urlauber außer uns schlendert von Fontaine zu Fontaine. Ebenso wenig wie zum mittelalterlichen Wohnturm, der Tour Ferrande, der uns an San Gimignano in der Toskana erinnrt. Wobei es bestimmt auch eine Rolle spielt, daß im dritten Stockwerk des Turmes - im Jahre 1275 - Bilder al fresko auf die Wände gepinselt wurden. Pernes-les-Fontaines hat nichts Spektakuläres und ist doch eines der angenehmen provenzalischen Städtchen. Und eine Besonderheit sieht man ihm gar nicht an: Der Ort ist bekannt für seine Backwaren und versorgt ganz Frankreich mit Hostien.

Vom Übernachtungsangebot am Rand der Nesque machen wir heute keinen Gebrauch. Unser WOMO steht heute Abend an einem noch schöneren Flußufer in **Fontaine-de-Vaucluse**. Ich sehe schon manchen Leser die Nase rümpfen, denn Fontaine-de-Vaucluse gehört zu den umstrittenen Zielen der Provence. Was schon damit anfängt, daß es keinen passenden Oberbegriff für diesen Endpunkt sonntäglicher Ausflugsreisen gibt. Das unbeschreibbare Etwas ist keine Stadt, dazu ist es viel zu klein. Es ist auch kein Dorf, dafür fehlt die erforderliche Infrastruktur. Fontaine-de-Vaucluse ist im Grunde nichts anderes als eine Zusammenballung von drei kleinen Museen, einer Papiermühle, ein paar Mühlenruinen, und Parkplätzen, von Kneipen und Restaurants aller Provenienzen. Und von Postkarten- und Kitschläden sowie einer elend langen unterirdischen Passage, in der bis zum Überdruß aneinander gereiht ist, wofür man in der Provence sinnlos Geld rauswerfen kann.

Aber dann gibt es noch diesen unsagbar grünen, im Frühjahr und Frühsommer vor Wasser strotzenden Fluß, die bemoosten Wasserräder und die unglaublich schöne Lage in einem Talkessel. Auch wenn ich mich bei allen "alternativen" Lesern unbeliebt mache: Mir gefällt es hier, wenn auch nur für eine Nacht und vor allem zum richtigen Zeitpunkt.

Das Etwas, wir nennen es fortan Ort, zählt zu den beliebtesten Ausflugszielen in Südfrankreich. Grund dafür ist sicher nicht der Postkarten- und Kitschnepp, der ist vielmehr die Folge der täglichen Massenbusentladungen. Das Geheimnis des Erfolgs liegt in der Verbindung der Faktoren: Unbestreitbar schöne Naturlage, verkehrsgünstige Erreichbarkeit, kraftvoller, farbenfroher und auch im Sommer erfrischender Flußlauf. Und vor allem im Umstand, daß man die Hauptsehenswürdigkeit von der Ortsmitte aus in ziemlich genau 15 Minuten zu Fuß erreichen kann. Dort stöckeln dann sonntags nachmittags Französinnen allen Alters mit Männern und Kindern, und alle sind stolz, daß sie sich etwas bewegt haben, ohne sich anstrengen zu müssen, daß sie in guter Luft waren und auch noch "etwas" gesehen haben.

Anna, Lena und der Autor an der Sorgue-Quelle

50

Und ich wette, nicht wenige glauben, der Spazierweg ende an der Quelle der Vaucluse. Dabei heißt der Fluß, der am Ziel der Ertüchtigung aus einem Felstrichter quillt, **Sorgue**, und die Bezeichnung **Quelle** ist für das, was die Natur hier offenbart, eine gelinde Untertreibung: Im Frühjahr sprudeln aus dem Felsloch bis zu 200.000 l pro Sekunde (das sind in der Sekunde 2.500 Badewannen voll Wasser, in der Stunde 9 Millionen Badewannen; für die Badewannenanzahl eines ganzen Tages ist das Display meines Taschenrechners zu kurz). Die gigantische Karstquelle ist die ergiebigste in Europa und noch ist ihre Entstehung gänzlich unerforscht. Der französische Tauchexperte Cousteau konnte bis auf eine Tiefe von 106 m vordringen, und mit Sonden kam man sogar bis auf 308 m, ohne jedoch ein Ende des Schachtes zu erreichen. Vermutlich sammelt sich in unterirdischen Wasseradern Regenwasser, das auf dem Plateau de Vaucluse versickert ist, vielleicht kommt auch noch Wasser der Nesque hinzu. Das Seltsame ist aber, daß wir nie auf den Gedanken einer solchen Wassereruption kämen, während wir an einem Nachmittag Anfang April mit den Händen im glasklaren, aber kalten Quellwasser spielen. Gemessen an der Menge, die hervorbricht, geht es im Quell-Loch nämlich eher beschaulich zu, was sich aber sehr schnell ändert, wenn das Wasser über den Quellrand zu Tal geströmt ist. Und im Sommer, wenn man den Ort ohnehin meiden sollte, ist der Quelltopf nicht einmal randvoll, im Gegensatz zum Fluß, der auch dann breit und satt dahin fließt, da dieser nämlich auch von anderen Quellen gespeist wird.

Ein Fluß, wie geschaffen, um an seinem Rand zu **nächtigen**. Dafür gibt es in Fontaine-de-Vaucluse großflächige, direkt am Ufer liegende **Parkplätze**, von denen der schönere südlich des Flusses auf halbem Weg zwischen Ortsinnerem und **Campingplatz** zu finden ist. Letzterer liegt übrigens auch direkt am Wasser, jedoch deutlich weiter vom Ort entfernt. Diesesmal, ein paar Tage vor Ostern, sind die Parkplätze gähnend leer und werden nachts nur von ein paar WOMO's bevölkert. Da muß man nicht einmal die sonst obligatorische Parkgebühr von 10 Francs berappen. Wir waren auch schon in den Pfingstferien hier, die Parkplätze sind dann deutlich voller und ab 10 Uhr morgens sind die nächsten 10 Francs fällig. An der Seite zum Fluß gibt es in der Mitte dieses Parkplatzes auch einen Wasserhahn mit einem leider nur sehr schwächlichen Strahl (einen weiteren Hahn finden Sie links neben dem Petrarca-Museum, eine öffentliche Toilette gibt es in der Ortsmitte).

So stehe ich schon fast 15 Minuten, halte meinen Platikschlauch in den Wassertank und schaue versonnen auf die vorbeiströmenden Fluten. Und plötzlich taucht er auf, ein Kerl so groß wie ein Hund, allemal größer als eine Katze. Possierlich greift er sich den Stengel einer Grünpflanze und schiebt diesen genüßlich zwischen die Nagezähne. "Kinder, ein Biber!" Schnell stehen auch die Familien aus den Nachbarwohnmobilen neben mir und betrachten das muntere Nagen. Später haben wir den schwarzbraunen Burschen noch mehrfach wiederentdeckt, nur mit dem "Biber" habe ich mich wohl geirrt: Nach meinen häuslichen zoologischen Recherchen muß es sich um in Südfrankreich heimisch gewordene Sumpfbiber (Nutrias) gehandelt haben. Wie dem auch sei, beobachten Sie gegen Abend genauestens die grünen Wasserpflanzen in der Mitte des Flusses!

Stellplatz an der Sorgue

Leider können wir diese bei unserem Abendessen nicht weiter anvisieren, wenngleich die *Hostellerie du Château* (Tel. 90 20 31 54; von Anfang Januar bis Mitte Februar und mittwochs geschlossen) auch direkt ans Wasser und sogar geradezu darüberhinaus gebaut ist. Der sehr schöne Blick reicht aber vom Speisesaal auf den innerörtlichen Teil des Flusses, wohin sich zu Touristenzeiten - und die sind fast ganzjährig - kaum eine Biberratte verirren dürfte. Schön gelegen ist das *Château* aber trotzdem; außerdem beherrscht man hier die überall gleichen Gesetze des Massentourismus perfekt: An Sonn- und Feiertagen in der Saison verlangt man für die Menüs Aufpreise! Trotzdem sind diese nicht unverschämt, für die unvergleichliche Lage geradezu maßvoll; und das Essen ist passabel (möglicherweise aber von Zeit zu Zeit etwas wechselhaft). Fast noch besser, aber auch eine Spur

52

teuerer und gediegener tafelt man im *Hôtel du Parc* (Tel. 90 20 31 57; mittwochs geschlossen), wo man jedoch vom Speisesaal aus nicht einen so schönen Blick hat. Aber im Hochsommer wird draußen gedeckt, dann sitzt man optimal am Fluß.

An Sonn- und Feiertagen würde ich im Sommer freiwillig keinen Fuß nach Fontaine-de-Vaucluse setzen, überhaupt empfehle ich, den Ort in dieser Jahreszeit zu meiden. Dann herrscht Volksfeststimmung mit "son et lumière", einer französischen Institution, die mit Hilfe bunter Beleuchtungseffekte und blecherner Lautsprechermusik Sehenswertes verkitscht und verschandelt. Jetzt freuen sich aber die Kassierer der drei **Museen**, des Museums der Widerstandsbewegung, des Petrarca-Museums und einer Art Höhlenmuseum. Dann ist auch die große Zeit an den Verkaufstischen der Papiermühle. In ihr muß der noch junge Fluß schon kurz hinter der Quelle auf traditionelle Weise bei der Herstellung von Büttenpapier helfen, was vor allem ein Geschäft für diejenigen ist, die in einer großen Halle allerlei Papiererzeugnisse verkaufen. Zugegebenermaßen ist das Schöpfen von Papier auch nicht ganz uninteressant. Die anderen beiden Museen habe ich mir bislang verkniffen. Auch die Kultstätte des italienischen Dichters Petrarca, der sich im Jahre 1337 hier niedergelassen hat.

Ich verbringe meine Zeit da schon lieber beim **wandern**, oder wenigstens bei einem kurzen Spaziergang vom Ort hinauf auf die Burgruine. Besonders schön ist auch unsere Wanderung, bei der man wegen des großenteils steinigen Untergrundes festes Schuhwerk tragen sollte:

Bei der Jugendherberge (Auberge de Jeunesse - man erreicht sie vom Ortsmittelpunkt über die Brücke in südwestlicher Richtung, vorbei an "unserem Parkplatz", wenn man nach links zur D 100 - Richtung Gordes - abbiegt und an der Friedhofsmauer entlang wandert) zweigt der rot-weiß markierte Wanderweg nach links in ein weites Hochtal ab.
Wer ein ruhiges, einsames Übernachtungsplätzchen sucht, wird hier fündig, wobei ich keine Gewähr dafür übernehme, daß die freie Übernachtung geduldet wird. Denn schon nach einigen hundert Metern des insgesamt etwa 5,5 km ansteigenden Weges stolpern wir über die verkohlten Strunken ehemaliger Bäume. Hier muß vor nicht allzu langer Zeit ein Waldbrand gewütet haben, was diverse wanderfrohe Zeitgenossen danach nicht davon abgehalten hat, in den knochentrockenen Resten verbliebener Buschgruppen neuerliche Lagerfeuerchen

anzuzünden. Ständig stoßen wir auf die Reste solcher Freizeitfreuden, zu denen augenscheinlich auch leergegessene Ravioli-Dosen gehören. Wen wundert es, wenn auch Wohnmobilfahrer, die naturbewußt am Anfang des Tals übernachten, über denselben Kamm geschoren würden (von den untrüglichen Papier- und sonstigen Häufchen hinter diesen Restbuschgruppen soll an dieser Stelle nicht die Rede sein). Der Wald ist tot, und so schwitzen wir auf den eineinhalb Stunden bis hinauf zur Hochebene größtenteils in der prallen Sonne - weshalb sich diese Wanderung im Hochsommer nicht gerade empfiehlt. Auch bei gemäßigten Temperaturen, jetzt im Frühjahr, müssen wir uns vor dem zwar maßvollen, jedoch stetigen Anstieg an der Stelle erholen, wo der Weg in die Hochebene von Vaucluse übergeht. Ziemlich genau dort kommen wir an einer auffallenden Wegkreuzung vorbei, wo wir auch auf die Reste der alten **Pestmauer** treffen (näheres zur Pestmauer siehe auf Seite 48). An dieser Kreuzung kann man alternativ zu unserer Route rechtwinklig nach Süden abbiegen und auf markiertem Weg eine Weile entlang der Pestmauer wandern, um dann später von Süden wieder bei der Jugendherberge anzukommen). Wir folgen stattdessen weiter dem entweder rot-weiß oder blau markierten Weg nach Norden, wobei ständig die weiße Kuppe des Ventoux vor uns aufragt. Bald wendet sich der Weg in westlicher Richtung nach links und kurz darauf halten wir buchstäblich die Luft an: Vor uns breitet sich in leichtem Dunst das Rhônetal aus. Unser Blick reicht bis nach Carpentras, zu den unverwechselbaren Kühltürmen der Atomkraftwerke an der Rhône und im Süden bis zur Kette der Alpilles bei Les Baux. Dieser Blick vom Hang des Plateau de Vaucluse gehört zu den unvergeßlichen Erlebnissen meiner Provence-Wanderungen. Viel zu schnell müssen wir jedoch den breiten Fahrweg auf einem linksabbiegenden Pfad bergab verlassen. Denn schon bald ist von der schönen Aussicht nur noch wenig übrig, und wir ärgern uns, daß wir uns nicht ganz oben eine Mittagsrast gegönnt haben. Häufiger müssen wir nun nach der auf Felsbrocken gepinselten Markierung suchen, ehe wir in einem breiten Wiesental auf verlassene Gehöfte stoßen. Durch den Wald geht es von dort auf einem Pfad seitlich des Fahrweges zurück nach Fontaine-de-Vaucluse. Interessant sind auf dem letzten Stück einige Bories, worunter man hier Häuser versteht, die ohne Mörtel aus Natursteinen aufgeschichtet wurden. Man sieht sie in

Blick ins Rhônetal

dieser Gegend der Provence fast auf jeder Wanderung und besonders gut auf der nächsten Tour.
Es bleibt noch nachzutragen, daß die ganze Wanderung ziemlich genau 15 km lang ist, und daß uns ein Wolkenbruch auf den letzten Metern kurz vor Fontaine-de-Vaucluse die Frühlingsstimmung gründlich verdirbt. Aber im Ort gibt es ja genug Kneipen, in denen man sich trocknen und in jeder Beziehung wieder aufwärmen kann (Karte: Éditions Didier & Richard Nr.27).

Kaum jemand kann sich von der wasserreichen Sorgue trennen, weshalb wir dann auch die meisten WOMO's, die während der letzten Nacht neben uns standen, in **L'Isle-sur-la-Sorgue** wiedersehen. Die reizende Stadt (13.000 Einwohner) ist von mehreren Armen jenes Flusses durchzogen, und die aus frühindustriellen Zeiten übrig gebliebenen Wasserräder, die einst Papiermanufakturen, Mühlen und Webereien antrieben, sind noch größer und moosiger als in Fontaine-de-Vaucluse. Kenner kommen sonntags, dann sind vormittags unter Platanen an den Flußufern die Stände des Wochenmarktes aufgebaut, eines der schönsten in der Provence. Der (professionelle) Antiquitätenmarkt lockt sogar noch am Sonntagnachmittag die Kunden, die es aber auch nicht versäumen, sich in einem der vielen Cafés zu erholen, deren schönstes, das auf zwei Seiten von der Sorgue umspült wird, Sie unweigerlich entdecken werden. An Ostern und Pfingsten wird das Städtchen zum Mekka der Antiquitätensammler, dann finden nämlich besonders große Märkte statt.

55

Tour 4: Durch das Tal von Apt

Gordes - Kloster Sénanque - Roussillon - Apt - Saignon
Rustrel - Simiane la Rotonde - Oppedette - Viens

Übernachten:	mehrere freie Stellplätze in und bei Gordes; Campingplatz von Gordes; frei beim Kloster Sénanque; bei Roussillon; Campingplatz von Apt; frei in Saignon; Beim Colorado Provençal
Besichtigen:	das Dorf Gordes; Vasarély-Museum im Schloß von Gordes; Kirchenfenster-Museum und Ölmühle bei Gordes; Steinhüttendorf "Les Bories" bei Gordes; Kloster Sénanque; Dorf und Ockerfelsen von Roussillon; Römerbrücke Pont Julien; Wochenmarkt, Altstadt und Kathedrale von Apt; die Dörfer Saignon, Simiane-la-Rotonde, Oppedette und Viens; Colorado Provençal bei Rustrel
Essen:	*Hostellerie Provençale* oder Hotel *Bastide de Gordes* in Gordes; *Bistrot à Michel* in Cabrières d'Avignon; Restaurant *La Terasque* in Roussillon
Wandern:	von Gordes zum Kloster Sénanque und zu den Steinhütten "Les Bories"; rund um Roussillon; Spaziergang durch die Ockerfelsen von Rustrel; Spaziergang zum Canyon d'Oppedette
Karte:	Seite 43

Zugegeben, das Tal selbst scheint eher durchschnittlich und vorwiegend aus der N 100 zu bestehen. Damit würde man aber nur den ebenen Teil des Tales, den Talgrund, erfassen, ohne den für das Tal gar nicht diese Bezeichnung erlaubt wäre. Denn zu jedem Tal gehören beidseitig Hänge, und diese verhelfen dem weiten Tal des Calavon zu einem der schönsten Teile der Provence. Aller touristischen Verfälschung zum Trotz: Meine provenzalische Lieblingsecke, in der ich, geographisch gesehen, aus einer Tour drei machen mußte. Denn genauso wie die Orte am Südhang des Plateau de Vaucluse gehören auch die Dörfer am Nordhang des Lubéron zum Tal von Apt. Alles zusammen ist aber weit mehr als eine einzige Tour, nicht einmal ein mehrwöchiger Urlaub reicht für dieses schöne Stück Frankreich; und dabei sind die Tage des Wanderns noch gar nicht mitgezählt.

Lassen Sie die Touristenscharen an den klassischen Orten der Provence hinter sich, in Orange, Avignon und Les Baux, und fahren Sie ein halbes Stündchen weiter nach Osten! Sie werden auch hier noch auf viel zu viele andere WOMO's treffen (leider trage ich gerade dazu bei), Sie werden aber bald meine Begeisterung teilen. Nur das Wetter muß schön sein.

Verbringen Sie die Regentage in den Städten, wo es weiß Gott genug zu sehen gibt und verderben Sie sich nicht bei grauem Himmel die Erinnerung an die wunderschönen Hänge des Tals von Apt.

Das Tal ist aber auch voll vom widersprüchlichen Kontrast zwischen natürlicher Schönheit und ebenso selbstverständlicher Vermarktung. Dabei hat diese hier etwas Anspruchsvolles an sich, den Hauch von Künstlern, Ästheten und der Schickeria. Was im Klartext heißt: Man muß genauer hinsehen, um Kitsch von Kunst zu trennen, die Grenze ist fließender als anderswo, aber der Franc sitzt genauso locker. Schön sind sie trotzdem, die beiden Hochburgen derlei Hinterhalts: Gordes und Roussillon. Und wären sie es nicht, gäbe es hier weniger Kunst und erst recht weniger Kunstkitsch.

Und trotzdem, noch in jedem Provence-Urlaub stand unser WOMO wenigstens für eine Nacht auf dem kleinen Parkplatz von **Gordes**, ich aß zuvor ein sehr mittelmäßiges Menü in der *Hostellerie Provençale*, und ich muß mir eingestehen, daß ich Mal für Mal nur wenig der Macht der Gewohnheit folge, sondern vor allem einem Reiz, den ich unbeschreiblich nennen möchte, den ich doch gerade beschrieben habe.

Nach Gordes führen viele Wege, der schönste ist die sogenannte "Route touristique" von Fontaine-de-Vaucluse. Alle Wege enden kurz vor dem Ort an einer viel zu kleinen Ausbuchtung rechts der Straße, der Stätte des Fotoblicks, den keiner verpaßt.

Gordes

57

Und spätestens hier weiß man, warum Gordes sich in die Reihe der schönsten Dörfer Frankreichs einreihen darf und dieses Attribut im Ortsschild zur Schau trägt: Der Blick zu den an den Hang geschachtelten Häuser, die auf die gewaltige Burg vor der Spitze des Bergs zulaufen, ist wirklich einmalig. Ich halte auch diesesmal wieder an der kleinen Parkbucht an und fotografiere wie beim erstenmal die in der Abendsonne rosa beleuchteten Mauern (mit Abstand die beste Zeit für das unvermeidliche Foto). Was schert es mich, daß ich dieses Bild von unzähligen Postkarten kenne, daß es schon zehnfach in meinen Dia-Magazinen steckt; vergessen sind in diesem Moment auch die alternativen Kollegen, die gerade bei Gordes besonders hoch ihren Reiseführer-Finger heben.

Und ich fahre auch dieses Jahr wieder am Platz vor dem Schloß nach links den Berg hinauf (Richtung Murs), ich folge dem Parkplatzschild und biege etwa 150 m vom Schloß entfernt nach links auf den Parkplatz ein. Ich wundere mich wieder, daß der Platz überraschend leer ist, denke daran, daß ich einen Reiseführer schreiben werde und daß der Parkplatz dann vielleicht bald voll ist, ich überlege kurz, ob ich den Reiseführer vielleicht lieber doch nicht schreiben soll und parke unser Wohnmobil auf dem Asphalt möglichst weitab der Straße.

Und kaum bin ich angekommen, steht in der *Hostellerie Provençale* ein Gläschen vin rouge vor mir. Bis zum Abendessen bleibe ich dann einfach sitzen und reserviere so unseren Platz. Denn zur Essenszeit wird es voll, und wer nicht rechtzeitig da ist, bekommt keinen Platz mehr in der Hostellerie. Mir scheint, daß sie aber auch das einzige Lokal in Gordes ist, wo vergnügliches Leben herrscht, ganz im Gegensatz zu den zahlreichen Edelkneipen, die es sonst noch im Ort gibt. So bin ich dann auch bereit, die höchst mittelmäßigen Küchenleistungen zu verschmerzen. Dafür kann ich von meinem Tisch aus den Köchen bei der Arbeit zusehen, und es scheint mir, daß diese bei allem Streß tatsächlich Spaß dabei haben (Tel. 90 72 01 07). Wenn Sie hingegen mit Michelin-Stern speisen und beim Essen gelegentlich einmal zu den gegenüberliegenden Hängen des Lubéron blicken möchten, ist für Sie in der *Bastide de Gordes* gesorgt (Tel. 90 72 12 12; von Mitte November bis Ende Dezember und - außerhalb der Saison - montags und dienstags mittags geschlossen). Ich habe selbst aber die Leistungen der Köche noch nicht getestet; ebenso wenig wie im *Bistrot à Michel* im 7 km entfernten Dorf Cabrières d'Avignon (auf halbem Weg nach Fontaine-de-Vaucluse), das unter anderem von Deutschlands Küchenpapst

Wolfram Siebeck ausführlich gelobt worden ist (Tel. 90 71 82 08; montags und dienstags geschlossen).

Für die Zeit nach dem Abendessen und vor dem Frühstück gibt es in Gordes mehrere **Stellplatzmöglichkeiten**: Die bequemste - und deshalb als einzige von uns getestete - finden Sie auf dem oben erwähnten Parkplatz nördlich des Schlosses. Hier steht man sicher, ortsnah und überraschend ruhig. Eine öffentliche Toilette finden Sie auf halbem Weg zum Schloß, also hinter der Rückseite desselben gegenüber der Post. Auf dem Parkplatz hat man aber leider gar keine Sicht auf die Umgebung, was in Gordes besonders schade ist. Als Alternative empfiehlt sich daher für die Weitblicksüchtigen ein Stellplatz, den man ein paar hundert Meter weiter oben an derselben Straße nach Murs links nach den letzten Häusern findet. Die geräumige, ebene Fläche war früher einmal eingezäunt und ist jetzt allgemein zugänglich. Wer hingegen gerne in völliger Einsamkeit nächtigen möchte, sollte zum Parkplatz der "Village des Bories" südlich von Gordes (beschildert) fahren und sich dort nach Belieben eine kuschelige Nische im Unterholz aussuchen (sehr einsam!).

Als ernst zu nehmende Alternative kommt in Gordes schließlich noch der **Campingplatz** in Frage: Sie finden ihn ebenfalls seitlich der Straße nach Murs, 1,8 km nördlich des Ortes in sehr schöner Lage mit öffentlich zugänglichem Schwimmbad. Im Sommer ist der ganzjährig geöffnete Platz allerdings oft belegt. Wer telefonisch reservieren möchte, kann es unter der Nr. 90 72 12 48.

Und wenn Sie immer noch nicht den richtigen Schlafplatz gefunden haben, fahren Sie einfach zum **Kloster Sénanque** 4 km nördlich von Gordes und machen es sich auf dem dortigen Parkplatz gemütlich. Keine Angst, das Kloster ist noch bewohnt und bietet sogar Touristen Betten an, Sie stehen also weniger einsam als es scheint.

Daß dieses Kloster zu den geschätzten Sehenswürdigkeiten der Provence gehört, wissen Sie längst von den Postkarten, die an keinem Ansichtskartenständer fehlen: Es ist das Kloster mit den Lavendelbuschreihen davor. Wir werden bei unserer späterer Wanderung dort vorbeikommen (siehe Seite 61). Diese war eigentlich für den nächsten Tag geplant, aber an dessen Morgen prasselt auf unser Aluminiumdach, was der provenzalische Himmel hergibt, und das ist im Frühjahr oftmals nicht wenig. Ein Regentag ist in Gordes aber kein Beinbruch, dann hat man wenigstens ausreichend Zeit, die **Ausstellung** des **Malers Victor Vasarély** zu betrachten. Der Op-art-Künstler hatte gegen eine symbolische Jahresmiete von einem Franc für 99 Jahre das baufällige **Schloß** erworben und es auf eigene Kosten restauriert, bevor er in den Sälen ein Museum installiert hat. Dieses beherbergt ausschließlich eigene Werke, die so zahlreich sind, daß interessante technische Installationen notwendig wurden, um auch alle Bilder auf vergleichsweise engem Raum zeigen zu können. Die Bildwerke werden in Rahmen und hinter Glas mit Hilfe von Elektromotoren am staunenden Besucher vorbeigeschoben, und man kommt sich vor, als würde man in einem überdimensionalen Album blättern. Neben den bekannten Werken mit geometrischen Mustern imponieren mir besonders die Frühwerke, denen man auch deutlich ansieht, daß der Meister einstmals als Werbegrafiker gearbeitet hat (Öffnungszeiten: von 10,oo bis 12,oo und von 14,oo bis 18,oo Uhr; von September bis Juni dienstags geschlossen). Das Schloß stammt übrigens aus dem 16. Jahrhundert und geht auf ein mittelalterliches Bauwerk zurück.

Und da wir nun schon auf Museum eingestimmt sind und es immer noch regnet, lassen wir am Nachmittag der ersten gleich noch eine zweite Ausstellung folgen: Wir quetschen unser WOMO 3,5 km südlich von Gordes (gut beschildert) auf dem Parkplatz des **Musée du Vitrail** zwischen mehrere Reisebusse, um uns Glasmalereien anzusehen. Wir sind nämlich im Kirchenfenster-Museum gelandet und finden es, da didaktisch gut gemacht, interessanter als vorher befürchtet. Mindestens genauso beeindruckend ist gleich neben dem Glasfenstermuseum die **antike Ölmühle**, der "Moulin des Boullons" (das hat nichts mit Suppe zu tun, denn Les Boullons ist der Name der kleinen Ansiedlung). Man hat die Jahresringe des gewaltigen Eichenstammes der Mühle untersucht und vermutet, daß er aus der Zeit von Augustus stammt (Öffnungszeiten wie die des Musée du Vitrail von 10,oo bis 17,oo Uhr - im Sommer länger; von November bis März dienstags geschlossen).

Fast wären wir vor lauter Kunst und Kultur gar nicht durch die Gassen von Gordes gestreift. Angeblich leben hier noch rund 1.600 Bewohner, eine gewachsene Dorfstruktur gibt es jedoch nicht mehr. Der Ort wurde im zweiten Weltkrieg von deutschen Truppen stark zerstört und von seinen Bewohnern weitgehend verlassen. In den 50-er und 60-er Jahren entdeckten Künstler diesen Teil der Provence und ließen sich unter anderem auch in Gordes nieder; Victor Vasarély ist nur einer von ihnen, vielleicht der bekannteste. So kam es dann, daß die verfallenen Natursteinhäuser nach und nach wieder hergerichtet worden sind oder immer noch restauriert werden. An vielen Stellen sieht man auch heute noch Heim- oder Handwerker beim Steine klopfen und Zement mischen. Insgesamt gesehen sind die Arbeiten wirklich hervorragend gelungen, es gibt kaum

Fremdkörper am Hang von Gordes, wenn man einmal von den Swimmingpools und dem Umstand absieht, daß viele Häuser reine Zweit- oder Drittvillen reicher Franzosen oder Ausländer sind. Aber insoweit steht Gordes in diesem Teil der Welt nicht alleine da, und schließlich teilt nicht jeder unseren Wunsch nach einer Zweitwohnung auf Rädern.

Am nächsten Morgen hat sich das Wetter gebessert, so daß wir zu unserer verschobenen **Wanderung** aufbrechen können. Wir haben wieder viel zu lange geschlafen - bzw. zu kurz, denn als wir kurz vor zwölf beim **Kloster Sénanque** ankommen, hat man das Klostertor gerade zur langen Mittagspause verrammelt (geöffnet von 10,oo bis 11,45 und von 14,oo bis 17,45 Uhr; sonn- und feiertags von 14,oo bis 17,45 Uhr). Um das festzustellen, sind wir aber erst mal knapp zwei Stunden gewandert:

Der Weg beginnt in Gordes hinter dem Schloß bei der Post und führt, markiert mit blauem Balken, entweder auf oder parallel der D 15 nach Norden. Dieses Sträßchen kennen wir ja schon von unserer Stellplatzsuche, es ist die Route nach Murs, bzw. zum Campingplatz. An diesem wandern wir dann auch vorbei, ehe wir uns bald nach rechts ins Unterholz schlagen. Später kommt man an einem großen Lavendelfeld vorbei, hinter dem man nach links dem blauen Punkt folgt (man kann auch auf dem Weg mit dem blauen Balken weitergehen, der etwas weiter ist; auf der Wanderkarte sind beide Wege eingezeichnet; ich kenne den weiteren Weg nicht, kann mir aber kaum vorstellen, daß er schöner ist, als unsere Strecke). Nun kommt der schönste Teil der Wanderung, denn der Weg windet sich alsbald hart am Rande steil abfallender, schroffer Kalkfelsen und belohnt uns nach einiger Zeit mit einem prächtigen Blick von oben auf die **Abtei von Sénanque.** *Bis wir dort angekommen sind, müssen wir erst noch ein kleines Wäldchen durch- und dann die von Gordes herkommende Straße überqueren, bevor wir auf dem rot-weiß markierten Pfad bergab das Kloster erreichen.*

Ich unterstelle nun einfach mal, daß Sie die Wanderung zeitlich besser geplant haben, oder daß ihr körperlicher Bewegungsdrang für nicht mehr reicht, als nun zu Fuß die 200 m vom Parkplatz bis zur Klostertür zu bewältigen. Vielleicht ist ein Funke französischer Lebensart auch schon auf Sie übergesprungen, und es gelingt Ihnen, ein mittägliches "pic-nique" auf zwei Stunden auszudehnen. Jedenfalls nehme ich jetzt kurzerhand an, daß das Kloster offen ist. Wir sind übrigens nach halbstündiger Mittagsrast weitergewandert und haben die Besichtigung am nächsten Morgen nachgeholt. Eines ist jedoch sicher: Die alte Zisterzienserabtei darf man sich nicht entgehen lassen, auch wenn der ganz große Zauber mehr von ihrem Äußeren und ihrer Lage in einem abgeschiedenen, fast rauhen Tal ausgeht. Besonders gut harmoniert hier die strenge Architektur mit der kargen Landschaft, wobei als freundliche Abrundung im Sommer die blauen Reihen der Lavendelfelder hinzukommen.

Abtei von Sénanque

Störend sind eigentlich nur die vielen Touristenbusse. Dem Kloster sieht man die religiösen Grundgedanken der Zisterzienser deutlich an: Im 11. Jahrhundert gründete eine junge Mönchsgemeinschaft in der Nähe von Dijon einen Orden, der sich vom bombastischen Pomp der damals mächtigsten Glaubensgemeinschaft, der Kluniazenser lossagen wollte. Denn in Cluny stand längst nicht mehr Religiosität im Vordergrund,

62

sondern kirchliche Pracht und Macht beherrschten die Szene. Vor allem eine Mönchsgruppe um Bernhard von Clairvaux besann sich wieder auf Askese, Zurückgezogenheit und echte Religiösität. Zisterzienser siedelten daher an schwer zugänglichen Orten, in entlegenen Tälern, Sümpfen oder tiefen Wäldern, meist weitab größerer Städte. Die Architektur war genauso schlicht und geradlinig, aber auch so streng wie die Regeln des Ordens. Man hat auf jeden Prunk verzichtet; es gab nicht einmal Türme. Deren Funktion als Glockenträger wurde von einem Dachreiter übernommen. Sénanque ist für alle diese Merkmale ein typisches Beispiel, wobei hier die klaren Linien ohne jedes überflüssige Schmuckwerk besonders anziehend wirken. Betrachten Sie sich die Mauerquader, die so sorgfältig behauen wurden, daß sie praktisch nahtlos aneinander gefügt werden konnten.

Der größte Teil des Klostergebäudes stammt aus dem 12. und 13. Jahrhundert, während einige Anbauten neueren Datums sind. Das Kloster verlor gegen Ende des 14. Jahrhunderts an Bedeutung und wurde in der französischen Revolution aufgelöst. Mitte des letzten Jahrhunderts kehrten die Zisterzienser zurück, nachdem sie das Gebäude renoviert hatten. Sie verließen diesen stillen Ort im Jahre 1969 erneut, ehe sie im Herbst 1988 die Abtei wieder bezogen. Vermutlich könnte der Orden das Kloster gar nicht unterhalten, wenn nicht der französische Lastwagenhersteller Berliet finanziell aushelfen würde. Bis heute hat der Orden die Regeln weitgehend beibehalten, wonach die Zisterzienser nachts zweimal in der Kirche beten, weshalb in früherer Zeit der Schlafraum, das Dormitorium, unmittelbar mit der Kirche verbunden war.

Ein ganz weltlicher Tip am Rande: Angeblich werden tagsüber parkende Autos ausgeraubt, so daß es sich nicht empfiehlt, hier den Wanderweg zu beginnen. Diesen kann man vom Kloster aus auf mehreren Möglichkeiten nach Gordes fortsetzen:

Die kürzeste und am leichtesten zu findende Alternative ist auf den ersten Metern identisch mit unserem Hinweg. Man geht nämlich neben der rot-weißen Markierung vom Kloster aus parallel zur Straße wieder bergauf und folgt etwa dort, wo wir auf dem Hinweg aus dem Wald getreten sind und wo die Straße nach Gordes einen Linksknick macht, rechts der Straße den rot-weißen Balken bis zum Ortskern von Gordes. Relativ leicht zu finden ist auch die zweitkürzeste Möglichkeit, sie beginnt ebenso wie die dritte Alternative hinter der Abtei und ist mit gelben Pfeilen markiert. Schon bald verzweigt sich der Weg, die kürzere Strecke geht links ab, dort bleibt man mehr oder weniger auf dem Grund der Sénancole-Schlucht, die ihrer vom Lateinischen abgeleiteten Herkunft alle Ehre macht (Sénancole kommt von sine aqua und heißt: ohne Wasser).

Wir wählen die weiteste, schönste und leider auch komplizierteste Alternative, wir folgen den erwähnten gelben Pfeilen und steigen an der genannten Gabelung erst mal rechts wieder bergan zu einem verfallenen Gehöft mit dem Namen La Débroussède. Von dort an wird die Landschaft immer wilder, um so schwieriger wird leider auch die Orientierung. Auf keinen Fall darf man nun hinter dem Gehöft den Weg nach rechts wählen, man muß sich vielmehr nach links orientieren und dabei rechts halten. Leider war bei unserer Tour weit und breit kein Wanderzeichen zu entdecken, erst in einiger Entfernung ein grüner Punkt, dem wir aber nicht trauen - richtig ist der rechte der beiden nach links führenden Pfade. Statt dessen stiefeln wir jedoch nach links und enden wie der Weg im stacheligen Dickicht am oberen Rand der Schlucht. Gordes ist zwar in Sichtweite, an ein Durchqueren der Schlucht ist hier jedoch nicht zu denken. So bleibt uns nichts anderes übrig, als den Rückweg zum alten Gemäuer anzutreten, um dort den oberen der beiden linken Wege zu wählen.

Später, unten im Tal, treffen wir auch die blaue Markierung wieder, und zwar dort, wo wir ankommen würden, wenn wir hinter der Abtei auf Bachhöhe geblieben wären. Nach einem kurzen steilen Anstieg ist es nicht mehr weit zum Dorf "Les Bories", zu der bekannten Ansammlung spitzer Natursteinhütten. Achtung: Nach dem Anstieg muß man sich bei erster Gelegenheit rechts halten und spätestens bei der ersten Wegkreuzung in der Nähe eines Hauses nach rechts abbiegen. Da auch hier zum Zeitpunkt unserer Wanderung jede Markierung fehlt - oder so undeutlich angebracht ist, daß wir sie nicht entdecken - merken wir erst, als wir schon fast in Gordes sind, daß wir uns verfranst haben. Auch jetzt hilft nur umkehren. Dagegen ist es nicht schwer, vom "Village des Bories" nach Gordes zu finden (am Parkplatz links halten), zur Not kann man am Straßenrand entlang gehen (Streckenlänge gut 15 km; Karte: Éditions Didier & Richard Nr. 27).

Zur **"Village des Bories"** fahren oder laufen auch alle diejenigen, welche nicht wandern. Manch einer macht aber einen unfreiwilligen Spaziergang: Wenn man nämlich südlich von Gordes dem Wegweiser zu den Bories nach links folgt, kommt man gleich linkerhand an einem geräumigen Parkplatz vorbei, auf dem zumeist schon mehrere Wohnmobile und Wohnwagen abgestellt sind. Vielleicht sind auch Sie geneigt, dem Herdentrieb zu gehorchen. Wundern Sie sich dann aber nicht, wenn Sie danach auf einfacher Strecke noch fast 2 km zu Fuß bewältigen müssen. Wenn Sie wandern wollen, sollten Sie sich eine schönere Strecke aussuchen, beispielsweise beim Kloster Sénanque, während man hier auch mit breiten Wohnmobilen - jedoch nicht mit Wohnwagen - bis zum Parkplatz direkt bei den Steinhütten vordringen kann. Daß dieser Platz gemütliche Buschecken aufweist, in denen im Frühsommer die Nachtigall trällert und die ich Ihnen oben schon als Übernachtungsplätzchen empfohlen habe, soll hier nochmals vermerkt werden.

Village des Bories

Nachdem wir den stolzen Eintrittspreis von 20 Francs pro Person bezahlt haben, sind wir doch etwas enttäuscht. Vielleicht waren aber auch nur unsere Erwartungen zu hoch, denn wir haben von der "größten Siedlung im neusteinzeitlichen Stil im Mittelmeerraum" gelesen, von einem "Denkmal architektonischer Frühgeschichte", von einer "bereits vor 4.000 Jahren angewandten Bauweise" und dadurch die Vorstellung entwikkelt, wir würden hier uralte, steinzeitliche Hütten, die im Jahre 1969 freigelegt worden sind, antreffen. Davon kann jedoch nicht die Rede sein. Zwar stimmen alle die eben angeführten Aussagen - wenn man sie sorgfältig liest, die hiesigen Steinhütten entstammen jedoch, wie man nach Münzfunden urteilen konnte, dem 17. Jahrhundert. Die Siedlung war noch bis in unser Jahrhundert bewohnt, sie zerfiel aber, wucherte zu und wurde zum Teil auch verschüttet. Im Jahre 1969 hat man begonnen, die Dornen wegzuschneiden und die Gebäude zu restaurieren. Die Rede ist von 31 zumeist spitz zulaufenden Hütten, die aus mörtellos aufeinander geschichteten, flachen Steinplatten errichtet sind. Hierbei krakt eine Steinschicht immer ein kleines Stück über die darunterliegende, wodurch das spitzzulaufende, sogenannte "falsche" Gewölbe ausgebildet wird. Derartige Kuppelbauten gibt es an vielen Orten der Welt, wie man auf einer Karte innerhalb des Freilichtmuseums nachlesen kann. Nur die Bezeichnung ist überall anders: In Süditalien nennt man sie Trulli, in Sardinien Nuraghen (eine allerdings kuppellose Nuraghe schmückt das Titelbild von Band 7 der "WOMO-Reihe"). Und in der Provence heißen die Häuschen Bories. Man kommt auf den meisten Wanderungen an mehr oder weniger gut erhaltenen Einzelhütten vorbei. Hier, im Freilichtmuseum ist der Backofen in der Mitte des Dorfes beachtenswert, weniger schön finde ich den verrosteten Hausrat, den man in einzelnen Bories drapiert hat - als Rechtfertigung für die hohen Eintrittsgebühren. Wer bei verschiedenen Wanderungen schon mal durch die niedrige Öffnung einigermaßen gut erhaltener Bories gekrochen ist, kann sich das Geld sparen, auch wenn diese Dorfform mit einer so großen Anzahl von Hütten in Europa einmalig ist.

So gerne ich in Gordes ankomme, so gerne fahre ich auch wieder ab. Mehr als zwei Nächte am Stück halte ich dort nicht aus, das Schicki-Micki-Treiben geht dann doch etwas auf die Nerven. Und außerdem kommen wir meistens vom Regen in die Traufe, sprich: nach **Roussillon**. Dieses Dorf ist ziemlich genauso groß (1.300 Einwohner), es darf sich auch eines der schönsten Dörfer Frankreichs nennen, beherbergt etwas weniger Künstler (und Kneipen), es liegt aber insgesamt mit Gordes ziemlich auf einer Wellenlänge. Nur mit den Übernachtungsplätzen hapert es hier. Aber dafür hat Roussillon, außer einem auf einem Bergkegel gelegenen sehr schönen Ortskern eine fast einmalige Attraktion zu bieten: die **Ockerfelsen**. Genaugenommen sind diese aber zu einem großen Teil gar nicht ockerfarben, jedenfalls wenn man sich unter Ocker das vorstellt, was im zweiten Töpfchen von rechts der oberen Reihe unseres Wasserfarbkasten so bezeichnet wird (besser paßt da schon das "gebr. Siena" - das Töpfchen rechts daneben - zur gleichnamigen toskanischen Stadt). Denn die zackigen Felsen bei Roussillon leuchten eher rot, stellenweise aber auch knallgelb. Wer sich hier nicht mit einem weitgehend unbelichteten Farbfilm auf den Weg macht, sollte das Fotografieren lieber gleich aufgeben und sich am Postkartenstand eindecken.

66

Außerdem braucht man Sonne, am besten Vormittagslicht. Ich übertreibe ein wenig: Entweder fahren Sie bei Sonnenschein nach Roussillon oder erst im nächsten Urlaub!

Roussillon

Sie werden die farbenprächtigen Felsen unschwer finden, größere Schwierigkeiten macht da schon die Parkplatzsuche. Diese ist mir in besonders unangenehmer Erinnerung, weil ich unversehens in eine enge Gasse gerate und prompt mit dem Alkoven an einer Hauswand vorbeischramme. Besondere Tips kann ich keine geben, Sie müssen suchen, bis Sie eine Parklücke finden. Denn der einzige größere Parkplatz rechts an der Zufahrt vor den Ockerfelsen war bei unseren Visiten mit dem berühmten Balken in 1,9 m Höhe verunstaltet, vermutlich weil sich der Platz wegen der Ortsnähe und dem wunderschönen Blick auf das Dorf hervorragend zur Übernachtung eignen würde. Sie sollten mal nachsehen, ob die Stadtväter inzwischen ein Einsehen hatten, und mir gegebenenfalls schnell eine ockerfarbene Postkarte schreiben (Adresse siehe S. 10)!

Der "Ocker" ist ein Gemisch aus Ton, Sand und vor allem Eisenoxid, welches für die Färbung verantwortlich ist. Das rotgelb-braune Gestein ist sehr weich, weshalb man es einerseits leicht abbauen kann, weshalb aber andererseits durch Erosionsprozesse in vergleichsweise kurzer Zeit bizarre Zacken und Kegel ausgewaschen werden. Gerade diese Gebilde machen das Ganze so interessant. Vom Ort aus führt ein kleiner Spazierweg mitten rein in die Ockerbrüche, in denen auf Schautafeln auch viel Wissenswertes vermittelt wird (folgen Sie von der Durchgangsstraße aus dem Schild "Cimetière" oder "Falaises d'ocre"). Ein etwa 30-minütiger **Ocker-Rundgang** ist gut ausgeschildert.

In Roussillon gibt es noch eine Ockerfabrik, wo die Farbstoffe aus dem Gestein herausgelöst werden; heutzutage im wesentlichen nur noch für Künstler, ökologisch orientierte Bauherren und für die Kosmetikindustrie. Früher war das einmal anders. Angeblich haben hier schon die Römer Farbstoffe gewonnen, in nennenswertem Umfang hat man aber erst gegen Ende des 18. Jahrhunderts Ockersand abgebaut. Ocker wurde auch schon bei den vorgeschichtlichen Höhlenmalereien verwendet. In den Hochzeiten Roussillons waren am Anfang unseres Jahrhunderts mehr als 1.000 Menschen im Ockerbergbau tätig. Heutzutage werden wegen der synthetischen Farbherstellungsmöglichkeiten nur noch etwa 2.000 t Ocker im Jahr produziert, angesichts ökologisch orientierter Lebensweise mit steigender Tendenz. Ich möchte allerdings nicht wissen, wie viele Zentner der 2.000 Tonnen in kleine Plastikbeutelchen oder Reagenzgläser gefüllt werden, damit Touristen in den zahlreichen Andenkenläden bereitwillig die Portemonnaies öffnen. Es würde mich allerdings auch nicht wundern, wenn der Inhalt dieser Gefäße gar kein echter Ocker wäre, aber für eine solche Mutmaßung fehlt mir jede reale Information - was nicht heißen soll, daß sie fernliegend wäre. Diese ketzerische Idee ist vermutlich genauso wenig abwegig wie der Gedanke, daß Roussillons Häuser, die in allen erdenklichen Ockertönen leuchten, mit synthetischen Materialien bepinselt sind.

Wenn Sie selbst die Farbkraft des Ocker testen wollen, ziehen Sie ein paar frisch gewaschene, weiße Sommerhosen an, bevor Sie durch die Ockerbrüche streifen; oder Ihre Kinder dürfen nach der Ockerwanderung die Schuhe anbehalten, wenn sie während der Fahrt auf den WOMO-Polstern turnen. Ihr Reisemobil-Vermieter wird dann mit Sicherheit die Kaution einbehalten. Haben Sie aber ältere Klamotten angezogen und vor der Weiterfahrt die Schuhe gut gesäubert, werden Sie vielleicht Spaß an weiteren Ockerbrüchen bekommen. Dann folgen Sie uns - gegen Ende dieser Tour - zum "Colorado Provençal" bei Rustrel oder auch auf der unten beschriebenen Wanderung.

Ockerfelsen bei Roussillon

69

Wer in Roussillon **übernachten** möchte, hat vermutlich nur zwei Alternativen: Den **Campingplatz** oder einen **Picknick-Platz**. Letzteren findet man rechts der Straße nach St. Saturnin. Unterhalb der Ockerfelsen sieht man im Bereich einer Kurve neben der Straße eine schattige Grillstelle, wo man nicht zu einsam die Nacht verbringen kann. Das haben wir aber ebenso wenig selbst getestet wie den Campingplatz, der sich 2 km südlich des Ortes Richtung Goult im Wald versteckt und von außen einen annehmbaren, nicht zu reglementierten Eindruck macht (*Arc en Ciel*, geöffnet vom 15. März bis Ende Oktober; Schwimmbecken; Tel. 90 05 67 17). Meiner Meinung nach muß man ja nicht in Roussillon übernachten, wo es doch wahrlich ausreichend andere Plätze in der Umgebung gibt.

Man muß hier auch nicht unbedingt **wandern**, wir tun es trotzdem:

Wir beginnen unseren Halbtagesausflug (5 Stunden) dort, wo wahrscheinlich jeder seine Wanderung beginnt, nämlich bei den Ockerbrüchen und gehen zunächst dem rot-weißen Wanderzeichen hinterher. Auf dem ersten Stück ist unser Weg identisch mit dem beschilderten Ockerrundgang. Nachdem wir die D 199 überquert, ein gutes Stück seitlich der D 104 weitergelaufen und dann an einer Kreuzung auf die D 4 gestoßen sind, verlassen wir den markierten Wanderweg, der auf der Asphaltstraße nach halbrechts weiterführt. Wir wählen statt dessen das etwas kleinere Sträßchen scharf rechts, das uns nun durch eine weite, übersichtliche Landschaft völlig schattenlos an einigen kleinen Weilern vorbeiführt.

Der Weg ist nun lange Zeit asphaltiert und im Frühling ideal. Wir laufen durch ein regelrechtes Obstbaumblütenmeer, hinter dem sich die Silhouette des Lubéronmassives malerisch abhebt. Wer nur wenig Zeit hat, kann bei St. Jean rechts abbiegen und auf einem leidlich markierten Reiterweg durch den Wald nach Roussillon zurückwandern. Wir bleiben aber auf dem Fahrsträßchen und biegen bei einem Kreuzungsknotenpunkt nach rechts zum Dörfchen Les Huguets ab. Nach unserer Wanderkarte müßten wir dort wieder eine Markierung vorfinden; möglicherweise handelt es sich dabei um das orangefarbene Plastikband, das nun seitlich unserer Strecke hin und wieder an Bäume oder Strommasten gebunden ist. Jedenfalls darf man hinter Les Huguets, nachdem die Straße zunächst eine deutliche Rechtskurve gemacht hat, nicht nach links abbiegen, sondern muß geradeaus den Asphalt verlassen und auf einen Weg zwischen Feldern auf den Wald zulaufen. Auf den Äk-

kern ist jetzt, Ende März, gerade die Karottenernte in vollem Gang. Tausende von Mohrrüben, die von einer Erntemaschine aus dem Boden gezogen wurden, leuchten überall auf den Feldern, und bei einigen Bauernhöfen kann man zusehen, wie die gelben Rüben maschinell gewaschen und in Holzkisten verpackt werden.

Wir durchqueren oberhalb der Äcker einen Kiefernwald, der um so brandgeschädigter wirkt, je mehr wir uns wieder Roussillon nähern. Beim traurigen Anblick der verkohlten Stämme gelobe ich mir wieder, niemals in einem solchen Wald zu übernachten, was ohnehin verboten ist und wirklich gefährlich werden kann (Länge der Wanderung: 12 km; Karte: Éditions Didier & Richard Nr. 14).

Am Ende kommen wir wieder bei einigen Ockerbrüchen vorbei und beim südlichen Ortsende von Roussillon an dem Haus, in welchem sich **Samuel Beckett** vor den deutschen Nazis versteckt hatte. Ich habe zwar nie herausbekommen, welches Haus es nun genau war und denke mir, daß ein Exil in Roussillon gar nicht so schlecht wäre. Der 1942 von Paris über Marseille hierher geflohene Dichter und Bühnenschriftsteller, der sich der Résistance angeschlossen hatte, muß es jedoch anders erlebt haben. Er war auf der Flucht und hielt sich im damals noch abgelegenen Dorf als Tagelöhner über Wasser. Er schwor sich, als er 1944 den Ort wieder verließ, niemals dorthin zurückzukehren. Trotzdem hält Roussillon in Beckett's "Warten auf Godot" Einzug in die Weltliteratur, wenn Wladimir sein Gegenüber Estragon daran erinnert, daß er mit ihm zusammen in Roussillon bei der Weinernte war und zur Gedächtnisstütze nachhilft: *"Da leuchtet doch alles so rot"*. In den meisten deutschen Übersetzungen des Theaterstücks wurde aus "Roussillon" übrigens "Dürkweiler" und das leuchtende Rot verliert jeden Sinn.

Noch eine trivialere Anmerkung zum Ockerdorf: Das beste **Lokal** ist das *La Terasque* mit schönem Blick (Tel. 90 05 63 86; mittwochs und von Mitte Februar bis Mitte März geschlossen).

Zur Weiterfahrt nach Apt genehmigen wir uns einen kleinen Umweg über **Goult**, einem für die Gegend sehr typischen Dorf, in dem allerdings auch die zugezogenen Neubürger nicht fehlen. Nicht weit ist es von hier hinunter ins Tal zum Wallfahrtsort Notre-Dame-de-Lumières. Mysteriöse Lichterscheinungen soll es hier gegeben haben und Wunderheilungen, weshalb man im 17. Jahrhundert eine Wallfahrtskirche gebaut hat. Die Wallfahrer sind heutzutage recht zahlreich und natürlich motorisiert, wie man an den ausgedehnten Parkplätzen sieht; ich finde das ganze Ensemble ziemlich langweilig.

Ganz im Gegensatz zum sogenannten **Pont Julien**, einer alten Römerbrücke, die man rechts der N 100 in Richtung Apt entdecken kann. Genau 6,5 km hinter N.D.-de-Lumières zweigt ein kleines Sträßchen nach Bonnieux ab, dessen Verkehr heute noch über die römische Brücke aus drei steinernen Bögen rollt (beschildert).

Der weitere Verlauf der N 100 bis **Apt** entspricht ziemlich genau dem der römischen Via Domitia. Nur wurden die antiken Reisenden am Eingang von Apta Julia, dem heutigen Apt, noch nicht von den Werbebuchstaben der Welt größter Fabrik für kandierte Früchte beeindruckt (kann besichtigt werden). Die Stadt Apt (11.600 Einwohner) gilt nämlich als Welthaupt-stadt dieser Fruchtverarbeitungsindustrie, was einen einfachen Grund hat: Es gab hier ursprünglich fast ausschließlich Olivengärten, bis im Winter von 1956 die meisten Bäume erfroren sind. Bekanntlich kann aber erst die nächste Generation einen frisch angepflanzten Ölbaum beernten, wofür schon die 50-er Jahre zu schnellebig waren. Also pflanzte man Aprikosen, Pfirsiche, Kirschen, Birnen und Äpfel. Die "fruits confits" waren die konsequente Folge. Marmeladenfabriken ebenso. Wenn Sie irgendwo einen englischen Kuchen kaufen ist dieser mit 98%-iger Sicherheit mit kandierten Früchten aus Apt bestückt; bei dieser prozentualen Größe liegt nämlich der dortige Anteil an der französischen Gesamtproduktion.

Die schon zur Römerzeit mit 8.000 Einwohnern recht bedeutende Stadt floriert heutzutage aber nicht nur durch die Fruchtindustrie. Auch die hier untergebrachten Soldaten, welche die nördlich bei St. Christol vergrabenen Atomwaffen bewachen, bringen Geld in die zahlreichen Läden. Die Angehörigen der "Force de frappe" wohnen in den häßlichen Blocks vor der Stadt, die unsere Erwartungen erst einmal deutlich dämpfen. Um so größer ist der Kontrast, nachdem wir am Rande der hübschen Altstadt geparkt haben.

Der Wochentag unserer Anreise wurde auch nicht zufällig festgelegt, nach Apt kommt man freitags abends oder samstags morgens. Heute ist Karfreitag und wir erhoffen uns morgen vor den beiden Osterfeiertagen einen besonders belebten **Wochenmarkt**. Denn der Samstagsmarkt von Apt wird in allen Reiseführern in den höchsten Tönen gepriesen. Mit gutem Grund! Unsere hohen Erwartungen werden noch übertroffen, denn unter einem strahlend blauen Himmel sind in den meisten Altstadtgassen Marktstände aufgebaut. Wenn man sich am Ende des Marktes wähnt, geht er erst richtig los. Und wo man allenfalls noch Parkplätze vermutet, stehen die Buden, in denen Rasenmäher, Werkzeuge und sogar Autoreifen feilgeboten werden. Der Wochenmarkt gilt als einer der interessantesten in der ganzen Provence, auch weil er ein Treffpunkt der Alternativkultur des Lubéron geworden ist; dort gibt es wahrlich genug Künstler, Pseudokünstler und Freaks aller Schattierungen. Wer sich schon lange mal wieder mit frischen Landprodukten, ökologischem Honig oder feinstem Olivenöl eindecken möchte, wer gerne in altem Trödel stöbert oder rotgesichtige Provenzalen fotografiert, fahre samstags nach Apt.

Nebenbei werfen wir auch noch einen Blick in die **Kathedrale** St.-Anne, deren Uhrturm einem Stadttor ähnelt (Öffnungszeiten 9,oo - 11,oo und 16,3o bis 18,3o Uhr; Führungen täglich außer montags um 11,oo und um 17,oo Uhr, außerhalb der Saison nur samstags um 11,oo Uhr). Er stammt aus dem

Wochenmarkt vor der Kathedrale von Apt

16. Jahrhundert, während der älteste Teil, die untere Krypta, vermutlich noch von den Merowingern gebaut wurde. In einer Seitenkapelle werden die Reliquien der Heiligen Anna, der Mutter Marias, aufbewahrt. Wahrscheinlich fehlt dort ein kleiner Finger, der nämlich wurde im Jahre 1623 auf Wunsch von König Ludwig XIII. nach Paris transportiert, um Ludwigs Ehefrau Anna von Österreich, die wie die Schutzheilige hieß, zur Fruchtbarkeit zu verhelfen. Ob dieser Finger wieder nach Apt zurückkam und was die Königin genau mit ihm gemacht hat, ist nicht überliefert. So groß kann seine Wunderwirkung auch nicht gewesen sein, denn Anna gebar erst 15 Jahre später den

74

Thronerben, keinen geringeren als den späteren "Sonnenkö-nig", Ludwig XIV. - nach 24-jähriger Ehe. Die Königin stiftete bei ihrer Dankeswallfahrt, 22 Jahre nach der Niederkunft, eine Kapelle, die sogenannte Annen-Kapelle, und seitdem werden die Reliquien besonders von kinderlosen Frauen zur Zeit der Wallfahrt in der letzten Juli-Woche verehrt. Dann wird wäh-rend 4 Tagen auch ein besonders riesiger Trödelmarkt in der Altstadt aufgebaut.

Wie gesagt, sinnvollerweise reist man schon freitags abends an und stellt sich die **Übernachtungsplatzfrage**: Frei oder auf dem Campingplatz? Ich empfehle beides. Zunächst zum **Cam-pingplatz**: Nehmen Sie den unten am Ufer des meist aus-getrockneten Flußbetts, nahe dem Schwimmbad (*Camping Municipal les Cèdres*; ganzjährig geöffnet; im östlichen Teil von Apt, vom Stadtinneren auf der D 22 Richtung Banon/ Rustrel und gleich nach der Bahnunterführung rechts hinunter zum Platz). Die sanitären Einrichtungen sind äußerst beschei-den - ebenso wie die Übernachtungspreise., Es fehlt hier aber völlig die spießige Parzellen-Atmosphäre anderer Camping-plätze, und kleine Hundehüttenzelte sind hier in der Mehrzahl. Auch jetzt, Ende März sitzen deren Bewohner bis spät in den Abend in dicken Pullovern um die Gaskocher und klimpern auf den Gitarren. Man hört es fachsimpeln: über Radtouren, Wanderungen und Kletterfelsen. Außerdem sind es vom Zelt-platz nur 600 m in die Altstadt; Sie finden also ideale Bedingun-gen für eine Stadtübernachtung.

Einen schönen, aber 2 km von der Stadt entfernt gelegenen Campingplatz findet man rechts der D 48 in Richtung Saignon (*Le Lubéron*; Tel. 90 74 23 93; geöffnet von April bis Oktober, im Sommer gut besucht; weitere Campingplätze gibt es bei Gargas nordwestlich von Apt rechts der D 101 sowie östlich der Stadt an der D 35 bei Caseneuve).

Die Alternative für die **freie Übernachtung** ist mindestens so interessant: Man findet sie nicht in Abt, sondern in dem kleinen, 4 km entfernten Dörfchen **Saignon**, das man sich wegen seiner schönen Lage aber auch ohnehin ansehen sollte. Fahren Sie auf den Parkplatz seitlich der Kirche, wo vermutlich schon andere WOMO's parken. Es gibt hier Wasser, eine öffentliche Toilette und einen der schönsten Friedhöfe der Provence: Hoch über dem Tal von Apt mit weitem Blick auf den Mont Ventoux. Noch prächtiger ist die Sicht vom vorderen Festungsfelssporn, wo ich mich gar nicht satt sehen kann, als die untergehende Sonne tausende blühender Obstbäume in ein mildes Licht taucht.

Der Gang zum Bäcker am nächsten Morgen frustet; es gibt nämlich im ganzen Dorf kein Brot. So muß man hungrig den

Markt von Apt ansteuern - und noch ehe man unten in der Stadt angekommen ist, den erstbesten Parkplatz nehmen.

Saignon

Nachdem wir zuletzt ausgedehnt das Markttreiben vom Straßencafé aus genossen haben, fahren wir weiter nach **Rustrel**. Ziel ist nicht das nur mäßig interessante Dorf, sondern der 2 km entfernte **Colorado Provençal**, dessen Ockerbrüche jeden Vergleich mit denen von Roussillon standhalten. Die bizarren Gebilde des Colorado sind in den farblichen Nuancen zwar weniger intensiv, jedoch noch vielfältiger. Vor allem aber ist das Gebiet der satten Farben hier viel größer, man könnte

76

Im Colorado Provençal

fast einen Tag lang darin wandern. Ein Stück muß man auf jeden Fall zu Fuß bewältigen, denn es wäre ein großes Versäumnis, gleich nach dem ersten in den Himmel ragenden Gebilde, dem Feenfelsen, umzukehren. Gehen Sie unbedingt weiter bis zur zweiten Ketten von Ockerbergen, wo das Gestein auch mal ganz weiß wird. Hier sieht man auch noch die Abdrücke von Schürfbaggern; Beweis dafür, daß hier auch noch - oder wieder - in unserer Zeit Farbstoff abgebaut wird (näheres siehe oben bei Roussillon). Provence-Kenner meinen, zum Colorado Provençal passe am besten ein grauer Himmel. Ich wünsche Ihnen trotzdem einen sonnigen Tag. Auf keinen Fall darf es regnen, der Boden wird dann rutschig, und man versaut sich die Hose.

Den dazugehörigen **Parkplatz** kann man ohne weiteres für eine **Nacht** empfehlen; er ist schattig, aber eher einsam (Häuser in 150 m und 500 m Entfernung). Tagsüber sollte man aber keine Wertsachen im Auto lassen. Schilder und andere Reiseliteraten warnen nämlich vor Dieben.

Da wir nun schon mal so weit nach Osten vorgedrungen sind, genehmigen wir uns auch die restlichen Sehenswürdigkeiten der Gegen: Wir kurven zunächst nach **Simiane-la-Rotonde**. Das Schönste dieses am Hang gelegenen Dorfes ist die Sicht auf dasselbe. Wenn man nämlich zwischen den sorgfältig restaurierten Häusern bummelt, sucht man vergeblich deren Bewohner. Die weilen nämlich gerade in ihren Praxen, Kanzleien oder Büros - hunderte von Kilometern entfernt. Das Dorf ist geradezu Prototyp für das Schicksal der meisten Orte dieser Gegend. Sie sind von weitem wunderschön, von nahem erfreuen sie hauptsächlich die Makler, die Notare und die Zweithausbesitzer.

Simiane-la-Rotonde

Erfreulich ist hingegen das **Restaurant *La Rotonde*** (Tel. 92 75 95 44; von Mittwoch bis Samstag auch abends, sonst nur mittags geöffnet). Das Ambiente ist urig, und die Küche ist rustikaler als man sie angesichts der wohlhabenden Klientel erwartet.

Lohnend ist noch der Blick von der Rotonde, einem fast runden Turm am oberen Ortsrand. Man schaut bis zu den jetzt im Frühjahr noch mit Schnee bedeckten Zacken der Alpen. Nur den Zweck des Bauwerkes kann niemand erklären: Festung,

Kirche, Waffenkammer oder Wohnung? Oder alles einmal zu seiner Zeit? Heute gibt es dort ein kleines Museum, und außerhalb der Hochsaison ist die Rotonde dienstags geschlossen.

In Simiane-la-Rotonde kehren wir um. Über **Oppedette** kurven wir zurück nach Apt. Das kleine, wunderschön gelegene Dorf teilt das Los seiner Nachbarn, die Zahl der ständigen Bewohner ist auf unter 10 gesunken. Aber hier beginnt eine interessante Schlucht: der **Canyon d'Oppedette**. Schon bei einem einstündigen Spaziergang kann man das kleine Naturwunder erleben: Folgen Sie beim Waschhaus der rot-weißen Markierung und dem Schild "Les Gorges", gehen Sie rechts am Friedhof vorbei und nehmen Sie am Aussichtspunkt den Pfad, der Sie wieder hinunter zurückführt.

Ein paar Kilometer weiter, in **Viens**, halten wir erneut an. In dem ebenfalls recht malerisch gelegenen Dorf sieht man wenigstens noch ein paar Alte und, eine Besonderheit für diese Gegend, sogar Kinder. Wir blicken auf die Ausläufer der Gorges d'Oppedette, eine nette romanische Kirche, wir kaufen Honig in der Miellerie (von einem wandernden Imker, der chemiefreie Blüten sucht) und wir trinken im kleinen Café einen Pastis. Fast wären wir nicht mehr weitergekommen und hätten unter Bäumen am Rande des Dorfplatzes genächtigt. Das wäre bestimmt ein Erlebnis geworden.

79

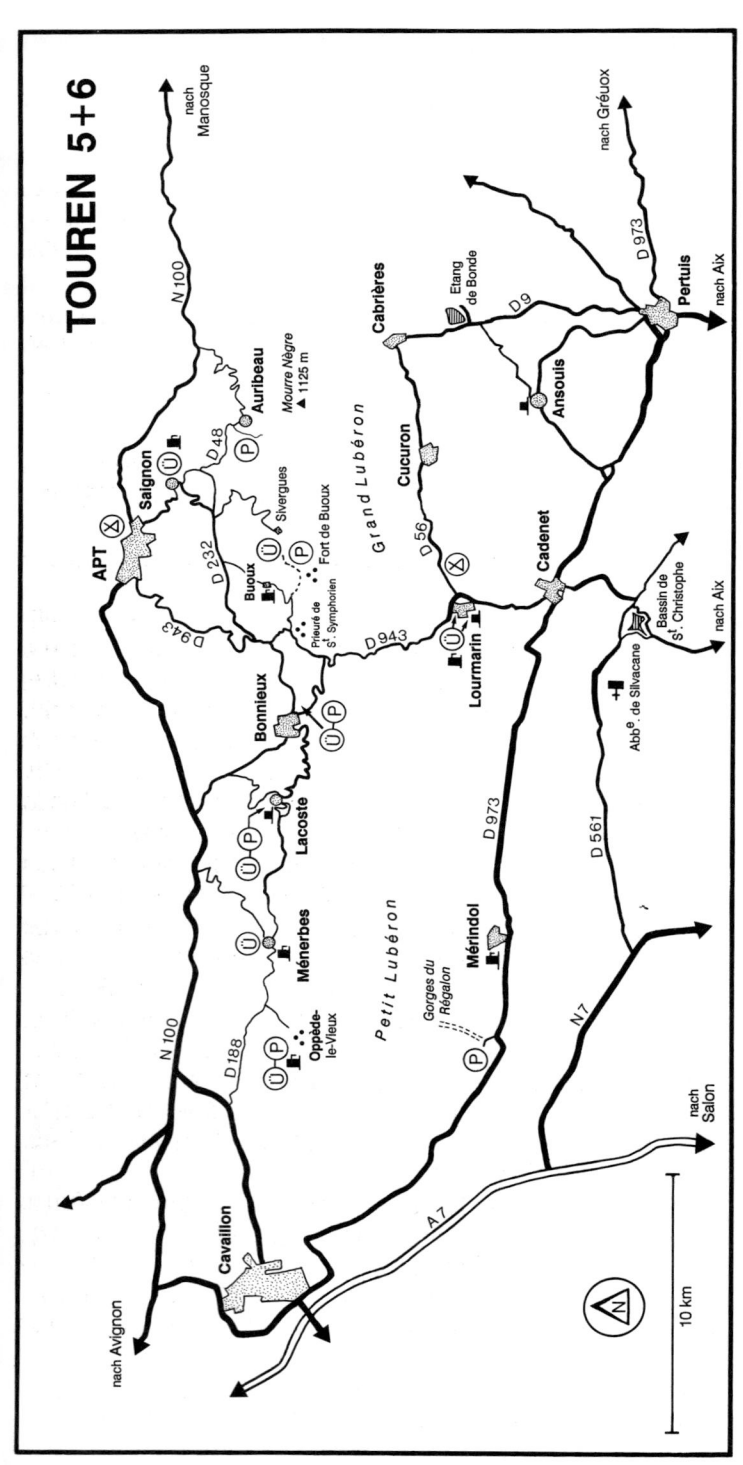

TOUREN 5+6

nach Manosque

nach Gréuox

N 100

D 973

Cabrières

Etang de Bonde

D 9

Pertuis

nach Aix

Auribeau

Mourre Nègre ▲ 1125 m

Salignon

D 48

APT

Sivergues

Grand Lubéron

Ansouis

Cucuron

D 232

Buoux

Fort de Buoux

D 56

Cadenet

D 943

Prieuré de St. Symphorien

Bonnieux

Lourmarin

Bassin de St. Christophe

nach Aix

Lacoste

D 973

Abbe de Silvacane

D 561

Ménerbes

Petit Lubéron

Mérindol

N 100

D 188

Gorges du Régalon

Oppède-le-Vieux

N7

Cavaillon

nach Salon

nach Avignon

A7

N

10 km

80

Tour 5: An die Nordhänge des Lubéron

Saignon - Buoux - Bonnieux - Lacoste - Ménerbes
Oppède le Vieux

Übernachten:	beim Friedhof von Saignon; bei der *Auberge des Séguins* oder im Tal beim Fort de Buoux; Parkplatz bei Bonnieux; bei der Burg von Lacoste; vor Ménerbes; Parkplatz von Oppède-le-Vieux
Besichtigen:	das Fort de Buoux; Glockenturm des Klosters St. Symphorien; die Dörfer Bonnieux, Lacoste, Ménerbes und Oppède-le-Vieux
Essen:	*Auberge de la Loupe* in Buoux; *Auberge des Séguins* beim Fort de Buoux; Restaurant *Clémentine* in Ménerbes
Wandern:	von Saignon oder Auribeau zum Mourre Nègre; Spaziergang zum Fort de Buoux oder Wanderung von dort zum Kamm des Grand Lubéron; von Oppède-le-Vieux zum Kamm des Petit Lubéron

Schon eingangs der 4. Tour sprach ich von den unvergleichlichen Schönheiten dieser Gegend und davon, daß ich die Wege der 4. und der 5 Tour literarisch stärker getrennt habe, als dies vielleicht dem wirklichen Urlaubsleben entspricht. Denn alles ist hier in Sichtweite: Von Bonnieux blickt man nach Gordes und von Roussillon auf die Burg von Lacoste. Die Dörfer und Nester am Nordhang des Lubéron sind mir fast noch sympathischer als die touristisch stärker orientierten Orte am Südrand des Plateaus von Vaucluse. Veranschlagen Sie, auch wenn Sie nicht wandern, für dieses Gebiet mehr als einen Tag!

Wir starten wieder in Apt, um nach 4 km schon wieder anzuhalten: Denn an **Saignon** kommt man nicht vorbei ohne in der Nähe der romanischen Kirche den prächtigen Panoramablick zu genießen. Ich habe Ihnen schon bei der 4. Tour diesen Ort als Stellplatz empfohlen. Ich muß mich bei Ihnen auch entschuldigen, wenn ich mich ständig wiederhole und Ihnen von einer Panoramalage nach der anderen vorschwärme. Aber ich wette, Sie werden gerade auf unserer 5. Tour besonders viele Fotos machen.

In Saignon beginnt man übrigens auch die klassische sechs- bis siebenstündige **Wanderung** zum **Mourre Nègre**, dem mit 1.125 m höchsten Gipfel des Grand Lubéron; ich habe sie bislang auf einen späteren Urlaub verschoben. Falls es Sie packt und Sie einem Höhenunterschied von 750 m gewappnet sind:

Die Strecke ist auf der Wanderkarte eingezeichnet und beginnt am Friedhof bei der Kirche. Man geht immer entlang dem Sträßchen nach Castellet. Alternativ dazu und schöner wandert man stattdessen in Saignon zunächst entlang der D 48, ehe man bei der ersten Dreifachkurve nach links in südöstlicher Richtung auf einen schwer erkennbaren, aber deutlich blau markierten Waldweg abbiegt. Man überquert dann zweimal die D 48 und gelangt nun auf einem gelb gekennzeichneten Weg nach Castellet. Dort durchquert man dann das Dorf, um an dessen Südrand auf einen Weg mit gelben Punkten zu treffen, dem man nun bis zur Kammstraße steil bergauf folgt. Wenn man dort nach rechts weiter wandert, trifft man bald auf den rot-weiß markierten GR 92, der einen wieder zurück nach Saignon führt. Man braucht für diese 20 km lange Strecke aber schon einiges an Kondition.

Wir wählen die kürzere Alternative ab dem Dorf Auribeau: Wir kommen auf der D 48 von Saignon und starten ein paar hundert Meter vor Auribeau rechts der Straße von einem nicht zu verfehlenden Parkplatz. Am Westrand dieser Parkfläche beginnt ein breiter Weg, der sogar auf der Michelin-Karte eingezeichnet ist und der an einem Sattel auf dem Kammweg und somit auch auf den rot-weiß markierten GR 92 stößt. Wir marschieren nun nach links auf den Funkturm zu, um dort umzukehren. Denn unser Rückweg ist mit dem Hinweg identisch; Die Wanderung dauert dann etwa 3 Stunden. Alternativ kann man zurück aber auch den oben beschriebenen, gelb markierten Weg nach Castellet nehmen und von da entlang der D 48 nach Auribeau spazieren.

Alle Wege sind schattig und wegen der Höhenlage auch bei wärmerem Wetter geeignet (Karte: Éditions Didier & Richard Nr. 14, auf welcher der Streckenverlauf der Wanderungen zwar eingezeichnet, aber nur teilweise als Wanderweg markiert ist).

Auch wenn Sie nicht wandern, sollten sie einen Abstecher auf dem kleinen Teersträßchen nach Auribeau und Castellet wagen, die Strecke ist nämlich besonders schön. Wenn Sie langsam genug fahren, werden Sie am Straßenrand auch mehrere Bories, also die bei der 4. Tour beschriebenen Steiniglus erkennen.

Unsere nächste Station ist **Buoux**, das im Grunde nur aus einer Handvoll Häusern, einem ehemaligen Rathaus und einem Brunnen besteht. Trotz dieser Winzigkeit beklagt eine Tafel drei Tote des ersten Weltkrieges und eine andere verbietet es dem Wandersmann, sich im Brunnen zu waschen (aber den WOMO-Tank darf man füllen). Außerdem gibt es noch ein gemütliches **Lokal**, an dessen Kaminfeuer wir erst im nächsten März sitzen werden: Die *Auberge de la Loupe* (Tel. 90 74 19 58; donnerstags geschlossen) überwältigt uns dabei mit einer grandiosen Vorspeisenplatte, deren Köstlichkeiten in wenigstens 15 Schüsselchen uns schon fast den Hunger auf die ebenfalls leckeren Hauptgerichte nehmen.

In diesem Urlaub wählen wir die kulinarische Alternative, die *Auberge des Séguins*, zu der man südlich von Buoux bei einer alten Mühle, die heute als Ferienkolonie genutzt wird, nach links abzweigt. Schon an der Kreuzung wirbt die *Auberge des Séguins* auf einem großen Schild mit ihrer Küche: *"Provençalische Spezialitäten, dieselben wie überall anderswo"*. Dabei weiß der Wirt genau, daß bei ihm gerade keine 08/15 - Küche aufgetischt wird. Und abschrecken kann der Patron offenbar auch niemanden, wir bekommen nämlich den letzten Tisch. Hier verputzen hauptsächlich Deutsche die preiswerte, ländliche Kost - an diesem Abend ein vorzügliches Karnickel in Weinsoße, das in ausgesprochen familiärer Atmosphäre aufgetischt wird (Tel. 90 74 16 37; von Mitte November bis Anfang März geschlossen, kein Ruhetag).

Und vor dem Lokal gibt es erstklassige **Übernachtungsmöglichkeiten**: Dort windet sich am Fuße hoher, senkrechter Felswände, in welche die Auberge fast schon hineingebaut ist, ein kleiner Bach, zwischen geräumigen Wiesen. Die vordere Fläche diesseits des Baches bietet sich als Schlafplätzchen an. Die Wiese gehört aber zur Auberge, die auch ein Hotel betreibt, weshalb hier nicht sein Auto abstellen sollte, wer nicht auch im Restaurant zu Abend ißt.

Auberge des Séguins

Die Wirtsleute betrachten zunächst argwöhnisch unser WOMO, sie überschlagen sich aber fast vor Freundlichkeit, als wir uns zum Abendessen anmelden. Es ist dieses ein Platz, den man nicht übervölkern darf; fünf Wohnmobile sind schon zwei zuviel. Verderben Sie mir bitte diese Wiese nicht! Bislang ist unser WOMO noch das einzige, so können wir bedenkenlos frischen Landwein in Tonkrügen ordern; zuviel, um später im Bett dem gurgelnden Bach noch lange zu lauschen.

Wer nicht in der *Auberge des Séguins* essen möchte (oder wenn schon andere Reisemobile auf der Wiese stehen), braucht trotzdem nicht auf die stimmungsvolle Nacht unterhalb der steilen Felsen und auf einen morgendlichen Wecker in Form kreischender Dohlen zu verzichten: Zwischen der Ferienkolonie und der Auberge sind nämlich seitlich des Sträßchens einige Parkplätze - etwas einsam - angelegt. Erschrecken Sie nicht, wenn diese tagsüber voller Autos stehen. Die gehören nämlich Kletterern, die an vielen Stellen im Fels hängen. Die Wände bei Buoux gehören zu den beliebtesten Zielen der Free-Climber in der Provence.

Ins Tal von Séguins fährt man aber auch, um das **Fort de Buoux** zu besichtigen. Wir bauen den 15-minütigen Anstieg zur Felsterrasse der ehemaligen Festung in eine **Wanderung** ein. Ich kann nur jedem Nichtwanderer zu etwas Sportlichkeit und zum Ausflug aus das Fort raten. Denn abgesehen von der beeindruckenden Sicht, die man von hier oben hinunter ins Tal hat, erklettert man immerhin das bedeutendste mittelalterliche Festungswerk der Provence.

Und nicht nur das, denn schon zu Zeiten der Kelten hat man im obersten Teil der Anlage ein Heiligtum gepflegt. Dort, wo es auf der obersten Spitze nicht mehr weitergeht, sieht man eine runde Vertiefung, die von der Wissenschaft als Opferstätte gedeutet wird. Die daneben in den Stein gemeiselte Rinne diente angeblich zum Abfließen des Tierblutes. Blutig muß es hier auch in späteren Zeiten zugegangen sein, spätestens als Richelieu im Auftrage Ludwigs XIV. im Jahre 1660 die Festung zerstörte. Zuvor hatten sich Protestanten und Waldenser hierher geflüchtet (näheres zu den Waldensern siehe unten bei Ménerbes und Oppède-le-Vieux). Unterhalb der eigentlichen Burg fand man eine Vielzahl frühgeschichtlicher Felsengräber, was die These unterstreicht, daß es sich bei der merkwürdigen Steinkuhle um eine Opferstelle handeln muß.

Interessant sind auch die ehemaligen runden, in den Fels gehauenen Vorratssilos. Und ein tolles Echo kann man hier oben auch noch hören. Man muß aber, vor allem, wenn man mit Kindern unterwegs ist, etwas vorsichtig sein. In Frankreich ist nämlich nicht an jeder gefährlichen Stelle ein Geländer montiert, und tiefe, ungesicherte Abgründe gibt es hier oben zuhauf.

Vorratssilos im Fort de Buoux

Vom Eingang des Forts, unterhalb des Eintrittskartenhäuschens, setzen wir unsere **Wanderung** fort:

Wie schon vom Tal her ist die Markierung bis zum Kamm des Grand Lubéron blau-weiß. Lange steigen wir durch einen Wald stetig bergauf, erst kurz vor Erreichen des Gipfels weicht die Bewaldung einer Wiesenlandschaft. Dort treffen wir dann auch auf die rot-weiße Markierung des GR 9, die uns nach dem zweiten Gipfel nach links weist. Diese zweite Kuppe ist immerhin 902 m hoch, und Ende März ist es uns, obgleich nicht einmal der Mistral bläst, so kalt, daß wir beim Wandern die Hände in den Anoraktaschen wärmen. Beim Abstieg ist nun im Unterholz die Orientierung etwas schwierig, letztendlich kön-

85

nen wir uns aber kaum verirren, ehe wir oberhalb des Tals des Aiguebrun (so heißt der Bach an der Auberge des Séguins) an einigen Felsenhöhlen und merkwürdigen Steinhaufen vorbeikommen. In solchen Höhlen wurden bis zu 50.000 Jahre alte Knochen und Werkzeuge gefunden.

Am Ende der Wanderung sehen wir wieder tief unten am Bach unser WOMO stehen. Die Wanderstrecke mißt etwa 10 km, sie dauert wegen der langen Besichtigung des Forts und wegen des Anstiegs aber etwas länger als man denkt.

Wer früh genug aufgebrochen ist, kann die Strecke trotzdem ausweiten: Gehen Sie auf dem Kamm nicht mit der rot-weißen Markierung auf den zweiten Gipfel zu, sondern folgen Sie rechts von diesem dem Fahrweg. Etwa 1,5 km hinter der Abzweigung des rot-weißen GR 9 führt nach links ein markierter Wanderweg hinunter nach Sivergues. Dort muß man am südlichen Ortsrand einem Sträßchen nach links in westlicher Richtung folgen, von wo ein markierter Weg zur Auberge des Séguins zurückführt (Karte: Éditions Didier & Richard Nr. 14).

Bei der Weiterfahrt von Buoux nach Bonnieux sieht man kurz vor Erreichen der D 943 linkerhand einen einsamen, romanischen Glockenturm hinter den Bäumen emporragen. Er stammt aus dem 12. Jahrhundert und ist das Überbleibsel des **Klosters St. Symphorien**. Wenn er Ihnen bekannt vorkommt, haben Sie den Kirchturm von Notre Dame d'Aubune bei Beaumes-de-Venise (Tour 2) noch in guter Erinnerung, er sieht dem hiesigen nämlich zum Verwechseln ähnlich.

Später biegen wir auf die D 36 nach Bonnieux ab. Geradeaus nach Lourmarin werden wir bei der 6. Tour fahren. In **Bonnieux** stellen wir unser WOMO gleich am südöstlichen Ortseingang rechts der Straße auf einem ausgedehnten Parkplatz ab. Hier kann man ortsnah und trotzdem in schöner Umgebung frei übernachten, insofern ist in dieser Gegend die Auswahl ohnehin fast grenzenlos, denn wir werden Ihnen in jedem der folgenden Lubéron-Dörfer ein schönes Plätzchen anbieten, wobei die Stellplatzmöglichkeit von Bonnieux noch nicht die beste ist - aber für ängstliche Wohnmobilisten den Vorteil hat, daß Häuser in der Nähe sind.

Bonnieux ist nicht nur das größte der Dörfer am Lubéron-Nordhang (1.385 Einwohner), von hier aus hat man auch den schönsten Blick ins Tal und auf die gegenüberliegenden Hänge, wo man die roten Ockerfelsen von Roussillon erkennen kann. Außerdem gibt es an der Durchgangsstraße ein **Bäckereimuseum** (Musée de la Boulangerie), das ich bislang leider nur in geschlossenem Zustand angetroffen habe (eigentlich dürfte es nur dienstags geschlossen sein, woran man sich aber außerhalb der Saison nicht zu halten scheint).

Bonnieux

Aufregender als Bonnieux finde ich **Lacoste**, das mit der krokodilmäßigen Freizeitkleidung nichts zu tun hat, in das aber die Leute mit dem Reptil auf den Klamotten ganz gut passen. Einheimische, die hier dauerhaft leben, sind nämlich so gut wie ausgestorben, dafür tummeln sich jede Menge Künstler und Zweithausbesitzer, welche die verfallenen Gemäuer aber ganz ordentlich wieder hergerichtet haben. Es gibt außerdem ein nettes Straßencafé, wo wir am Hang im Freien sitzen und einen sehr schönem Blick auf das gegenüberliegende Bonnieux genießen.

Und außerdem ist Lacoste das Lubéron-Dorf. welches den **Übernachtungsplatz** mit dem schönsten Blick vorweisen kann. Ich würde sogar sagen, von der Lage her ist er einer der schönsten Schlafplätze in der Provence, wenn man über seinen Nachteil, daß er schattenlos ist, hinweg sieht. Dafür schaut man aber von einem Hügelplateau weit in die Ebene, bis nach Roussillon und Gordes. Außerdem ist er einer der Plätze, wo man auf grasigem Untergrund ungeniert auch mal die Klappstühle vors Auto stellen kann, denn die Fläche ist nicht nur riesengroß, sondern sie liegt auch nicht in unmittelbarer Nähe der Häuser (wenn auch nicht allzu weit von ihnen entfernt). Sozusagen über den Dächern von Lacoste, sie ist nämlich der Parkplatz der Burgruine. Fahren Sie in Lacoste (auf der D 109 und nicht auf der D 103!) bergauf Richtung Ménerbes und an der Kreuzung hinter der Haarnadelkurve nach rechts ab zum Château.

Übernachtung am Schloß von Lacoste

Das **Schloß**, genauer, sein Bewohner hat auch schon Geschichte geschrieben: Hier lebte nämlich ab dem Jahre 1771 der Marquis de Sade. Der war zwar damals gerade 31 Jahre alt, also im besten Mannesalter, daß er aber in dieser Zeit das gelebt hat, was er später in realistisch exakter Darstellung von Perversionen zu Papier gebracht hat, scheint nicht bewiesen. Schon gar nicht, daß er, wie gelegentlich zu lesen ist, die Jungfrauen des Dorfes zu auf dem Schloß veranstalteten Orgien gelockt hat. Tatsache ist jedoch, daß er 27 Jahre seines Lebens in Gefängnissen oder Irrenhäusern verbringen mußte, wo er auch die meister seinen obszönen Romane geschrieben hat. Er wurde sogar einmal zum Tode verurteilt, dann jedoch begnadigt. Es darf allerdings bezweifelt werden, daß für die Konflikte mit der Justiz allein sein exzentrisches, sittenloses Leben verantwortlich war; denn der "göttliche Marquis" fiel auch durch aufklärerisches und demokratisches Gedankengut auf, was in diesen Zeiten allein schon zu Kerker und mehr gereicht hat. Sein Schloß oder das, was noch davon übrig ist, kann man leider nicht besichtigen. Der neue Schloßherr, angeblich ein Lehrer, ist seit Jahren dabei, in den Ferien die Ruine zu restaurieren. Ein Ende dieses Unterfangens ist aber noch nicht einmal zu erahnen.

Fast noch lieber als bei der Burg des Marquis übernachte ich bei **Ménerbes**. Denn in Lacoste braucht man eine laue Sommernacht, in der man unter provenzalischen Sternen draußen sitzen kann, während die Fledermäuse über die Burgmauern huschen. In Ménerbes hingegen ist der Blick längst nicht so gut- wohl aber von verschiedenen Stellen des Ortes selbst - der Parkplatz ist aber ortsnah und doch schön gelegen; ein freundliches Restaurant liegt nahe dabei, Wasser und Toiletten findet man schräg gegenüber. Und das Wichtigste: Ménerbes ist ein Dorf, in dem die Einheimischen noch in der Überzahl sind, wo es noch Metzger und Bäcker gibt und nicht nur Kunstgewerbeläden. Dabei streckt sich Ménerbes ausgesprochen malerisch auf einem Hügel, es darf sich sogar zu den "schönsten Dörfern Frankreichs" zählen und ist es auch tatsächlich (was nicht selbstverständlich ist). Ménerbes ist auch geschichtsträchtig. Aber erst einmal zum Trivialen:

Der **Übernachtungsplatz** ist geräumig, eben, nicht einsam aber doch frei gelegen mit Blick aufs Tal. Man kommt automatisch an ihm vorbei, wenn man von Osten her oben in Ménerbes ankommt. Es handelt sich um den großen Platz rechts unterhalb der Straße am Beginn des Dorfes im Schatten großer Bäume. Sie können ihn nicht verfehlen.

Es bietet sich dann an, im **Restaurant Clémentine** direkt oberhalb des Parkplatzes zu speisen, was bei warmem Wetter ein ganz besonderes Erlebnis ist. Dann tafelt man nämlich auf einer überdachten Veranda über dem Tal. Dabei hätte ich fast gar nicht gemerkt, wie toll die Fischsuppe schmeckt und wie freundlich die Wirtsleute dieses eher schlichten Lokals sind, das sich auch preislich bescheiden gibt.

Ménerbes

Einigermaßen erfreulich ist auch die Geschichte der auf steilem Fels gebauten Burg: Hugenotten konnten sich hier fünf Jahre lang vor den katholischen, königlichen Truppen verschanzen, bevor sie sich im Jahr 1579 ergeben mußten. Sie wurden danach aber nicht wie andernorts niedergemetzelt, man gewährte ihnen statt dessen freien Abzug, was zu dieser Zeit, 19 Jahre vor dem Edikt von Nantes, mit dem in Frankreich wenigstens für eine Zeit lang Religionsfreiheit herrschte, eine Ausnahme war.

Weniger gut erging es den Waldensern, einer Sekte, die von Petrus Waldus, einem Lyoner Kaufmann, im 12. Jahrhundert gegründet worden war. Seine Anhänger lebten nach dem Vorbild Jesu in Armut und wurden wegen ihrer Praxis der Laienpredigt schon im 12. Jahrhundert exkommuniziert. Der damalige Papst sah in ihnen eine Bedrohung für den wahren

90

Glauben und überzeugte sogar Kaiser Friedrich I., Barbarossa, zu einem Kreuzzug gegen die Waldenser und andere Sektierer. Die Anhänger von Waldus mußten flüchten, und einige von ihnen verschlug es auch in den Lubéron, wo sie ihre Lehre weiterverbreiten konnten. Dies wurde dem Papst im Laufe der Jahrhunderte zu gefährlich, zumal er befürchten mußte, daß die Ketzerei auf seine provenzalischen Besitztümer übergreifen würde; denn das damals noch der Kirche gehörende Avignon war nicht fern. Außerdem mußte sich Franz I., König von Frankreich, profilieren. Er hatte gute Kontakte zu deutschen protestantischen Fürsten, ihm drohte daher ebenfalls Ungnade beim Papst. Also bewies er glaubensstrengen Katholizismus und sorgte für eine Ausrottung der Waldenser. Einer seiner Feldherren, ein gewisser Jean Meynier d'Oppède, war nicht zimperlich und rottete im Jahre 1545 rund 3.000 Familien auf grausamste Weise aus. Frauen und Kinder wurden in Scheunen verbrannt, hunderte von Männern kamen auf die Galeeren. Und einige Dörfer wurden so zerstört, daß sie von der Landkarte verschwunden sind. Auch in der Burg von Ménerbes hatten Waldenser Zuflucht gesucht.

Der blutrünstige Baron wohnte ganz in der Nachbarschaft, im Schloß des heutigen **Oppède-le-Vieux**. Von seinem Stammsitz sind heute nur noch relativ schlecht erhaltene Ruinen übrig, und auch das ganze Dorf war bis vor kurzem ein einziges Trümmerfeld. Dann aber kamen auch hierher diejenigen, welche man in der ganzen Provence unter dem Oberbegriff "Künstler" zusammenfaßt; also Leute, die Hand anlegten und so manch verträumtes Häuschen wieder aufbauten.

Bald werden auch die WOMO's kommen und hier auf dem Parkplatz des Dorfes ihr **Nachtlager** aufschlagen, sofern das Auto nicht viel länger als 6 m ist. Nur dann schafft es nämlich die enge Parkplatzeinfahrt. Ein feines Plätzchen in rauher, eindrucksvoller Landschaft! Mit großem Glück steht man sogar an einer der wenigen Stellen, wo die Heckenbegrenzung gelichtet ist und man weit hinunter in die Ebene schauen kann. Toiletten mit Wasser gibt es auch, und ganz in der Nähe liegt ein uriges Lokal, in dem wir allerdings noch nicht selbst gegessen haben.

Eine eigentümliche Mischung von Verlassenheit und Freundlichkeit liegt heute über dem Dorf, in dem noch aus Fenstern Dornen und Efeu wachsen, wo manch anderes Häuschen aber geradezu liebevoll restauriert ist. In Oppède konnten sich im 2. Weltkrieg auch Franzosen und Flüchtlinge vor den deutschen Besatzern verkriechen, worüber es sogar ein Buch gibt.

Wir haben gerade in Ménerbes genächtigt und können daher über die angenehme Nachtruhe in Oppède nur mutmaßen. Aber dafür machen wir hier eine besonders aussichtsreiche, rund 12 km lange **Wanderung** hinauf zur über 700 m hohen Kammstraße des Petit Lubéron. Im Sommer würde ich eher abraten, denn der Hang von Oppède bis zum Kamm ist steil und nur stellenweise bewaldet. Das macht aber gerade im Frühjahr den Reiz aus, denn bei den Verschnaufpausen stehen wir meistens über einem wahnsinnigen Panorama: So ziemlich alles zwischen hier und dem Mont Ventoux liegt uns zu Füßen.

Oppède-le-Vieux; in der Ferne Ménerbes

Wir keuchen seit Oppède auf dem rot-weiß markierten Pfad bergauf und können uns überzeugen, daß hier allerhand getan wird, um den etwas spärlichen Wald

92

wieder aufzuforsten. Oben auf der Kammstraße gehen wir nach rechts (der vielfach beschilderte Bastidon du Pradon ist eine freizugängliche Schutzhütte, in der bestimmt noch die leergegessene Linsendose des letzten hier schlafenden Wandersmanns herumsteht).

Auf der Kammstraße begegnen uns keine Wanderer, sondern nur Radfahrer, und zwar in großer Anzahl. Die hier recht gut ausgebaute Straße ist vernünftigerweise für den Autoverkehr gesperrt, weshalb ein Radler nach dem anderen, zumeist mit rotem Kopf und schwitzend, an uns vorbei surrt. Auf der Michelin-Karte ist das Sträßchen als schwarzer Strich eingezeichnet, Sie sehen dort, wie man hinkommt. Wir haben allerdings nicht ausprobiert, bis zu welchem Punkt man mit dem Auto fahren kann. Früher war alles anders, da durfte noch jeder mit dem Auto hier hoch. Wahrscheinlich hat man spätestens, als sich der Vierradantrieb unter ganz normalen Stadtmenschen verbreitete, die Wege dicht gemacht und so die Zedernwälder vor weiteren Schäden bewahrt.

Unsere Wanderung kommt zwar am großen, weiter östlich liegenden **Zedernwald** nicht mehr vorbei, jedoch sieht man auch hier noch einzelne dieser Bäume. Ein gewisser Monsieur Renou hat hier oben vor langer Zeit einen Zedernwald angepflanzt, der sich so gut vermehrte, daß man nun vom Lubéron aus an der Geburtsstätte der Zedern, im Libanon, Hilfe zur Wiederaufforstung leisten konnte.

Interessant ist auch die Zisterne, an der wir vorbeistiefeln. Wer in Südfrankreich wandert, sieht überall solche Behälter zum Auffangen des Regenwassers, zu denen kleine Wassergräben und Rinnsteine so geführt sind, damit sie die Niederschläge in die großen Behältnisse leiten. Im Sommer herrscht in ganz Südfrankreich Waldbrandgefahr und ohne das Wasser der Zisternen wäre der Kampf gegen das Feuer noch aussichtsloser.

Kurz hinter dieser Zisterne verlassen wir bei einem gelben Markierungszeichen den Kammweg nach rechts und durchqueren einige Wiesen, die jetzt, Ende März, von kleinen gelben Narzissen übersät sind. Etwas beschwerlich ist der steinige Abstieg, der ordentliche Wanderschuhe verlangt. Auf halber Höhe hat man wieder das typische Lubéron-Erlebnis: einen Superblick auf Oppède und Ménerbes (Seite 92). Aber dafür sind wir schon ziemlich wacklig in den Knien, als wir uns auf dem *kleinen Platz von Oppède bei einem Kaffee erholen (Karte: Éditions Didier & Richard Nr. 14).*

Noch lange bleiben wir auf dem netten Dorfplatz von Oppède-le-Vieux sitzen. Wir reden über die Geschichte des Dorfes, wir dösen in der warmen Frühlingssonne, und irgendwie hält uns die Ahnung hier fest, daß es nur wenige Landstriche in Südfrankreich gibt, die das angenehme Flair des Lubéron-Nordhangs besitzen.

Oppède-le-Vieux

Tour 6: Zwischen Lubéron und Durance

Lourmarin - Cucuron - Schlucht von Régalon
Etang de la Bonde - Kloster Silvacane - Ansouis

Übernachten:	in Lourmarin an der Auffahrt zum Schloß oder auf dem Parkplatz an der nördlichen Ortseinfahrt
Besichtigen:	Dorf und Schloß von Lourmarin; das Dorf Cucuron; Schlucht von Régalon; Abtei Silvacane; Schloß von Ansouis
Essen:	Restaurant *Ollier* in Lourmarin; Hotel *L' Etang* in Cucuron
Wandern:	von Mérindol zur Schlucht von Régalon
Karte:	Seite 80

In unserem Tourenablauf legen wir nun den Rückwärtsgang ein. In die Ebene werden wir erst bei den folgenden Touren fahren.

Aber nicht ins nahe **Cavaillon** (21.500 Einwohner), das ziemlich uninteressant ist. Trotz seiner wirtschaftlichen Bedeutung, denn hier findet der größte Obst- und Gemüsemarkt Frankreichs statt, und vor allem die hiesigen Melonen sind sehr berühmt. Mich beeindruckt das wenig, denn Gemüse und Obst werden in der Provence in großem Stil vor allem dann vermarktet, wenn dies noch rentabel ist. Also vor der Saison, wenn Monsieur Dupont in Paris Erdbeeren und Tomaten möchte, obwohl noch gar keine Erdbeeren- und Tomatenzeit ist. Monsieur wird etwas fade Früchte auf dem Teller haben, er wird auch einiges dafür bezahlen müssen. Es wird ihn jedoch weiter nach Erdbeeren gelüsten, solange sie nicht in seinem Garten wachsen. Die Folgen: ausgedehnte Treibhaus- und Folientunnelanlagen in ganz Südfrankreich, eine ungeheuere Energieverschwendung durch das Beheizen solcher Gewächsanlagen, eine vollkommene Abhängigkeit der Bauern vom Erfolg der Unzeitproduktion - und der große Umschlagplatz in Cavaillon. Aber insoweit lebt der provençalische Bauer in guter Gesellschaft mit seinen Kollegen aus Spanien, Italien und der Rheinebene. Nur finde ich das Phänomen eher traurig, und so fahren wir von Oppède zunächst einmal wieder zurück nach Osten, nach Bonnieux.

Und von dort durch das einzige, den Lubéron durchteilende Tal nach **Lourmarin**, dem bekanntesten, überlaufendsten und - jedenfalls in der Hochsaison - unangenehmsten Lubéron-Dorf. Im Winter zählt die Einwohnerschaft ganze 800 Köpfe,

Anfang August, wenn der Auftrieb am größten ist, sind es an die 4.000. Das ist noch nicht einmal ein besonders großer Zuwachs, die Dörfer am Meer sind da ganz anderes gewohnt. Aber hier reicht es auch schon, um das einstmals sicher sehr reizvolle Dorf südlich des Lubéron zu ruinieren. Glauben Sie nichts, wenn man Ihnen von malerischen Gassen, in der Sonne dösenden Hunden, gemütlichen Tavernen und folkloristischem Schmuck vorschwärmt.

Kneipen gibt es zwar genug, die wenigen einladenden sind hoffnungslos überfüllt, die Mehrzahl ist auf schnelle Abfütterung aus und der Rest unverschämt überteuert. Die livrierten Kellner warten hier auf die wohlhabende Klientel der Ferienvillen, die man wahrscheinlich nur deswegen noch nicht vergraulen konnte, weil es als Kontrast zu den gelackten Kellnern nur die unausrottbaren Touristeneinheitsmenüs gibt. Einen Anflug von Ausnahme findet man im **Restaurant *Ollier***, das zwar auch zu teuer, aber überraschend freundlich ist, und die Menüs können sogar fast überzeugen (Tel. 90 68 02 03; von Mitte Februar bis Mitte März und Dienstagabend sowie mittwochs geschlossen).

Lourmarin

Aber von diesem Lichtblick abgesehen ist es in Lourmarin allenfalls weit außerhalb der Saison angenehm, wenn ein Großteil der Kneipen und "Kunst"-Läden geschlossen hat. Schade, denn der Ort liegt gerade bei Nachmittagssonne wirklich très jolie vor der Kulisse des Grand-Lubéron und wurde, so gesehen, nicht ganz ohne Grund ebenfalls in die Gruppe der "schönsten Dörfer Frankreichs" aufgenommen. Wie urig muß es hier noch gewesen sein, als Albert Camus

Ende der 50-er Jahre in der später nach ihm benannten Gasse ein Haus bezog, von dem er auch am 4. Januar 1960 mit dem Auto nach Paris startete. Er ließ sich aus Zeitgründen den Zug ausreden und raste infolge eines geplatzen Reifens in Burgund an einen Baum. Auf dem Friedhof von Lourmarin kann man heute sein Grab finden.

Mir geht es so wie Ihnen vielleicht auch: Nachdem ich in der Vorsaison einmal hier war und den Ort, weil alle Kitsch- und Touri-Läden zu waren, fast schon als verschlafen empfunden habe, erliege ich an einem schwülen Nachmittag Anfang August der allzeit positiven, bunt bedruckten Reiseliteratur. Irgendwann sitze ich gegen Abend auf einer von außen noch ganz schönen Restaurant-Terrasse. Vor mir dampft ein grauenhaftes Daube, ein an sich klassischer provençalischen Fleischeintopf, in dem normalerweise Rind- oder Lammfleisch stundenlang geschmurgelt wird, der jedoch in den meisten Fremdenverkehrsorten mit dem traditionellen Schmorbraten nur den Namen gemeinsam hat und allein der beschleunigten Neubesetzung des Essenstisches dient. Das einzig stimmungsvolle sind die unaufhörlich zuckenden Blitze im Lubéron, über dem sich ein mächtiges Gewitter zusammengebraut hat, und spannend ist allenfalls, ob es in den Gulaschtopf regnet, bevor dieser leergelöffelt ist.

Danach kommt Lourmarin sogar zu **Übernachtungsplatz-ehren**: Wir stellen uns an den Rand der alleeartigen Auffahrt des auf einer flachen Anhöhe gelegenen Schlosses. Später sitze ich dann dort auf der herausgeklappten Trittstufe der WOMO-Tür, und als das Gewitter näher kommt und die Blitze den vor mir liegenden Ort in ein kurzes Licht tauchen, könnte ich mich fast mit den Lourmarin-Lobern solidarisieren. Der Übernachtungsplatz sowie der Blick von diesem, vielleicht noch das Schloß von weitem gesehen, sind aber eindeutig die schönsten Seiten des Dorfes.

Später im Bett, das Gewitter ist nun ganz nahe, rumpelt es fortwährend auf unserem Dach. Ist das der Schloßgeist? Denn das seit der französischen Revolution verlassene und von da an verfallende Renaissanceschloß wurde schon einmal für viele Jahre zum Übernachtungsplatz, als die nach Stes.-Maries-de-la-Mer ziehenden Zigeuner dort ihr Nachtlager aufschlugen. Ein Haarwasserfabrikant namens Vibert ließ das **Schloß** jedoch im Jahre 1920 restaurieren, weshalb es die dadurch vertriebenen Zigeuner mit einem Fluch belegt haben.

Am Morgen nach dem Gewitter glänzen Schloß, Dorf und die umliegenden Olivengärten wieder im Sonnenschein, und auf unserem Dach liegen massenweise Pinienzapfen, die der Gewitterwind von den Bäumen gerissen hat.

Das Schloß dient heute übrigens als Begegnungszentrum und Wohnsitz für Künstler sowie Stipendiaten der Akademie für Kunst und Wissenschaft in Aix. Im Rahmen einer Führung kann man einen Teil besichtigen. Wer - wie wir in diesem Urlaub - in kurzer Zeit mehrere französischsprachige Schloßführungen über sich ergehen läßt und die sprachlichen Feinheiten in der Regel doch nicht mitkriegt, wird den nicht billigen Eintrittspreis sparen (Besichtigungen: täglich 9,oo bis 11,oo und 14,oo bis 17,45 Uhr bzw. von Juli bis September bis 18,15 Uhr; von November bis März dienstags geschlossen).

Es gibt noch eine nicht so ruhige, aber auch empfehlenswerte **Übernachtungsplatzalternative** auf dem Parkplatz zwischen nördlicher Ortseinfahrt und Sportplatz, ebenfalls schattig und direkt bei Wasser und WC.

Erst später lernen wir, wie man es richtig machen müßte: Nur 7 km östlich von Lourmarin, in **Cucuron**, ist die Welt noch fast in Ordnung. Der ruhige Ort liegt wie gemalt vor den Hängen des Lubéron, was man besonders gut vom Fuß der dortigen Burgruine betrachten kann. Natürlich haben die Ferienhausbesitzer auch dieses Dorf nicht übersehen, was aber schon eher auf die Reiseliteraten zutrifft.

Der schattige Dorfplatz ist ein viereckiger eingemauerter Teich, um den sich die Häuser gruppieren. Zwischendrin ist gerade noch Platz für ein bißchen Straße und die stoffgedeckten Tische eines sympathischen **Restaurants**. Das **Hotel L'Etang** überrascht zwar nicht mit kulinarischen Offenbarungen, geschenkt bekommt man hier auch nichts, aber die Romantik ist angesichts der großen Bäume und des Teiches unübertrefflich (Tel. 90 77 21 25; außerhalb der Saison mittwochs außerdem zur Jahreswende geschlossen).

Zum Übernachten fährt man dann die paar Kilometer nach Lourmarin zurück oder, wenn man es mal wieder braucht, auf den **Campingplatz**, 1 km westlich von Lourmarin an der Straße nach Cucuron (mit kleinem Schwimmbecken).

Bevor wir weiter nach Osten und Süden vorstoßen, unternehmen wir erst noch einen Abstecher nach Westen zur **Schlucht von Régalon**, einem bei Franzosen besonders beliebten Ausflugsziel. Die Gorges sind auf der Michelin-Karte eingezeichnet. Man kann in der Nähe parken und dann zu Fuß durch die teilweise nur 1 m schmale Klamm klettern.

Oder man **wandert** hierher. Als Ausgangspunkt bietet sich **Mérindol** an, wo man oberhalb des heutigen Dorfes noch die traurigen Ruinen des alten Ortes besichtigen kann. Dieser wurde im Zuge der Waldenser Kreuzzüge zerstört (näheres

Cucuron

siehe bei der 5. Tour), wie man auf einer Tafel im Dorf nachlesen kann.

*Als **Wanderstrecke** nimmt man ab Mérindol für den Hinweg zur Schlucht am besten den gut markierten GR 6, der später auf den GR 97 mündet. Man steigt dann durch die - nicht markierte - Schlucht ab. An deren Ende gehen Sie ein paar hundert Meter durch ein Gelände aus Wiesen und Büschen, das im Süden an einem Wäldchen endet. Dort hinein führt ein Fußweg, den man aber recht bald an einem kleinen Wegweiser auf einem Pfad nach links ins Gehölz wieder verläßt. Sie laufen nun an den Mauern einer verfallenen Ruine vorbei und stoßen danach auf einen Fahrweg und die Häuser des Weilers Champeau. Mit Hilfe der Wanderkarte (Éditions Didier & Richard Nr. 14) gelangen Sie nun auf geteerten Straßen zurück nach Mérindol, man kann sich dann kaum noch verlaufen. Der Weg ist ab der Schlucht nicht mehr markiert, aber mit der Karte gut zu finden. Die Strecke ist etwa 14 km lang und großenteils ohne Schatten.*

Auf dem Rückweg nach Osten muß ich aber erst einmal blasen: Eine Polizeikontrolle stoppt nämlich kurz vor Cadenet jedes Auto und reicht Alkoholteströhrchen durch das Fenster - am hellichten Mittag! In Frankreich sind nämlich, wie früher auch bei uns, stichprobenartige Alkoholkontrollen unzulässig, solange man nicht in einen Unfall verwickelt ist, so daß es auch nicht ungewöhnlich ist, beispielsweise auf der Autobahn hinter der Zahlstelle, einer ganzen Reihe alkoholtestender Gendarmen

99

zu begegnen. Obgleich ich seit rund 15 Stunden keinen Tropfen zu mir genommen habe, werde ich doch ein wenig nervös.

Das legt sich aber schnell wieder, zumal die alte **Zisterzienserabtei von Silvacane** mit ihren klaren Formen zur Beruhigung beiträgt. Sie gehört neben Sénanque (Tour 4) und le Thoronet zu den drei bedeutenden Zisterzienserklöstern in der Provence, wobei die Lage von Silvacane in der Nähe einer alten Hauptdurchgangsstraße eher ungewöhnlich ist, hier aber darauf zurückzuführen ist, daß bereits vor der Besiedlung durch die Zisterzienser eine Bruderschaft existierte (näheres zu den Zisterziensern und ihrem Baustil siehe bei der 4. Tour). In Silvacane sind die zisterziensischen Prinzipien gut, aber nicht ganz so deutlich wie in Sénanque zu erkennen, was allerdings weniger daran liegt, daß Teile der Klosteranlage nach der französischen Revolution als Bauernhof genutzt wurden. Auch fehlt der Abtei völlig jener Reiz, der aus der Verbindung von Baustil und Landschaft entsteht (Besichtigung täglich außer dienstags und feiertags von 10,oo bis 12,oo Uhr und 14,oo bis 19,oo Uhr, von Oktober bis März nur bis 17,oo Uhr). Parken Sie gleich oben an der Zufahrtsstraße, weiter unten können Sie kaum noch wenden.

In der Nähe kommt man an dem Bassin de St. Christophe vorbei, einem kleinen See, an dem Sie aber einen Stellplatz nicht zu suchen brauchen. Es gilt nämlich Badeverbot, und das Gewässer ist eingezäunt.

Es bleibt auch nicht aus, daß man weiter nach Osten fährt, um sich den **Etang de la Bonde** in der Hoffnung auf ein angenehmes Badeplätzchen zu betrachten. Von Cucuron sind es nur 7 km, überzeugen Sie sich selbst:

Die hier vorwiegend aus leicht hügeligen Weinfeldern und einigen Obstplantagen bestehende Landschaft am Fuße des Grand-Lubéron ist nach unserem Geschmack noch das Schönste, den darin eingebetteten See kann man mehr oder weniger vergessen. An seinem wie ein Strich verlaufenden westlichen Ufer gibt es jede Menge Tretboote und sogar so etwas wie einen Sandstrand, zu dem man aber nicht hinfahren kann; es sei denn, man ist Dauermieter auf dem dahinter liegenden Campingplatz oder man hat dort einen der wenigen für den kurzen Aufenthalt freigehaltenen Plätze ergattert. An den restlichen Uferteilen ist der See ziemlich verschilft und die wenigen Parkmöglichkeiten sind dreckig, nahe an der Straße und wenig einladend. Ich wundere mich, daß der See überall als Badesee empfohlen wird, zumal der Einstieg ins Wasser auf dem schlickigen Untergrund eher unangenehm ist.

Interessanter ist das kleine Dorf **Ansouis** und vor allem das dortige **Schloß**, eines der schönsten in der Provence. Auch hier ist nach meinem Geschmack wieder die Lage in der Landschaft das Entscheidende, wenngleich das Gebäude selbst und auch das Innere durchaus sehenswert sind. Dort wohnt leibhaftig noch eine Herzogin der Adelsfamilie Sabran, die hier seit Jahrhunderten - abgesehen von einer Periode zwischen der französischen Revolution und dem 19. Jahrhundert - ansässig ist.

Zwei Mitglieder haben auch schon Geschichte gemacht: Elzéar und seine Frau Delphine. Beide wurden im Jahr 1299 verheiratet - in diesen Kreisen wohl eher vermählt, der Graf war 14, seine Frau 16. Delphine fühlte sich einem zuvor abgegebenen Keuschheitsgelübde verpflichtet, woraufhin beide bis zu ihrem Lebensende jungfräulich bzw. -männlich blieben; so ist es jedenfalls überliefert. Der Graf wurde heiliggesprochen, die Gräfin, wen wundert es, nur selig. Beide haben aber auch einen Großteil ihrer Habe den Armen geschenkt.

Das Schloß jedoch blieb weiterhin im Besitz der Familie, man kann es im Rahmen einer dreiviertelstündigen Führung besichtigen (täglich außer dienstags von 14,3o bis 18,oo Uhr).

Manch einen interessiert im Schloß vielleicht noch das Musée Extraordinaire, wo ein Taucher Unterwasserfunde und Fossilien aus dem Lubéron zur Schau stellt (offen von 14,oo bis 18,oo oder 19,oo Uhr, dienstags geschlossen).

Etwas wehmütig nehmen wir nun Abschied vom Lubéron, um uns einem anderen Gebirgszug, der Montagne-Ste.-Victoire, zuzuwenden. Über Pertuis und das breite Tal der Durance nehmen wir die Schnellstraße nach Aix-en-Provence unter die Räder.

Tour 7: Traumstadt vor Bergklotz

Aix - Montagne Ste. Victoire - Vauvenargues - Rians

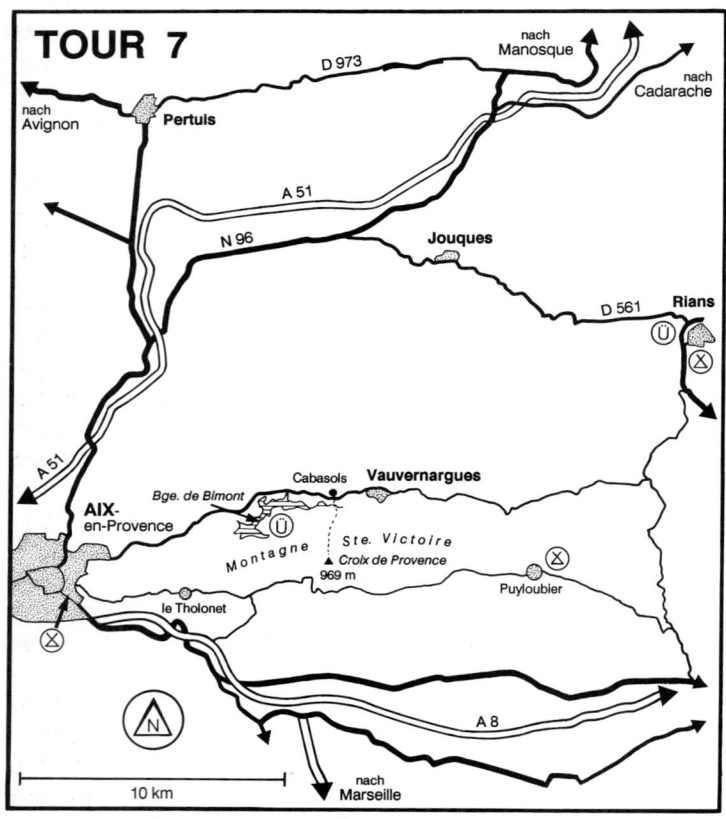

Übernachten:	Campingplätze in Aix oder Rians; frei an der Staumauer der Barrage du Bimont; auf dem Parkplatz von Rians
Besichtigen:	in Aix: Altstadt, Cours Mirabeau, Rathaus, Kathedrale, Atelier Cézanne, Musée Granet, Ziegelei in Les Milles; Schloß in Vauvenargues
Wandern:	von Vauvenargues zum Croix de Provence an der Montagne-Ste.-Victoire
Essen:	Restaurant *Hôtel-Esplanade* in Rians

Unsere Erwartungen sind groß, denn wir nähern uns der heimlichen Hauptstadt der Provence. 80% aller Franzosen würden gerne hier leben, 125.000 tun es tatsächlich, darunter 25.000 Studenten. Viele Franzosen haben sich in den letzten Jahren ihren Wohnortwunsch erfüllt: 1960 war **Aix-en-Provence** eine Mittelstadt mit 60.000 Einwohnern, und 1946 lebten hier gerade mal 45.000 Menschen. Der alte Stadtkern ist dementsprechend klein, man wohnt in Vororten und fährt ins Zentrum. Sie ahnen es! Sobald Sie im "Centre" sind und spätestens beim Anblick der wasserspeienden Fontaine de la Rotonde, dem Brunnen auf der Place G. de Gaulle westlich der berühmten Platanenallee Cours Mirabeau, muß man den erstbesten Parkplatz nehmen (z.B. am Busbahnhof unmittelbar westlich der Place de Gaulle).

Wir kommen gegen Mittag, so gesehen eine günstige Zeit, und werden überraschend schnell fündig. Nachdem wir den Parkscheinautomaten mit mehreren 10-Francs-Stücken gefüttert haben (wegen der Parkplatzproblematik wird in Aix streng kontrolliert - die Strafen sind saftig), sitzen wir bald dort, wo alle sitzen: Unter den vierreihigen Platanen des **Cours Mirabeau**, der berühmtesten provenzalischen Einkaufs- und Flanierstraße. Welche Überraschung! In den zahlreichen Cafés und Imbißlokalen verdrücken um diese Uhrzeit hauptsächlich Einheimische in Jackett und Krawatte ein schnelles Mittagessen und sehen in punkto Outfit und Gesichtsausdruck trotz ihrer schönen Stadt auch nicht glücklicher aus als unser einer zur selben Tageszeit zu Hause.

Natürlich verstecken sich auch Touristen hinter Eisbechern und der "FAZ", und die vielbeschworenen Studenten rühren in kleinen Kaffeetäßchen. Gemischt ist auch das Publikum, das an uns vorbeizieht: selten hastend, zumeist schlendernd, und die Mehrzahl ist auffallend jung. Hier macht es wirklich Spaß, den Passanten zuzuschauen. Man wird zwar noch kein Aixianer, nur weil man mal im *Café Deux Garçons* nach dem Kellner geschnippt hat. Aber ein Hauch des Flairs der Stadt weht doch herüber, etwas vom angenehmen Leben der besseren Leute in Südfrankreich. Aber auch ein Lüftchen von ihrer Geschäftigkeit.

Es muß nicht unbedingt das historische *Café Deux Garçons* sein, in dem schon Paul Cézanne mit Emile Zola über die schönen Künste diskutiert hat. Im *"Café 2 G"*, wie es bei den Einheimischen heißt, sollte man ohnehin im Inneren sitzen und bei der sehenswerten Einrichtung aus dem 19. Jahrhundert Kaffeehaus-Atmosphäre spüren. Von außen hingegen unterscheidet sich das Café wenig von seinen ordinären Nachbarn.

Aber nach Aix-en-Procence fährt man nicht nur zum Kaffeetrinken, wenngleich ich gestehen muß, daß diese Tätigkeit - sie sollte übrigens nicht nur auf dem Cours Mirabeau stattfinden - mir in Aix die liebste ist. Die zweitschönste Beschäftigung ist ein Bummel durch die **Altstadtgassen**. Der beginnt am **Cours Mirabeau**, den eine Fast-Food-Kette inzwischen auch schon fest im Griff hat. Dabei war die Allee im Jahre 1649 gar nicht als Straße angelegt worden, sie war sogar für Maultier- und Handkarren gesperrt. Diente sie nämlich den besseren Gesellschaftskreisen zum Flanieren oder zum Korso in der Karosse. Die Kutschen konnten an der Rotonde wenden, und zur Stimmungsverbesserung plätscherten die mitten und seitlich des Cours Mirabeaux zum Teil heute noch vorhandenen Brunnen. Aus einem von ihnen fließt immer noch Thermalwasser, dem die Stadt ihre Gründung in vorrömischer Zeit zu verdanken hat. Ihr Name deutet auf dieses Heilwasser und den römischen Bezwinger der ehemals hier ansässigen Kelten hin. Caius Sextius war der Feldherr, der im Jahre 123 v.Chr. die Urbewohner des Oppidum Entremont, nördlich des heutigen Aix, besiegte und der Stadt seinen Namen gab: Aquae sextiae hieß die erste römische Siedlung auf gallischem Boden.

Aber von den Römern ist in Aix heute erstaunlicherweise fast nichts mehr zu sehen, vom frühchristlichen Baptisterium im Dom und den spärlichen Ausgrabungen auf dem Plateau von Entremont (dienstags geschlossen) einmal abgesehen. Überhaupt fährt man in erster Linie nicht der Bauwerke wegen nach Aix, sondern wegen der Altstadt, durch deren Straßen wir nun schlendern. Um Himmels willen nicht fahren, denn die meisten Gassen sind schmal und, wo es geht, noch zugeparkt. Achten Sie aber darauf, daß Sie für den Stadtrundgang keinen Montag erwischen, wenn die Geschäfte zu sind. Auch die Zeit über Mittag eignet sich aus diesem Grund nicht. Denn für Aix müssen die vielen kleinen Läden offen sein, in denen man all das betrachten kann, was der wohlhabende Franzose zum Leben braucht. In erster Linie das Eßbare, allem voran die Calissons, jene rautenförmigen und glasierten Marzipanschnitten, sozusagen das kulinarische Wahrzeichen der Stadt.

Immer wieder stehen wir auf einem reizvollen Platz: Zuerst auf der Place de Verdun vor dem gewaltigen Justizpalast aus dem 18. Jahrhundert. An seiner Stelle befand sich früher das Schloß der Grafen der Provence, worin das provenzalische Parlament einst tagte bzw. Gerichtsbarkeit ausübte. Rühmliches wird von diesem "Parlament" nicht berichtet: Aus den Untertanen preßte man hohe Steuern, und unter dem Parlamentspräsidenten Meynier d'Oppède wurde hier im Jahre 1555 der Vernichtungsfeldzug gegen die sektierenden Waldenser beschlossen. Über 2000 Christen wurden dabei abgeschlachtet (näheres siehe bei der 5. Tour). Das Volk hatte schon recht, wenn es die Meinung vertrat, die Provence werde von drei Plagen heimgesucht: dem Mistral, den Überschwemmungen der Durcance und dem Parlament von Aix.

Dabei hatte sich ein früherer Schloßherr beim Volk sehr beliebt gemacht. Der "gute König René" (1409 - 80) war politisch vermutlich eine Niete, verlor er doch zu seiner Herrschaftszeit wesentliche Gebiete, so daß ihm nur noch die Provence blieb - die dann sein Neffe 1481 der französischen Krone vermachte. Aber René war ein Schöngeist, er sprach fünf Sprachen, er dichtete, komponierte und malte. Er schenkte seinen Untertanen den Maulbeerbaum für die Seidenraupenzucht und die Muscatellertraube. Nur im Boules-Spiel war er wegen seiner Leibesfülle angeblich ein Versager. Aber das tat seiner Beliebtheit beim Volk keinen Abbruch.

Auf der Place de Verdun und der benachbarten Place des Prêcheurs wird im übrigen dienstags, donnerstags und samstags der Wochenmarkt aufgebaut, auf dem Lebensmittel, Kunsthandwerk und Flohmarktartikel verkauft werden, allerdings praktisch ausschließlich von Profis. Hier fanden schon ab dem Jahre 1450 Volksfeste statt - und öffentliche Hinrichtungen. Anstelle des Marquis de Sade, dessen man nicht habhaft wurde (siehe auch bei der Tour 5), hat man sogar einmal eine Puppe gehängt.

Place Richelme mit Rathaus und Uhrturm

Einen kleineren Wochenmarkt findet man täglich, sogar sonntags, auf der Place Richelme, unweit des **Rathauses**, das ebenfalls an einem Platz steht, der Place de l'Hôtel de Ville.

105

Hier, auf einem der schönsten Plätze von Aix, kann man wieder einen Kaffee im Freien trinken und den interessanten Glockenturm aus dem 16. Jahrhundert, das bauliche Wahrzeichen von Aix, bestaunen. Vergessen Sie auch nicht, sich den Innenhof des Rathauses mit einem interessanten schmiedeeisernen Gitter zu betrachten.

Unter dem Uhrturm gehen wir hindurch nach Norden zur **Kathedrale St. Saveur.** Dort hängen an der Wand befestigte Holzbretter, auf denen in mehreren Sprachen die reichhaltige und kunstvolle Ausstattung des Kirchenbaus erklärt wird. Ich will mich daher hier kurz fassen: Das beeindruckenste Merkmal sind die unterschiedlichen Baustile, die in der frühen Christenheit beginnen und in der Zeit des Barocks enden. Die Kirche gehört zu den ältesten Frankreichs, was man auch recht gut nachvollziehen kann. Denn wenn man das Innere durch den romanischen Seiteneingang betritt, kommt man gleich rechts an einem frühchristlichen Baptisterium vorbei, dessen Bauzeit im 4. oder 5. Jahrhundert n. Chr. gelegen haben dürfte. Man sieht zwischen acht antiken Säulen das in den Boden eingelassene Taufbecken, in das der Täufling nach altchristlichem Brauch eintauchen konnte. Denken Sie auch daran, sich den Kreuzgang anzuschauen, den man vom Kircheninneren durch einen gesonderten Ausgang erreicht.

Wer schon mal so weit in den Norden der Altstadt vorgedrungen ist, sollte bei dieser Gelegenheit an der Kathedrale geradeaus weitergehen, den stark befahrenen Boulevard überqueren und die Avenue Paul Cézanne suchen, die man genau gegenüber der von der Kathedrale herkommenden Gasse findet. Das **Cézanne-Atelier** im Haus Nr. 9 (Öffnungszeiten: täglich von 10,oo bis 12,oo Uhr und von 14,oo bis 17,oo Uhr, außer dienstags) soll genau den Zustand wiedergeben, den es hatte, als der Maler im Jahre 1906 in Aix starb. Die Werkstatt des Meisters wurde konserviert, weil Cézanne schon zu Lebzeiten berühmt war, wenn auch erst am Ende seines Schaffens. Zuvor hatte er übrigens keine finanzielle Sorgen, da er aus begütertem Hause stammte.

Cézanne gilt als Begründer der Malerei des 20. Jahrhunderts, seine Bilder, darunter zahlreiche Darstellungen der Montagne-Ste.-Victoire, hängen in Aix an jedem Postkartenstand. Er hat den Bergklotz mehr als 60 Mal gemalt, und auch sein letztes Bild entstand unterhalb des Gebirges. Dort wurde er im Alter von 66 Jahren beim Malen von einem Gewitter überrascht, worauf er durchnäßt zusammenbrach. In bewußtlosem Zustand brachte man ihn nach Hause, wo er kurz darauf starb.

Südlich des Gebirgsmassives gibt es ab Aix auf dem Weg nach Le Tholonet (D 17) die **"Route Cézanne"**, eine Strecke, an der eine Vielzahl der berühmten Landschaftsbilder des Künstlers entstanden sind. Wer an Ort und Stelle auf den Cézanne-Geschmack kommt, kann sich in Aix mit Büchern eindecken, in denen die Bilder fotografiert sind.

Oder man geht ins **Musée Granet**. Das liegt im Stadtteil südlich des Cours Mirabeau, dem Quartier Mazarin, das im 17. Jahrhundert am Reißbrett speziell für Adelspaläste geplant worden war. Die Straßen verlaufen parallel und rechtwinklig, so daß es nicht schwierig ist, auch ohne Stadtplan das Museum zu finden. Verlassen Sie den Cours Mirabeau in Höhe des östlichen Brunnens (das ist in der Nähe des *"Café 2 G"*) und gehen Sie, den Brunnen im Rücken, die Rue du 4. Septembre strikt geradeaus. Sie kommen dann zur Place des Quatre Dauphins. Der Platz ist nach dem gleichnamigen Brunnen in seiner Mitte benannt, den vier Delphine zieren. Viele halten diesen Platz für den schönsten von Aix (ich finde den Rathausplatz interessanter). Zum Museum Granet gehen Sie nun nach links durch die Rue Cardinale in östlicher Richtung. Sie stoßen dann direkt auf den Museumsbau (geöffnet täglich außer dienstags von 10,oo bis 12,oo Uhr und 14,oo bis 18,oo Uhr; im Juli, August und September kein Ruhetag). Das größte Interesse gilt natürlich dem Cézanne-Saal. Es sind aber auch Funde aus der Ausgrabungsstätte Entremont, der ehemalig keltisch-ligurisch Siedlung, ausgestellt sowie griechische, römische und frühchristliche Werke, ferner Gemälde eines Herrn Granet. Und erwarten Sie keine bedeutsamen Bilder von Cézanne, insbesondere keine Landschaftsimpressionen des Ste.-Victoire-Berges. Ich muß übrigens an dieser Stelle einräumen, daß ich selbst das Museum bislang nur von außen kenne. Sie wissen ja: In Aix sitze ich am liebsten im Café.

Auch eine weitere Sehenswürdigkeit ist mir bislang entgangen, sie steht aber ganz oben auf unserer Liste für einen zukünftigen Provence-Urlaub: Die **Ziegelei von Les Milles**. Fahren Sie auf der Autobahn (A 51) von Aix in Richtung Marseille und verlassen Sie diese bei der ersten Ausfahrt. Sie müßten dann einen Wegweiser zur "Zone industrielle" finden, die westlich der Autobahn liegt (auf unsere Tourenkarte hat der Vorort nicht mehr gepaßt). Bald kommen Sie an einer Ziegelei vorbei, auf die möglicherweise inzwischen ein Schild mit der Aufschrift "Mémorial" hinweist. Seit Februar 1940 war hier das zentrale Internierungslager der Provence. Viele, in erster Linie Intellektuelle, die vor den Nazis aus Deutschland nach Südfrankreich geflohen waren, wurden hier eingesperrt, vor allem eine Reihe der Schriftsteller, die sich zuvor nach Sanary-sur-mer geflüchtet hatten: Lion Feuchtwanger (der die Ziegeleiinternierung in seinem Buch "Der Teufel in Frankreich" beschrieben hat), Golo Mann, Wilhelm Reich und Max Ernst, um nur einige zu nennen. Nachdem Frankreich gegenüber Deutschland kapituliert hatte, arbeitete die Petain-Regierung auch hier der Gestapo in die Hände. Nach unterschiedlich langem Aufenthalt wurden die Internierten wieder abtransportiert. Viele landeten in Auschwitz, einige konnten aber auch fliehen und sich erfolgreich verstecken.

Im Nebengebäude der Ziegelei soll inzwischen auf Betreiben eines Deutschlehrers aus Aix eine Gedenkstätte eingerichtet worden sein, in der man noch eine Menge von Wandmalereien der Inhaftierten betrachten kann. Auf regelrechten Fresken sind diverse Szenen aus dem tristen Alltag, aber auch aus der Erinnerung abgebildet, Realistisches und Surrealistisches. Helmut Kohl soll übrigens in einem Gipfeltreffen mit François Mitterand die finanzielle Unterstützung dieses Museums-Projekts besprochen haben, wodurch ein Abbruch des Ziegeleianbaus verhindert werden konnte.

Es stellt sich nun noch die Frage, wann Sie das alles besichtigen? Vielleicht regnet es einmal zwei Tage, vielleicht setzen Sie sich aber auch morgens hinter das Lenkrad Ihres WOMO's, im Kopf ein volles Tagesprogramm, dessen erster Punkt zugleich auch der letzte ist. Das Café!

Oder Sie entscheiden sich zuerst einmal für die Natur. Zu diesem Programmpunkt führen aus Aix alle Wege nach Osten. Man muß sich nur entscheiden, ob man das natürliche Wahrzeichen der Stadt, die **Montagne-Ste.-Victoire** von Norden oder von Süden her anfahren möchte. Klassischer ist Dank Cézanne eigentlich die Sicht von Süden auf die weißen Steilhänge des Massives, für Wanderer ist die Nordtour empfehlenswerter. Man kann auch einmal ganz außen herum fahren, was aber nicht unbedingt sein muß.

Wir fahren auf der Südstrecke nur ein Stück auf der Route-Cézanne und machen dann kehrt, um uns danach dem Gebirge von Norden auf der D 10 zu nähern. Es ist schon Nachmittag und auch allmählich Zeit zur **Stellplatzsuche**. Ein lauschiges Plätzchen an einem der beiden Stauseen schwebt uns vor. Aber an die Barrage Zola führt erst gar keine Straße und auch an die Barrage du Bimont kommt man nicht richtig ran. Nur zur Staumauer kann man fahren (beschildert, und auf der Michelin-Karte eingezeichnet), dort gibt es auch einen Parkplatz, der aber etwas Trostlosigkeit ausstrahlt, zumal man von ihm aus kein Wasser sieht, sondern nur die Rückseite des Staudamms.

Außerdem ist die geräumige Fläche eher einsam. Aber über Geschmack läßt sich ja bekanntlich streiten, vielleicht gefällt Ihnen der Platz besser. Ich kann Ihnen aber nicht garantieren, daß Sie dort überhaupt nächtigen dürfen.

Als wir nämlich auf der D 10 weiter nach Osten fahren, warnt uns bald ein Schild seitlich der Straße: "Camping interdit"! Und unmißverständlich wird symbolhaft klargestellt, wer gemeint ist: Zelt **und** Wohnwagen - also auch Wohnmobile. Diese Verbotsschilder wiederholen sich in geradezu penetranter Häufigkeit und besonders oft begegnen uns patrouillierende Feuerwehrautos - an einem Regentag im April. Man wird Sie beim freien Übernachten also kaum unbehelligt lassen, wobei ich nicht feststellen konnte, ob der Parkplatz am Stausee schon zur Verbotszone gehört.

Das Gebiet am Fuß der Montagne-Ste.-Victoire ist also wenig wohnmobilfreundlich, was aber darauf zurückzuführen ist, daß der Wald am 12 km langen und 1.011 m hohen Bergmassiv im Sommer 1989 abgebrannt ist. Auf der Südseite noch stärker, die teilweise geradezu traurig aussieht. Viele Fachleute sind der Meinung, daß der riesige Waldbrand einen nicht mehr gutzumachenden Schaden angerichtet hat. Nun werden zwar Waldbrände nicht von Wohnmobilisten gelegt, aber das ist ohnehin nicht der Hauptgrund für das Campingverbot. Es ist vielmehr die Gefahr, in die man sich selbst begibt, wenn man im Wald nächtigt.

Wir nennen Ihnen unten zwei Übernachtungsnotbehelfe, wenn es aber irgendwie geht, nächtigen Sie woanders. In Aix gibt es drei **Campingplätze**, der bekannteste heißt Chantecler im Südosten der Stadt. Man erreicht ihn über die Autobahnabfahrt Aix-Est, bzw. seitlich der N 7 in Richtung Toulon (von Aix kommend vor der Autobahnbrücke nach links bergauf abbiegen; ganzjährig geöffnet). Einen weiteren, nur im Sommer geöffneten Campingplatz gibt es südlich des Gebirgszugs bei Puyloubier (geöffnet vom 15.6. bis 15.9.).

Wo wir gerade bei den Freizeiteinrichtungen sind: Badeplätze an den beiden Stauseen kennen wir auch nicht, ich war allerdings auch noch nicht im Hochsommer dort. Nur eines ist sicher: Ein Badeparadies werden Sie dort ebensowenig finden wie einen Campingplatz. Bedenken Sie, daß das Auto noch nicht erfunden war, als im vorigen Jahrhundert, im Jahre 1854, der Vater des Romanschriftstellers Emile Zola, ein eingewanderter Italiener, den kleineren, später nach ihm benannten Stausee konstruiert hat.

Auch das Dorf **Vauvenargues** stellen wir uns anders vor. Statt des erwarteten lebhaften Ortes laufen wir in der Woche vor Ostern durch eine müde Ansiedlung und begegnen außer zwei anderen Touristen einem einzigen Einwohner. Im Sommer wird sicher manch einer diesen Zustand wieder herbeiwünschen. Jetzt, in der Vorsaison, hat nicht mal ein Restaurant offen. Man läuft vom Parkplatz zum Schloß und wieder zurück, und es bleibt einem dann nicht viel anderes übrig, als sich zum Schmökern zurückzuziehen - oder weiterzufahren.

Der Parkplatz des Dorfes ist auch nicht das, was er sein sollte, man steht nämlich schräg zur Fahrbahn der Dorfzufahrtsstraße. Wenn das WOMO nicht zu lang ist, kann man hier außerhalb der Saison sicher einmal eine **Nacht** verbringen, vermutlich sogar legal, jedoch leider nur als Notbehelf.

Schloß von Vauvernargues

Aber dafür ist der Blick sehr schön, er schweift nämlich satt auf den Nordhang der Mgne.-Ste.-Victoire und auf das Schloß Vauvenargues. In dessen Garten ist der Maler **Pablo Picasso** (1881 bis 1973) beerdigt. Als er im Jahre 1958 das Schloß des ehemaligen Marquis de Vauvenargues gekauft hat, beabsichtigte er eigentlich, dort den Lebensabend zu verbringen. Lange hielt er es in der doch recht einsamen Gegend nicht aus. Nach drei Jahren zog er mit seiner dritten Frau wieder zurück in die Nähe von Cannes. Das Schloß macht heute einen total verrammelten Eindruck. Und wer in der Hoffnung auf eine Besichtigung am eisernen Gittertor rüttelt, wird nur die fletschenden Zähne eines wütend knurrenden Dobermanns zu Gesicht bekommen. Und neben dem Tor ein Schild, auf dem zu lesen

110

ist, der Eintritt sei verboten, wir sollten bitte nicht insistieren. Außerdem: "*Le Musée est à Paris*". Danke für den Tip! Sind wir im falschen Urlaub?

Sie liebäugeln schon lange mit einer kleinen körperlichen Ertüchtigung? Einer, bei der man auch die Kinder mitnehmen kann? An deren Ziel ein grandioses Erlebnis steht? Hier, bei Vauvenargues ist die Gelegenheit: Ein **Ausflug** zu Fuß hoch zum **Priorat von Ste.-Victoire** und zum Gipfelkreuz **La Croix de Provence** (946 m). Man startet entweder am Parkplatz seitlich der D 10 bei der Ansiedlung Les Cabassols oder in Vauvenargues; letzterenfalls hat man pro Strecke 20 Minuten zusätzlichen Weg zu bewältigen, aber das Auto ist so besser bewacht.

Den Parkplatz bei Les Cabassols können Sie auch nicht verfehlen, er ist nämlich genauso wie der Wanderweg GR 9 auf Ihrer Michelin-Karte eingezeichnet. Meistens parken dort auch schon andere Autos direkt seitlich der D 10. Auf jeden Fall müssen Sie eine rot-weiße Markierung vorfinden, die Sie nun zum Gipfel geleitet, und zwar in einer solchen Deutlichkeit, daß es Ihnen nicht gelingen wird, vom rechten Weg abzukommen.

Sie werden auch bei einigermaßen gemütlichem Tempo von diesem Parkplatz bis zur Prieuré nicht länger als 1,5 Stunden brauchen, trainierte Naturen schaffen es in 70 Minuten. Der Anstieg ist nur stellenweise steil, am Ende wird er etwas steinig. Aber er lohnt sich! Nach dem ersten Drittel des Weges lichtet sich der Kiefernwald und Sie werden schon in punkto Aussicht eine Vorahnung bekommen von dem, was Sie weiter oben erwartet.

Erschrecken Sie nicht, wenn plötzlich rote Autos durch den Wald brettern, es ist die geländegängige Feuerwehr, die hier ständig patrouilliert. Im oberen Teil des Hangs können die sapeurs pompiers seit dem Waldbrand von 1989 nur noch die kleinen, wieder aufgeforsteten Bäumchen bewachen, die mit merkwürdigen Plastikhüllen gegen Wind, Schnee und Tierfraß geschützt sind.

Bald kommt das Gebäude der alten Einsiedelei immer näher. Wenn sie dann vor der Tür des kleinen Kirchleins stehen, werden Sie begeistert sein von dem, was sich unter Ihnen auftut: Die Provence schlechthin. Sie können sich nun ein paar Meter zum einem Felsspalt oberhalb der südlichen Abbruchkante vorwagen oder noch ein Stück weiter klettern (was von hier an das passende Wort ist), Sie werden dann im Südwesten das

111

Blick vom Croix de Provence

*Meer und den südlichen Teil der Provence zu Ihren Füßen vorfinden. Ohne Übertreibung, Sie stehen am vielleicht schönsten Aussichtspunkt Südfrankreichs. Die **Einsiedelei** soll schon im 5. Jahrhundert gegründet worden und bis 1879 in Betrieb gewesen sein. In der Kirche ist auf Fotos der Wiederaufbau in neuerer Zeit festgehalten. Ein Teil des ehemaligen Kirchenkomplexes ist heute zu einer unbeaufsichtigten Schutzhütte umfunktioniert, in der wir uns an einem Kaminfeuerchen wärmen. Im Frühjahr führt sogar eine christliche Wallfahrt hier hinauf.*

Für den Rückweg empfehle ich Ungeübten dieselbe Strecke. Es gibt aber noch andere Alternativen, die auf der Karte Éditions Didier & Richard Nr. 14, aber auch auf Karten bei der Einsiedelei dargestellt sind. Nur sollte man dann gut ausgerüstet und auch ein wenig schwindelfrei sein. Dies gilt auch schon für das kurze Stück vom Priorat hoch zum Gipfelkreuz. Falls Sie unter Höhenangst leiden, können Sie aber bis zum Priorat wirklich unbesorgt wandern. Sie sollten in jedem Fall warme Kleidung mitnehmen, denn hier oben weht oft ein kräftiger Wind. Den schönsten Blick hat man wegen der klaren Luft bei Mistral, der bei unserem Besuch gerade bläst. So stark, daß ich auf allen Vieren ans Gipfelkreuz krabbeln muß und das nebenstehende Foto nur im Sitzen aufnehmen kann. Dafür braucht man auf dem genannten Weg keine besonderen Bergschuhe, ein paar gute Turn- oder kräftige Halbschuhe genügen. Sie sehen, ich möchte Ihnen die Kraxelei unbedingt schmackhaft machen.

Die gute Luft macht müde und hungrig, wir beschließen, in **Rians** nach einem Lokal und einer Übernachtungsmöglichkeit zu suchen. Und wir werden fündig: Umwerfend ist das **Restaurant** *Hôtel-Esplanade* nicht, dafür ist es preiswert bei typisch französischer Provinz-Küche (Tel. 94 80 31 12; außerhalb der Saison samstags geschlossen). Außerdem bedient man uns sehr freundlich, und die Wirtin spricht fließend deutsch.

Wir **übernachten** auf dem Parkplatz direkt davor: ruhig, sicher und mit schönem Blick. Der Platz liegt aber mitten im Ort und ist für sehr große Wohnmobile nicht geeignet. Ich könnte mir auch vorstellen, daß sich hier in der Hauptsaison allzuviele WOMO's unbeliebt machen; weichen Sie doch dann auf den Campingplatz aus, der beim Schwimmbad am südlichen Ortsrand liegt. Das öffentliche WC finden Sie unterhalb der das Städtchen überragenden Kirche. Aber dort kommen Sie ohnehin vorbei, denn Sie werden durch den Ort bummeln, in dem es ganz und gar nichts Aufregendes zu sehen gibt, der Sie aber trotzdem erfreut: Ein typisches Beispiel für eine südfranzösische Kleinstadt, in der noch gelebt und nicht nur geurlaubt wird.

TOUR 8

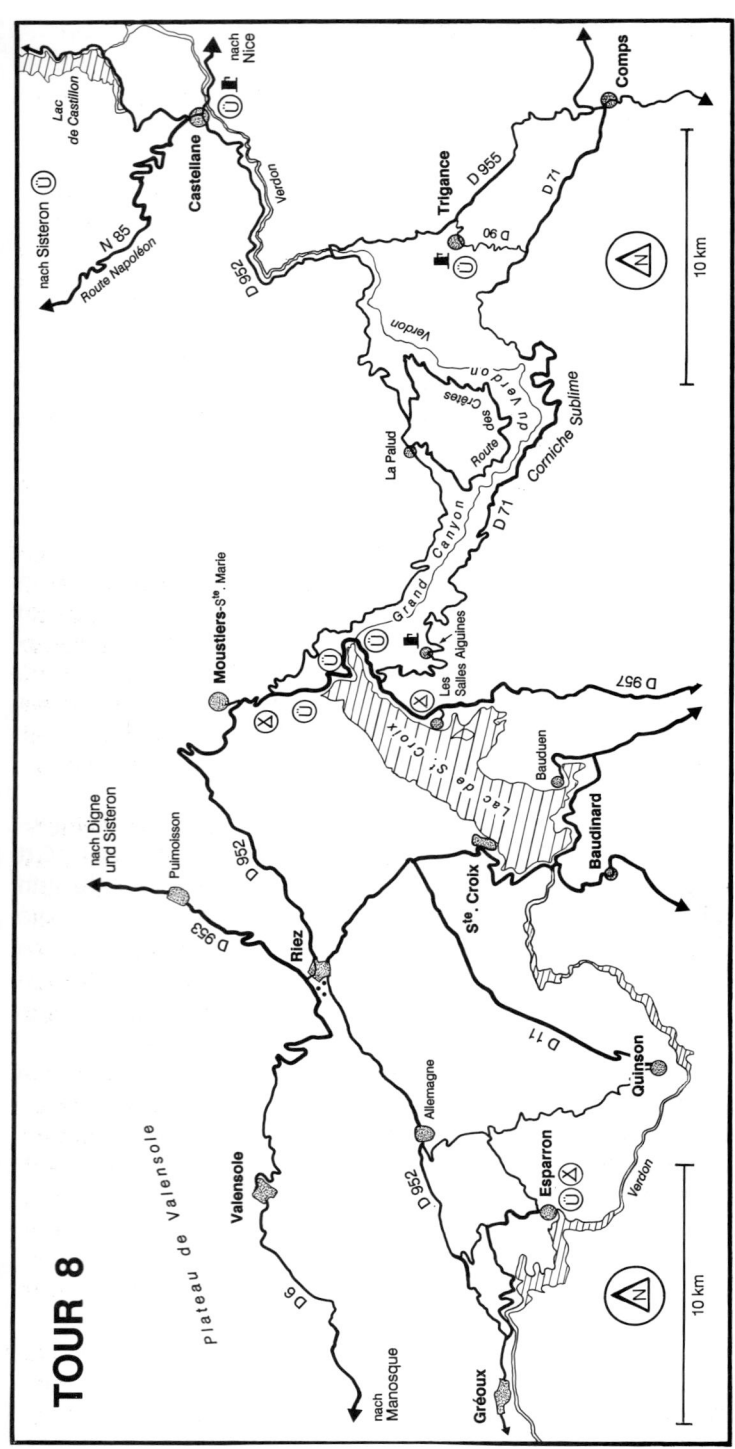

Tour 8: An die Ufer des Verdon

See von Esparron - Riez - Moustiers - See von Ste. Croix
Grand Canyon du Verdon - Castellane - Sisteron

Übernachten:	am Stausee von Esparron; am Lac de Ste. Croix; Parkplatz von Trigance; in Castellane; zwei Möglichkeiten in Sisteron
Besichtigen:	Apollo-Tempel und Baptisterium bei Riez; Lavendelverarbeitung; Moustiers Ste. Marie; Grand Canyon du Verdon; Castellane; Altstadt und Zitadelle von Sisteron
Essen:	Restaurant *Ma Petite Auberge* in Trigance; *Nouvelle Hôtel du Commerce* in Castellane; Restaurant *Becs Fins* in Sisteron
Wandern:	im Grand Canyon du Verdon

Streng genommen ist die Überschrift zu unserer 8. Tour unpräzise. Denn an die Ufer des Verdon treten normalerweise nur Wandersmann oder Sportkletterer. Der unsportliche Mensch kommt mit dem Wasser des Verdon allenfalls an den Stauseen in Berührung, dort aber gründlich, denn die Seen sind zum Baden bestens geeignet. Davon abgesehen betrachtet man den Verdon meist nur von weit oben, was aber gar kein Nachteil ist, sondern zu den größten Natursehenswürdigkeiten Europas gehört.

Wo wir zum erstenmal an das Ufer des Flusses möchten, nämlich beim Château de Cadarache, dürfen wir nicht hin. Das Schloß dient nämlich als Gästehaus des Atomforschungszentrums von Cadarache und ist, wen wundert's, weder zu erreichen, noch zu besichtigen. Wir können schon froh sein, daß wir die D 952 zwischen St.-Paul-lez-Durance und Vinon-s.-Verdon überhaupt befahren dürfen, führt sie doch mitten durch das von hohem Stacheldraht eingezäunte Forschungsgelände.

Zu unserem ersten Verdon-Kontakt kommt es am **See von Esparron**, den die Einheimischen und ältere Wegweiser Retenue de Gréoux nennen, womit dann auch gesagt ist, daß es sich um das Rückhaltebecken von Gréoux, also um einen Stausee handelt. Der nahe Ort **Gréoux-les-Baines**, in dem schon die Römer ihren Rheumatismus heilten, ist ein etwas angeschickter Heilbadeort und touristisch nicht sonderlich interessant. Ganz im Gegenteil zum Stausee, der als der landschaftlich schönste der Verdon-Seen gilt.

Nur hat auch er den Nachteil der anderen Seen - und praktisch aller Stauseen, daß die Ufer zum größten Teil steil und mit dem Auto unerreichbar sind. Ein Stausee wird nämlich normalerweise so angelegt, daß man ihn mit einfachen Mitteln, also mit einer vergleichsweise kurzen Mauer aufstauen kann. Dazu bedarf es aber eines Tals, das von natürlicher, steilabfallender Berglandschaft eingegrenzt ist.

Wer über Südfrankreich einigermaßen reale Vorstellungen besitzt, kann sich denken, daß die wenigen zugänglichen Stellen eines solchen Sees touristisch gut besucht sind - zurückhaltend formuliert. Wir haben im Bereich des Verdon einige freie Übernachtungsplätze gefunden, ich würde mich jedoch niemals wundern, wenn man Sie dort behördlich vertreibt, was uns jedoch erspart geblieben ist. Falls Sie mit einem Campingplatz liebäugeln, vergessen Sie es! Die Zeltplätze in der Nähe des Wassers, also auch die ein paar Kilometer entfernten, sind in der Sommersaison voll. Hier reserviert man zumeist im Sommer - für den nächsten Sommer.

Bei Esparron

Um so überraschter sind wir, als wir das wirklich schön gelegene **Esparron** viel weniger überlaufen antreffen als wir das erwartet haben. Denn im Dorf wohnen allerhöchstens 200 Einwohner, es gibt nur ein größeres Hotel und einen eher kleinen Campingplatz. Am Abend sind außer dem Hotel nur noch zwei Kneipen offen, und auf dem geräumigen Parkplatz am See stehen neben uns noch zwei andere WOMO's. Ansonsten ist tote Hose, nur vom Campingplatz macht sich die Disco musikalisch und mit ein paar bunten Glühbirnen bemerkbar.

Wir **übernachten** auf der asphaltierten Parkfläche oberhalb des felsigen Seeufers, zu der man bei den Ladengeschäf-

116

ten von Esparron abbiegt. Schöner kann man kaum stehen: Panoramablick auf den blauen See, seine fjordartigen Arme, auf den kleinen Hafen und die bewaldeten Ufer. Das Verbotsschild für Wohnmobile an der Abfahrt zum Parkplatz haben wir übersehen, weshalb uns auch jedes Unrechtsbewußtsein fehlt, als die Gendarmerie im blauen R4 unser Auto umkurvt, während wir gerade beim Abendbrot sitzen. Die Herren grüßen freundlich - und fahren weiter. Vermutlich schreitet man hier erst ein, wenn die Wohnmobile überhand nehmen. Oder am Tage; dann nämlich ist der Parkplatz voll von den Autos der Tagestouristen, die sich auf den Felsen sonnen.

Falls man vertrieben wird, ist es auch nicht so schlimm, solange man keine Strafe bezahlen muß, man fährt dann hoch an die Straße; dort ist an der Abzweigung der Parkplatzzufahrt eine weitere größere Fläche angelegt, wo man zwar nicht so schön und am frühen Abend auch nicht sehr ruhig, in der Nacht jedoch völlig ungestört schlafen kann. Beim Campingplatz brauchen Sie in der Hochsaison gar nicht erst anzuklopfen, denn dort nimmt man dann nur angemeldete Gäste. Gehört man nicht zu diesen, sollte man sich im Bereich des Verdon und seiner Stauseen ohnehin nicht auf längere Aufenthalte einrichten. Es sei denn, man kennt irgendwo ein kleines, für ein, zwei Autos geeignetes Geheimplätzchen und - pardon - behält dieses für sich.

See von Esparron

Das Wasser im See hat Anfang August sehr angenehme Temperaturen und wirkt klar und sauber. Nicht ganz so angenehm ist das Ufer, das wie bei allen Verdon-Seen schnell tief wird und nur an wenigen Stellen für Nichtschwimmer ratsam ist.

Am nächsten Morgen sind es 8 km nach Deutschland - jedenfalls wenn man den Ortsnamen des nächsten Dorfes wörtlich übersetzt. Das heißt nämlich **Allemagne**, wobei das Wort wahrscheinlich auf das lateinische "ara magna" (großer Altar) zurückzuführen ist, noch vor 200 Jahren hieß das Dorf Aramagno . Trotzdem war den Allemagnern ihr Ortsname vor allem im zweiten Weltkrieg nicht geheuer, so daß sie seit den frühen 50-ern mit dem Zusatz "en Provence" alles klarstellen dürfen. In der Ortsmitte fährt man an einem fast verwunsche-nen, jedenfalls sehr französisch anmutenden Schlößchen vorbei.

8 km weiter kommt man in das Städtchen **Riez**, das nicht nur südfranzösischen Landcharme besitzt, sondern immerhin vier römische (korinthische) Säulen eines ehemaligen Apollo-Tempels aufzuweisen hat. Haben Sie keine Angst vor antiken "Trümmern", die Sache ist schnell erledigt, denn die Dinger stehen, wenn man von Allemagne kommt, am Ortseingang gleich links. Dort kann man dann das Baptisterium dicht daneben gleich mitbesichtigen. Der untere Teil der Anfang des vorigen Jahrhunderts restaurierten Taufkapelle stammt aus dem 5. oder 6. Jahrhundert, so daß das Baptisterium als einer der ältesten Sakralbauten Frankreichs gilt.

Seit Allemagne bewegen wir uns übrigens auf der **Route de Lavande (Lavendelstraße)** die von Carpentras über Sault, Manosque und Gréoux an Riez vorbei bis nach Castellane und zur Route Napoléon führt. Die Strecke macht zu dieser Jahr-eszeit ihrem Namen alle Ehre, denn Anfang August ist die Hauptblütezeit des Lavendel. Dann hat auch schon die Ernte begonnen, und Traktoren ziehen mit Blüten beladene Anhän-ger zu den kleinen Destillerien seitlich der Straße. Auf dem Weg bis Moustiers-Ste.-Marie kommen wir an mindestens fünf vorbei, was man zumeist - je nach Windrichtung - vorher oder hinterher deutlich riecht.

Fast noch mehr als bei Sault (3. Tour) prägen die langen, schnurgeraden Lavendelreihen auf den Feldern hier die Land-schaft. Besonders sticht dies auf dem **Plateau von Valensole** ins Auge, weshalb Sie, wenn Sie Zeit haben, die Fahrt von Allemagne nach Riez über Valensole ausdehnen sollten. Nir-gendwo sonst als auf dem Plateau von Valensole findet man eine provenzalische Landschaft mit so viel Weite - und so viel Lavendel. Nur wenige Wälder stehen den Blicken im Weg. Die Bäume wurden zwischen den 20-er und 50-er Jahren unseres Jahrhunderts abgeholzt, als das Geschäft mit dem Lavendel immer mehr zunahm. Man findet sie heute nur noch am

118

Übergang von den Tälern zur Hochebene und, in junger Form, wo sie wieder aufgeforstet wurden.

Das Plateau de Valensole war - und ist es noch - ein Trüffelgebiet. Der edle Pilz hat in den Zeiten der "Nouvelle cuisine" eine Renaissance erlebt, er kann aber nur unterirdisch an den Wurzeln einiger Bäume, vornehmlich Eichen, wachsen. Bis zu 1.000,-- DM erzielt man für einen Kilo.

Da ist Großmutters Parfum-Grundstoff, der **Lavendel**, schon weniger gewinnträchtig. Den kann man aber leichter ernten, man benutzt heutzutage Maschinen, während man Trüffel nur mühsam und mit speziell abgerichteten Hunden aufspüren kann. Ich gebe es zu, der Vergleich hinkt, aber in der Gegend um Riez hat nun mal der Trüffel mit dem Lavendel zu tun.

Dabei müßte ich, wenn vom Verkaufsprodukt die Rede ist, eher über den **Lavandin** schreiben, einer deutlich ertragreicheren Kreuzung zwischen dem Echten Lavendel und dem sogenannten Großen Speick. Die meisten Reihen auf den Feldern bestehen inzwischen aus Lavandin, diesem Zuchtlavendel. Angeblich ist sein Aroma auch intensiver als das des echten Lavande, den es natürlich auch noch gibt, und dessen Lavendelöl sogar erheblich teurer ist. Denn 100 Kilo Lavendel ergeben etwa 1 Kilo Essenz, während Lavandin dreimal soviel hergibt. Ihn nimmt man auch eher fürs Grobe, für Lavendelsäckchen, für Seife oder gegen die Motten. Die Parfumindustrie hingegen greift zum Lavande, der in größeren Höhen, zwischen 500 m und 800 m, wächst; der gekreutzte Bruder gedeiht schon ab 400 m.

Halten Sie mal an einem der Verkaufsstände seitlich der Straße an und testen Sie selbst! Ihnen wird dann auch eine "Appellation contrôlée" von der "Essence de la lavande de Haute-Provence" angeboten. Das ist natürlich kein Lavendelbenzin, sondern Lavendelöl, dessen Herkunftsbezeichnung aus der Haute-Provence gesetzlich geschützt ist. Der Wein erhielt in Frankreich als erster eine "Appellation contrôlée", verschiedene Schnäpse und der Käse durften folgen. Und nun, seit 1981 auch der Lavendel! Aber nur, wenn er wirklich von hier kommt, und wenn der Erzeuger bestimmte Herstellungsvorschriften einhält.

Dazu gehört auch die richtige Destillation, der man am Straßenrand und auch in den Ortschaften zusehen kann: Die getrockneten Blütenzweige werden in einen großen Kessel gestopft, der sodann im Wasserdampf erhitzt wird. Dadurch löst sich das in den Blüten enthaltene Lavendelöl, das danach in Glasballons fließt, wenn es aufgrund einer Abkühlung kondensiert. Die Destillationsbetriebe erkennt man nicht nur am Geruch, sondern auch an den langen dünnen Schornsteinen.

Es ist schon Nachmittag, als wir in **Moustiers-Ste.-Marie** ziemlich verzweifelt einen Parkplatz suchen. Es mag sein, daß die Herumkurverei die Stimmung senkt. Wahrscheinlicher ist aber, daß das Dorf, in dem nur 630 Einwohner leben, einfach zu überlaufen ist. Dabei sieht es vom Tal aus wirklich einladend aus, und auch die Häuser wirken farbenfroh. Ich werde noch einmal hierher zurückkehren und dann vielleicht die Begeisterung anderer Reiseführer teilen (und womöglich auch die des Michelin-Restaurantführers, für das sternendekorierte Restaurant *Les Santons*).

Irgendwie geht mir auch das Tellertheater, mit dem man im Moustiers-Ste.-Marie die Tradition der Fayenzen-Herstellung (und erst recht die des Plagiats) wieder aufgenommen hat, auf die Nerven. Ein Mönch aus dem italienischen Faenza war es angeblich, der im 17. Jahrhundert das Handwerk der feinen Porzellanmalerei nach Moustiers gebracht hat, das bald den Adel in ganz Europa belieferte. Durch die französische Revolution und die Abkehr von höfischem Prunk wurden die Zeiten für die Künstler aber schlechter, und in der zweiten Hälfte des vorigen Jahrhunderts mußte die letzte Werkstatt schließen. Erst in den 20-er Jahren unseres Jahrhunderts knüpfte man wieder an die Tradition an. Heutzutage, in den Zeiten unkritischer Touristenmassen, importiert man überwiegend aus Fernost. Natürlich nicht für das **Fayencen-Museum**, das täglich außer dienstags von 9,oo bis 12,oo und 14,oo bis 18,oo Uhr geöffnet ist.

Die Herkunft der etwa 220 m langen, zwischen zwei Felsen gespannten Eisenkette ist ungeklärt. Sicher ist nur, daß sie im Jahre 1957 an die Stelle einer oder mehrerer Vorgängerinnen getreten ist, deren erste von einem Kreuzritter zur Erfüllung eines Gelübdes aufgehängt worden sein soll.

Auf der Weiterfahrt müssen wir uns 2,5 km hinter Moustiers-Ste.-Marie an der Straßengabelung entscheiden: Nach links fährt man auf der D 952, der alten Straße nach Castellane, nördlich am Grand Canyon du Verdon vorbei, während man zur südlichen Schluchtstrecke nach rechts auf die spätere Corniche Sublime abbiegt.

Fahren Sie rechts!

Die **Corniche Sublime** ist nicht nur eindrucksvoller, auf dem linken Weg kommt man auch nicht zum **Lac de Ste. Croix**, was mit einem Wohnmobil schon an eine Unterlassungssünde grenzt. Im klaren, während des Hochsommers

120

auch angenehm temperierten Wasser des Stausees kann man nämlich wunderbar schwimmen - und, wenn man Glück hat, sogar übernachten.

Zuerst zum Baden: An der bekanntesten, meistbesuchten und trotzdem wochentags nicht überlaufenen Badestelle kommt man ohnehin vorbei. Der Einlauf des Verdon in den See ist an dessen östlichem Ende von einer mächtigen Brücke überspannt. Von dieser schaut man auf das südlichen Ufer und einen ausgedehnten Strand, der an manchen Tagen, ich übertreibe, an einen Freiluft-Caravan-Salon erinnert. WOMO steht neben WOMO, aber dazwischen ist reichlich Platz. Die Schattenplätze am Rand sind von denen belagert, die immer und überall die Schattenplätze besetzen, also von den anderen. Aber Ihnen und uns macht ein Badenachmittag in der Sonne bei ein bißchen Höhenluft nichts aus, so stellen wir uns auf den Strand, genaugenommen auf das ziemlich steinige, jetzt im Sommer schon teilweise leergelaufene Seebett.

Am Lac de Ste. Croix

Weiter hinten gibt es Wasser, Toiletten und sogar eine Polizeistation. Besteht die tägliche Hauptaufgabe der Gendarmen im abendlichen Vertreiben von Wohnmobilen? Keineswegs! Und so frühstücken wir, wo wir schon unter provenzalischen Sternen unseren Rotwein getrunken haben. Das muß aber nicht so sein, bei der Weiterfahrt entdecke ich ein Schild, mit dem das wohnmobilistische Parken in der Nachtzeit verboten ist; irgend jemand hat es herausgerissen und ins Gebüsch geworfen. Vom Hörensagen weiß ich auch, daß die Polizei hier gelegentlich einschreitet.

Was aber macht man, wenn man vertrieben wird? Man fährt als erstes 500 m über die Brücke nach Norden und prüft die Lage am dortigen Ufer. Denn mitten auf der Brücke verläuft die Departementsgrenze, und die Polizei vom südlichen Ufer ist auf dem nördlichen nicht mehr zuständig. Wenn auch das nicht hilft, sieht man auf halbem Weg zwischen der oben genannten Straßengabelung und dem See ein Flußbett. An seinem Rand führt ein Feldweg zum See, man kann ja auf halber Strecke stehen bleiben. Wenn auch das nichts bringt? Ein bißchen Eigeninitiative sollten Sie auch noch allein entwikkeln. Und sich nicht alles von uns vorsagen lassen. Denken Sie mal wieder dran, daß in Ihrem Hinterkopf auch die Abenteuerlust spukte, als Sie sich ein Wohnmobil gekauft oder gemietet haben.

Nur eines scheint mir sicher: Die meisten Campingplätze in Seenähe sind in der Badesaison voll und in der übrigen Zeit oftmals geschlossen. Einlaß finden Sie möglicherweise auf dem Campingplatz seitlich der Straße nach Moustiers.

In den Ortschaften am und über dem See, so zum Beispiel auch in Aiguines, drohen an allen verlockenden Plätzchen Wohnmobil-Verbotsschilder. Der beste Tip: Sie kommen morgens beizeiten an den See, bleiben dort bis zum frühen Nachmittag, erkundigen sich derweil nach den Übernachtungsbedingungen und fahren, falls die wohnmobilistischen Sterne schlecht stehen, auf der südlichen Corniche Sublime zu den unten empfohlenen Übernachtungsplätzen. Sie schlafen dort und kehren am nächsten Morgen auf der nördlichen D 952 an den Stausee zurück. Sie baden nochmals ausgiebig und setzen Ihren Urlaub dann andernorts fort. Und schreiben Sie mir von Ihren Erlebnissen an den Verdon-Seen, von denen ich den Lac de Castillon selbst noch nicht kenne.

Vor allem am Lac de Ste. Croix ist die Entwicklung nämlich noch nicht zu Ende. Er wurde erst 1972 zur Stromgewinnung aufgestaut. Aus einsamen Bergdörfern wurden mit einem Schlag Badeorte. Oder sie wurden wie Les Salles für im See versunkene Dörfer neu gebaut und weiten sich seit dem aus. Ein derart großes Badeparadies unter südlicher Sonne mitten in Europa fordert so manchen Geschäftsmann heraus, und im Grunde kann man sich nur wundern, wie wenig in 20 Jahren verschandelt worden ist. Das soll sich aber bald ändern, so ist beispielsweise in der Nähe des südwestlichen Dorfes Baudinard ein Tourismusprojekt mit 3.000 Schlafplätzen (!!) in der Planung. Auch in anderen Dörfern sollen die Touristen die Wirtschaft ankurbeln. Aber es regt sich Widerstand, was in Frankreich nicht selbstverständlich ist. Mögen die Umweltschützer erfolgreich sein!

Sieht man aber die Sache relativ und bedenkt man, daß dieser Badesee nicht nur im Herzen Europas, sondern auch direkt neben einer der größten Natursehenswürdigkeiten liegt, ist der Tourismusandrang, jedenfalls werktags, maßvoll und die Vermarktung der Landschaft noch sensationell gering.

Vor der Weiterfahrt am nächsten Morgen tun wir erst noch, was hier fast jeder tut: Wir mieten uns Boote, Schwimmwesten (obligatorisch und gar nicht so überflüssig, wie man meint) sowie eine wasserdichte Tonne (für den Fotoapparat unverzichtbar) und paddeln über den See unter der Brücke hindurch in die Schlucht. Wir kommen bestens voran - aber nicht mehr zurück. Am Schluchteingang bläst uns auf dem Heimweg ein scharfer Fallwind entgegen und unsere damals 11-jährige Tochter Lena wird mit ihrem Einer-Kajak trotz größter Anstrengung langsam aber stetig zurück in die Schlucht gedrückt. Es gelingt uns nur mit Mühe, sie heraus auf den See zu ziehen. Wie froh sind wir mit unseren Schwimmwesten und der Tonne, auch wenn beide letztendlich nicht zum Einsatz kommen.

Nach dieser sportlichen Urlaubseinlage geht's endlich hoch an den Rand der bis zu 700 m tiefen Felsspalte des **Grand Canyon du Verdon**. Am ersten Aussichtspunkt, kurz hinter Aiguines, ist wenigstens noch ein kleiner Parkplatz angelegt, sonst ist das Halten mit einem Wohnmobil am Rande der ohnehin schon schmalen, kurvigen Strecke gar nicht einfach. Hat man aber einmal angehalten und kennt man nun den fast schwindelerregenden Blick bis auf den Grund der Schlucht, läßt man kein Belvédère mehr aus. Am Anfang erspäht man noch einzelne Kanus und in der Ferne auch noch den See von Ste. Croix. Später gehört die Klamm nur noch den Wanderern und Kletterern. Kaum zu glauben, daß der Canyon erstmals im Jahre 1905 durchquert werden konnte. Der Höhlenforscher Martell, der Ihnen vielleicht schon aus französischen Grotten geläufig ist, hat zunächst vergeblich eine Durchquerung mit Booten versucht. Erst zu Fuß und mit Rettungsringen war die Expedition erfolgreich. Im Jahre 1947 kam dann mit dem Bau der wirklich atemberaubenden **Corniche Sublime** (D 71) die touristische Erschließung, in den 70-er Jahren entstand dann auf dem nördliche Plateau die von der D 952 abzweigende **Route des Crêtes**. Diese ist auch imposant, aber nicht ganz so eindrucksvoll wie die Corniche Sublime, auf der allerdings für Wohnmobile die beiden Tunnels etwas unangenehm sind. Denn Gegenverkehr darf es dort nicht geben, weshalb ich Ihnen - auch wegen der Halteplatzprobleme - von einer Fahrt am Wochenende abrate. In den kurzen Tunnels sollte man bei starkem Verkehr einen Beifahrer mit Taschenlampe zu Fuß vorausschicken, der notfalls den Gegenverkehr anhält. Haben Sie keine Angst, uns sind die größten Wohnmobile begegnet, und alle kamen irgendwie durch. Aber äußerste Vorsicht ist geboten, schließlich möchte man auch nicht an der Felswand entlang schrammen. Lassen Sie sich Zeit und schauen Sie nur in die Tiefe, wenn das Auto steht.

Grand Canyon du Verdon

Eine Verschnaufpause gibt es dann an der Brücke über den Artuby, wo man nicht nur Nippes und Getränke erstehen kann, wo uns auch ein riesiges Schild den Sprung in die Tiefe

124

verbietet. Wahrscheinlich haben in früheren Zeiten Gummiseilspringer den Verkehrsfluß auf der D 71 lahmgelegt.

Hinter den Balkons de la Mescala biegen wir bei erster Gelegenheit auf einem noch schmäleren Sträßchen nach links ab, nach **Trigance**, einem überraschend ruhigen Hangdorf mit Burg obendrüber. Am Ortseingang kommt man direkt an einem größeren Platz vorbei, an dem es linkerhand Wasser gibt, und auf dem ich **übernachten** würde, wenn ich jetzt einen Stellplatz bräuchte. Da erst früher Nachmittag ist, parken wir nur und schlendern ein wenig durch das Dorf. Gut und im Freien ißt man angeblich im **Restaurant** *Ma Petite Auberge* (Tel. 94 76 92 92; von Oktober bis Mai mittwochs geschlossen). Wer das Übernachtungsplätzchen von Trigance ausprobiert und nicht selbst kocht, kann auch mal wegen des schönen Blicks ins Tal im ziemlich feudalen Schloßhotel nachsehen. Wir kennen beide Lokalitäten nur von außen, denn uns zieht es noch weiter bis nach Castellane.

Die Straße windet sich nun ins Tal und bleibt auch dort. Wer unterwegs noch mal baden möchte, sollte sich an der Verdon-Brücke in die rauschenden Fluten stürzen, dort wo die D 955 auf die D 952 stößt.

Mit freien **Übernachtungsplätzen** am Rand des wilden Verdon dürfte es Probleme geben. Zwar kommt man ein paar Kilometer vor Castellane an einer großen, ebenen Freifläche vorbei, auf der wir direkt unten am Fluß auch zwei WOMO's sehen, ich würde aber wetten, daß hier nachts die Polizei käme. Denn freies Camping ist im Bereich des Verdon wegen der Waldbrandgefahr streng untersagt. Und wenn das Verbot irgendwo kontrolliert wird, dann sicher hier.

Sie dürfen sich trotzdem einmal vom Verdon in den **Schlaf** rauschen lassen: Fahren Sie in **Castellane** auf der Hauptstraße in Richtung Cannes, Nice durch den Ort. Am östlichen Ende des Städtchens kommen Sie an eine Brücke, die über den Verdon führt. Biegen Sie vor der Brücke nach rechts ab, einem blauen Parkplatzschild hinterher. Nach etwa 150 m endet die Straße auf einer größeren Freifläche direkt neben dem Fluß, zwar nicht besonders lauschig, aber sicher, eben und ruhig. Die meisten Wohnmobile überqueren die Brücke und bleiben über Nacht auf dem Parkplatz rechts vor dem Schwimmbad. Dort donnern aber die Laster vorbei und schräg steht man obendrein (Toiletten gibt es westlich des Marktplatzes).

Castellane ist mit seinen 1.400 Einwohnern im Grunde ein Dorf, wirkt jedoch - besonders mittwochs und samstags, wenn Markt ist - wie eine Stadt, so daß der Touristenrummel gar nicht

so stört. Obwohl sich um ihn alles dreht: Jede Menge Kneipen, Andenkenläden und Reisebüros. Dort kann man die sportliche Seile der Verdon-Vermarktung kennenlernen: Trekking, Rafting, Climbing, Mountainbyking und was sonst noch mit "-ing" endet. An den Wänden dieser Büros hängen große Plakate, auf denen neonbunt gekleidete, sonnengebräunte Menschen die Herausforderung der Natur (und natürlich auch unserer Zeit) angenommen haben. Wie schlimm wären meine Minderwertigkeitskomplexe erst gewesen, hätte ich an Ort und Stelle schon geahnt, daß mir später zu Hause beim Thema "Verdon-Schlucht" jeder die Fragen stellt: *"Bist zu geklettert? Oder gepaddelt? Aber sicher gewandert?"*

Alles muß ich verneinen.

Aber dafür kenne ich das beste **Restaurant** des Ortes: Im *Nouvel Hôtel du Commerce* (Tel. 92 83 61 00; geöffnet von Ende März bis Anfang November ohne Ruhetag) wird ein erstaunlich einfallsreiches Essen in einem gemütlichen Garten

126

serviert. Für die Küche spricht hier auch, daß Lena und Anna beim Kindermenu endlich einmal mehr zur Auswahl haben, als Hacksteak oder Schinken mit Pommes. Das WOMO kann man sogar noch in Sichtweite stellen (vor der Brücke nicht auf den Parkplatz nach rechts, sondern auf den nach links, auf dem man leider nicht übernachten darf), so daß einem genußreichen Abend nichts im Wege steht.

Ansonsten muß man nämlich im Bereich der Verdon-Schlucht auf der Hut sein. Angeblich gibt es durch organisierte Banden viele Autoaufbrüche. Schließen Sie auch an den Aussichtsterrassen ab und nehmen Sie Geld und Fotoapparat auch bei dem kürzesten Stop mit aus dem Auto!

Von einer kleinen sportlichen Leistung kann ich doch noch berichten, nämlich vom Fußweg hinauf auf den **Aussichtsfelsen Notre Dame du Roc**. Es lohnt sich, der Fußweg beginnt am oberen Ende des länglichen Platzes, an dem vorne rechts die Post und daneben das *Nouvel Hôtel du Commerce* liegen.

Vielleicht werde ich eines Tages die Schlucht doch noch **durchwandern**, was ohne spezielle Ausrüstung nur von La Maline in östlicher Richtung auf der nördlichen Flußseite möglich ist.

Der klassische Wanderweg "Sentier Martel" beginnt beim Châlet de la Maline und dauert mindestens 8 Stunden. Verirren kann man sich kaum, denn die Strecke ist durchgängig rot-weiß markiert, und Sie wandern garantiert nicht allein. Man muß gute Schuhe tragen, denn der Weg führt über viel Geröll und Felsen. Er ist auch nur von Ende März bis zum November passierbar. Am Endpunkt, beim Gasthof Auberge du Point Sublime wartet dann entweder die Familie mit dem WOMO, die tagsüber irgendwo gebadet hat, während der Vater gewandert ist, oder es steht schon ein Taxi für die Rückfahrt bereit; notfalls muß man es telefonisch ordern (Tel. 92 74 68 20). Man kann aber stattdessen auch ein Stück in die Schlucht hinein wandern und dann umkehren, wobei der nördliche Teil beim Point Sublime der schönere sein soll.

Sie haben es gemerkt, unsere Verdon-Tour findet im Sommer statt. Und sie ist auch der Endpunkt unserer Reise: Von Castellane kurven wir (was hier wörtlich zu verstehen ist) über Digne auf der Route Napoléon nach **Sisteron**. Auf diesem Weg kehrte Napoleon nach seiner Flucht aus Elba nach Paris zurück. Verschiedene Gedenksteine säumen den Straßenrand, und besonders stolz ist ein Dorf, wenn es sich rühmen kann, der Kaiser habe hier genächtigt.

Auch wir werden hier nochmals unser **Haupt betten**, eine Gedächtnistafel wird man uns wohl nicht widmen. Dann schon eher ein WOMO-Verbotsschild, wenn allzuviele Leser auf unseren Spuren schlafen. Aber der Parkplatz in Sisteron ist geräumig und bei Franzosen beliebt: Er liegt ruhig, sicher sowie reizvoll zwischen Altstadt und Durance und rangiert in unserer Stellplatzhitparade ganz weit oben, zumal es eine öffentliche Toilette und einen Wasserhahn gibt. Biegen Sie in Sisteron von der Durchgangsstraße, der N 85, beim Hotel *Le Cour* und den beiden runden Stadtmauertürmen zum Fluß hin ab! Folgen Sie nun einem blauen Parkplatzschild, das Sie an einer Mauer nach links schickt; danach wieder rechts und steil bergab. Der Rückweg ist etwas weniger verwinkelt, erst Wohnmobile in Reisebusgröße werden auf Schwierigkeiten stoßen. Hat Ihr WOMO aber VW-Busmaße, können Sie auch ganz lauschig neben dem Eingang zur **Zitadelle** bei einem kleinen Park und vor der öffentlichen Toilette schlafen (Wegweiser zur Citadelle).

Von dieser Festung wurde seit altersher der Durancedurchbruch militärisch kontrolliert, noch 1944 wurde sie von amerikanischen Flugzeugen bombardiert. Von der wieder aufgebauten Terrasse schießt (wir stehen schließlich auf militärischem Gelände) man eines der klassischen Fotos auf die Dächer des "Tors zur Provence" (schöner ist die Aufnahme von der anderen Flußseite - siehe Seite 17).

Wenn man die 365 Stufen runter in die Altstadt wieder hinter sich gebracht hat, wenn man ausgiebig durch die engen, teilweise überbauten Gassen gebummelt ist und wenn man den sehenswerten, 1890 nach altem Modell wieder aufgestellten Uhrturm bestaunt hat, sucht man ein **Restaurant**. Gehen Sie ins *Becs Fins* in der Rue Saunerie (vom Parkplatz am Duranceufer etwa 500 m entfernt; die erste Treppe hoch, nach rechts durch die überbaute Gasse und danach nochmals halbrechts, Sie sind dann schon auf der richtigen Straße). Das Essen ist ohne Schnörkel, aber sorgfältig zubereitet. Und zum Fleischgang wird ein scharfes, gezacktes Messer aufgelegt, wie in besten französischen Landkneipen, in denen die Produkte noch naturbelassen auf den Tisch kommen (Tel. 92 61 12 04; in der zweiten Junihälfte und - außer Juli/August - mittwochs geschlossen).

Sie denken in diesem Zusammenhang an die berühmten Sisteron-Lämmer? An Jungtiere von den würzigen Weiden der Hochprovence? An artgerechte Aufzucht? 400.000 Tiere verlassen die Schlachthöfe der Umgebung, aber höchstens ein

Drittel stammt aus der Gegend, der Rest wird zum Teil aus dem Ausland angekarrt. Das Gütesiegel gibt es schon, wenn nur der Schlachtort hier liegt. Ein in Europa gebräuchlicher Schmu, dem der Verbraucher - auch bei anderen Fleischprodukten - hilflos ausgeliefert ist.

Aber ich möchte Ihnen den letzten Abend in der Provence nicht vermiesen, denn schließlich werden Sie von hier aus die Heimreise antreten. Oder Sisteron ist Ihre erste Station im Süden. Freuen Sie sich am südlichen Flair der Stadt und auf den weiteren Urlaub.

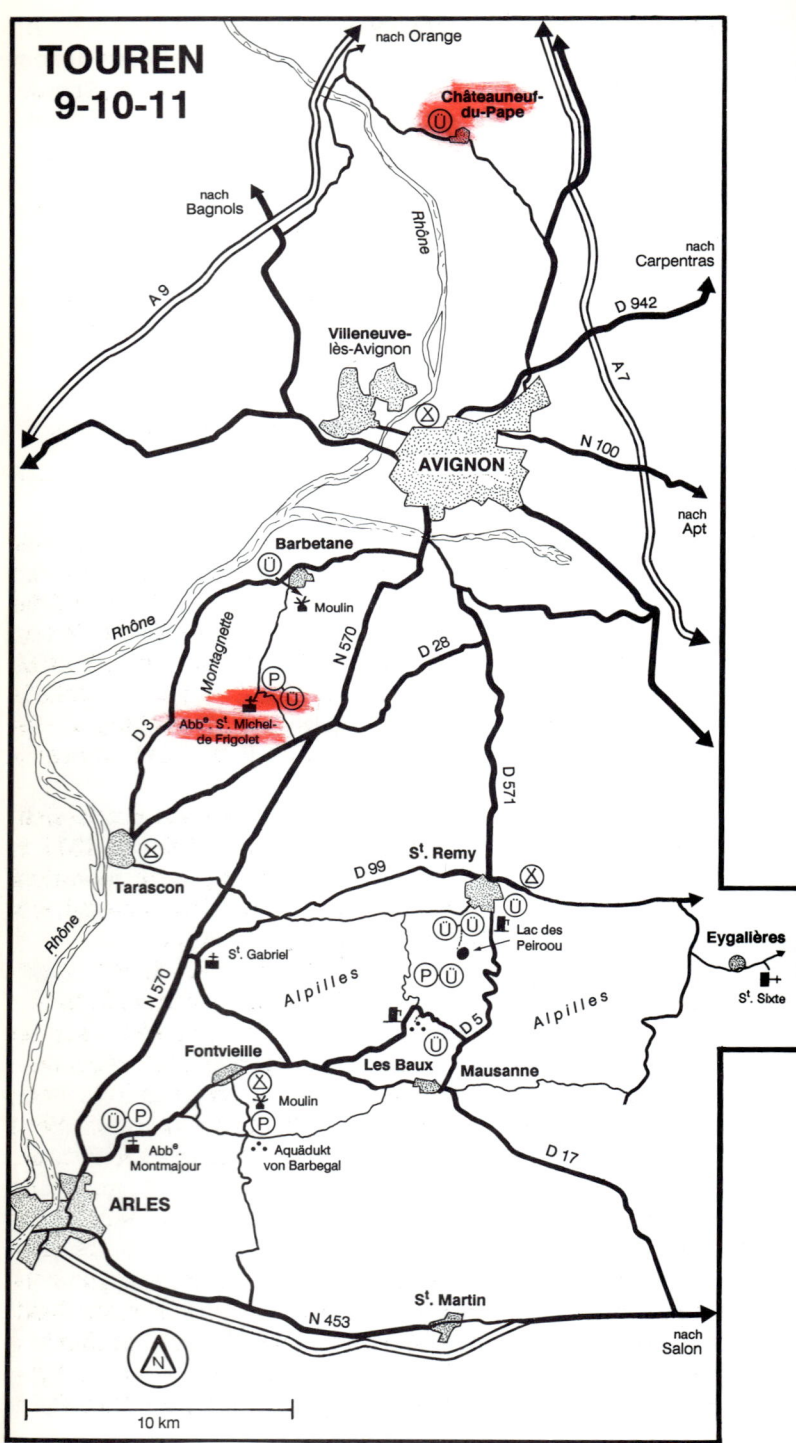

TOUREN
9-10-11

nach Orange

Châteauneuf-du-Pape

nach Bagnols

Rhône

nach Carpentras

D 942

A 9

Villeneuve-lès-Avignon

A 7

AVIGNON

N 100

nach Apt

Barbetane

Moulin

Rhône

Montagnette

N 570

D 28

P

Abbᵉ. Sᵗ. Michel-de Frigolet

D 3

D 571

Tarascon

D 99

Sᵗ. Remy

Sᵗ. Gabriel

Alpilles

Lac des Peiroou

Eygalières

Sᵗ. Sixte

N 570

Rhône

P

Alpilles

D 5

Fontvieille

Les Baux

Mausanne

Moulin

Abbᵉ. Montmajour

P

Aquädukt von Barbegal

D 17

ARLES

N 453

Sᵗ. Martin

nach Salon

N

10 km

Tour 9: Wie Gott in Frankreich ?

Avignon - Villeneuve lès Avignon - Tarascon - Barbetane

Übernachten:	Campingplätze auf der Rhôneinsel in Avignon oder neben dem Schloß von Tarascon; frei beim Kloster Michel-de-Frigolet oder in Barbetane
Besichtigen:	in Avignon: Papstpalast, Kathedrale, Petit-Palais, Pont d'Avignon, Kirche St. Didier, den Osten der Altstadt; in Villeneuve: die Hauptstraße, Kartause Val de Bénédiction, Fort St. André, Tour Philippe le Bel, Museum; Schloß in Tarascon; Schloß von Barbetane
Essen:	in Avignon: die Restaurants *La Fourchette II*, *Trois Clefs* und *Hiély*; in Barbetane: Hôtel *St. Jean*

An einem Nachmittag Ende Mai: Der Kellner klatscht mir lieblos das Wechselgeld auf die Marmorplatte des kleinen Tischchens; der Milchkaffee ist ihm zu billig. Und mir sind die Eisbecher zu teuer. Aber auch für die anderen Kellner in den Straßencafés gleich nebenan sind Freude am Beruf Fremd-wörter. Wenn ich mich umschaue - ich sitze hier ausschließ-lich, um mich umzuschauen: Popcorn, Pizza, Hamburger. Hier also ist er entstanden, der Spruch vom lieben Gott in Frank-reich!

Der liebe Gott war der Papst, und **Avignon** war Frankreich. Sogar sieben Päpste residierten zwischen 1309 und 1377 in der Stadt an der Rhône, die späteren Gegenpäpste noch nicht mitgerechnet. Ein Papst lebte im Mittelalter nicht schlecht; war er doch einer der mächtigsten Männer Europas.

Erlauben Sie mir einen kleinen geschichtlichen Rund-schlag: Nachdem die Päpste Mitte des 13. Jahrhunderts den Machtkampf mit den deutschen Stauffern siegreich beendet hatten, gewann der französische König an Einfluß in Europa. Papst und König, die Anfang des 13. Jahrhunderts noch gemeinsam gegen die Sekte der Albigenser und den diese schützenden Grafen von Toulouse zu Felde gezogen waren, gerieten nun zunehmend in Konflikte. Man stritt um Macht, und um das Recht zur Besteuerung des Klerus (wann in der Geschichte stritt man eigentlich nicht um Macht und Geld?). Der französische König Philipp ließ den Papst gefangen neh-men. Dieser konnte sich zwar befreien, er starb jedoch bald. Auch seinem Nachfolger war kein langes Leben beschieden. Der nächste Papst, Clemens V., wurde nicht nur in Lyon gewählt, er war auch der erste Franzose auf dem Stuhl Petri.

131

Und als in Rom zwischen den Adelsfamilien blutige Fehden ausbrachen, floh der Papst auf Zureden des auf Machtzuwachs bedachten Königs samt seinem Gefolge ins heimatliche Frankreich, in die Provence, nach Carpentras. Das gehörte, wie die Grafschaft Venaissin, bereits der Kirche und war der Lohn des Königs für die Beteiligung am Kreuzzug gegen die Albigenser.

Die Stadt lag aber nicht so günstig wie Avignon und so siedelte man bald in das Dreieck zwischen Rhône und Durance, das damals der Königin von Neapel und Gräfin der Provence gehörte. Gianna stand im Verdacht, ihren Mann gemeuchelt zu haben und zeigte sich dankbar, als der Papst sie von Schuld freisprach: Sie verkaufte ihm Stadt und Umland für einen lächerlichen Preis.

Die Päpste hielten prachtvoll Hof in Avignon und mit ihnen Kardinäle, Diplomaten und alles, was zu einem Hofstaat gehörte. Kritik aus den eigenen Reihen blieb nicht aus, eine Pestepidemie raffte in der Umgebung von Avignon mehr als 10.000 Menschen dahin und in Rom beruhigte sich das Klima, so daß Gregor X. im Jahre 1377 nach Rom zurückkehrte.

Damit war aber die Zeit der Päpste in Avignon noch nicht vorbei. Der Nachfolger Gregors, Urban VI., wurde von den Franzosen nicht anerkannt, die ihrerseits einen Gegenpapst kürten. Zeitweilig gab es in Pisa sogar einen dritten heiligen Vater. Jeder war päpstlicher als der Papst. Erst das Konzil von Konstanz beseitigte die Verwirrung, ein Papst trat zurück, die beiden anderen wurden abgesetzt und ein vierter als nunmehr einziges Kirchenoberhaupt eingesetzt. Man schrieb das Jahr 1417, und die Zeit der Päpste in Avignon war endgültig vorbei.

Ich wette, die meisten Urlauber, die heute vor den gewaltigen Mauern des **Papstpalastes** stehen, wissen nicht, daß die Nachfolger Petri nicht nur als Gegenpäpste, sondern auch als einzige ihres Standes in Avignon weilten. Das Palais des Papes ist eigentlich gar kein Palast, sondern ein verschachtelter Festungskomplex, bestehend aus zwei ziemlich verschiedenen Teilen, dem Palais-Vieux und dem Palais-Neuf.

Der alte Palast läßt mit seiner nüchternen und strengen Architektur noch erkennen, daß sein Erbauer, Papst Benedikt XII., Zisterzienser-Mönch war (und letzter Verfolger der Albigenser), während der weltoffene Clemens VI. (bevor er Papst wurde, war er Kanzler des Königs) mehr die schönen Künste liebte und nach Süden und Westen den gotischen, neuen Teil des Palastes anbauen ließ. Ansprechend ist weder der alte noch der neue. Nur gewaltig und imposant, fast schon erdrückend; von außen wie von innen.

Papstpalast

Aber das Bauwerk ist architektonisch wie auch historisch einmalig und zieht alljährlich eine halbe Million Menschen in sein Inneres - trotz geführter Besichtigung. Und ich wage die Behauptung, es sind bestimmt nicht die kurzweiligsten 50 Minuten Ihrer Provence-Reise, wenn Sie durch die meist kahlen, abweisenden und letztlich auch etwas uninteressanten Räume geschleust werden. Die Teppiche an den Wänden haben mit der Geschichte des Palastes ohnehin nichts zu tun und dienen nur der Verzierung - was eigentlich schon alles sagt.

Richtig schön finde ich nur das **Hirschzimmer** (Chambre du Cerf), in dem die Fischfänger am Rande eines Bassins noch besser zur Geltung kommen als die Hirschjäger. Es fehlen dem Bild noch die Perspektive und die Klarheit der späteren Renaissance, auch wurde nicht in den feuchten (fresco) Putz gemalt, sondern "al secco". Trotzdem sind die Jagdmotive dieses Zimmers sicher der Höhepunkt der Führung. Ursprünglich war ein großer Teil des Bauwerkes derart ausgemalt, aber ein Brand im 15. Jahrhundert und die spätere Verwendung haben Narben geschlagen, an denen man noch heute restauriert. Denn zeitweise war das Palais Gefängnis und nach 1818 sogar Kaserne (wobei ich glaube, daß ein Wandgemälde auch heutzutage dort schlechte Chancen hätte). Spektakulär ist noch der riesige Speisesaal, der größte Raum des Palastes.

Warten Sie unbedingt auf eine deutsche Führung (von April bis Juni: 9.3o, 11.oo, 14.30, 16.3o Uhr; Juli bis September: 9.3o, 11.15, 14.15, 16.15; sonst unregelmäßig); wenn man nämlich den Führer und seine Pointen nicht versteht, können 50 Minuten verdammt langsam vergehen. Wenn Sie angesichts stundenlanger Warterei und stolzer Eintrittspreise auf die Innenansicht ganz verzichten, braucht Sie auch kein schlechtes Gewissen zu plagen!

Kurz noch zum sonstigen "Muß" der Stadt: Neben dem Papst-Palast die **Kathedrale** Notre-Dame des Doms, romanisch mit kitschiger Bronze-Madonna aus dem 19. Jahrhundert. Links davon, am Ende des Platzes, liegt das **Petit-Palais**. Der ehemalige Bischofssitz war die Behausung der Päpste vor Fertigstellung des Papstpalastes, er beherbergt heute eine bei Kunstkennern vor allem wegen ihrer Geschlossenheit hochgeschätzte Sammlung italienischer Malerei, darunter einen Boticelli (Saal XI) und die berühmte "Sacra Conversazione" des venzianischen Malers Carpaccio (Saal XVI B).

Bis zur Fassade des Petit-Palais dringen noch die meisten Touristen vor, die Treppenstufen hoch zum Papstgarten, dem **Rocher des Doms**, sind der Mehrzahl schon zuviel. Dabei schießt man von hier eines der klassischen Fotos Südfrankreichs: die vier noch vorhandenen Bögen der **Brücke St. Bénézet** in der träge dahinfließenden Rhône. Besser wird das Bild übrigens, wenn man den **"Pont d' Avignon"** von halber Höhe aufnimmt, und gut macht sich die Zeit kurz vor Sonnenuntergang. Ich gestehe, ich habe die sich dem Fluß entgegenstemmende Brücke mit dem kleinen Kapellchen noch nie betreten. Ursprünglich hatte das Brückenbauwerk 22 Bögen bei einer Gesamtlänge von rund 900 Metern. Der Pont überspannte nicht nur die beiden Arme der Rhône, sondern auch die dazwischen liegende Insel, jenseits derer die Brücke leicht nach Süden abgeknickt war. Der Turm Philipps "des Schönen" auf der anderen Seite (näheres siehe unten), war ein bewachtes Brückentor. Welches französische Kinderlied geht Ihnen momentan im Kopf herum? Natürlich: "*Sur le pont d' Avignon*". Und vermutlich wissen Sie auch schon, daß der Text im Laufe der Jahrhunderte verfälscht wurde: Man tanzte nicht "sur" (auf) der Brücke, sondern auf der Insel "sous" (unter) den Brückenbögen, weil nämlich dort Tanz- und Vergnügungslokale einluden. Die Brücke wurde durch Hochwasser zerstört und wird schon seit dem Jahre 1660 nicht mehr benutzt.

Genauso unvermeidlich wie der Papstpalast ist die Erfrischung auf der **Place de l' Horologe**, dem zentralen Platz am Rathaus, wo das Leben, vor allem das touristische, pulsiert. Wie das im allgemeinen so aussieht, erwähnte ich bereits eingangs. Hinzu kommen noch Gaukler und Feuerschlucker, Pantomimen, lebende Puppen und Penner. Und wer in der ersten Reihe sitzt, sieht bestimmt ein bekanntes Gesicht von zu Hause zum Papstpalast eilen.

Als ich im Jahre 1968 zum erstenmal in Avignon war, stand am Ende des Platzes noch ein großes Denkmal mit einem kolossalen Löwen davor. Das Monument mußte (mußte es wirklich?) einem einträglicheren Karussell weichen, und insgesamt ist der ganze Platz touristisch geglättet, fast wie das übersanierte Stadtviertel dahinter.

Wie oft habe ich von diesem Platz geträumt? Und wie nüchtern ist er heute! Wie die von hier aus schnurgerade nach Süden verlaufende Hauptstraße, die Rue de la République. Die mitteleuropäische Einheitsgeschäftswelt ist von solchen Straßen nicht mehr hinwegzudenken, und eine Stadt gleicht der anderen.

Zwei Ausnahmen gibt es: Das **Restaurant** *Hiély* nahe der Place de l' Horologe und die **Kirche St. Didier**, auf derselben Seite ein Stück weiter südlich; fast unveränderte Gotik seit 1359 und in der ersten rechten Seitenkapelle ein berühmtes Relief des Bildhauers Francesco Laurana. Erbauer der Kirche war übrigens Benedikt XII., der auch den älteren Papstpalast errichten ließ.

Von Gott in Frankreich aber, von dem, was man heutzutage darunter versteht, kann in Avignon nur noch in wenigen Häusern die Rede sein; das *Hiély* erwähnte ich bereits, die anderen werden Sie gleich kennen lernen. Ansonsten macht sich südfranzösische Lebensart erst dort breit, wo kaum ein Tourist mehr hinkommt: im **Osten der Altstadt**, bei den **Markthallen** an der Place Pie oder in der **Rue des Teinturies**, der Hauptstraße des einstigen Gerberviertels. Der kleine Bach seitlich der Straße ist, man glaubt es kaum, die Sorgue, deren wasserreichen Oberlauf wir anläßlich der 3. Tour bestaunt haben. Eines ist sicher: Wer nicht innerhalb der Stadtmauer ein wenig ziellos durch die einzelnen Altstadtquartiere streift, versäumt zwar nicht das bestemte Avignon, jedoch das sehenswerte.

Der liebe Gott en France: Zum Essen gehen wir am liebsten in das **Restaurant** *La Fourchette II* in der 17 Rue Racine (Tel. 90 85 20 93; in der zweiten Junihälfte sowie samstags und sonntags geschlossen). Gehen Sie am obersten Ende der Place de l' Horologe, etwa beim Karussell in westlicher Richtung, und an der nächsten Querstraße - es ist die Rue Racine - rechts; das Lokal liegt dann gleich links. An den ziemlich dicht stehenden Tischen sitzen fast nur Einheimische, was ja bekanntlich kein schlechtes Gütezeichen ist. Bedauerlich ist nur, daß man ohne Voranmeldung kaum Platz findet, denn preiswert ist "*Die Gabel II*" obendrein. Ein Stück feiner und dem entsprechend auch teurer ist das *Trois Clefs* in der 26 Rue Trois Faucons (etwas südlich der Kirche St. Didier; Tel. 90 86

51 53; in der ersten November- und ersten Februarhälfte sowie sonntags geschlossen). Noch gediegener und ebenfalls nur nach Voranmeldung (Tel. 90 86 32 28; von Mitte Juni bis Anfang Juli sowie - außer im Juli - montags und dienstags geschlossen) sitzt man im *Hiély*, dem berühmtesten Avignoner Eßtempel, fast schon einer Institution. Dafür sind die Preise fast noch niedrig; relativ gesehen und gemessen an den anderen Nobelkneipen der Stadt (den Restaurants *Christian Étienne*, *Brunuel* und im *Hôtel Europe*). Gehen Sie ins *La Fourchette*, Sie werden Preis-Leistungs-mäßig absolut zufrieden sein.

Wenn allerdings Festspielzeit ist - von Mitte Juni bis Mitte August - bekommt man überall in Avignon Reservierungsprobleme, dann läuft die Stadt ohnehin über. Ich gehe mal davon aus, daß Sie für die interessanten Theatervorführungen ohnehin keine Karten besitzen, da man diese Monate vorher bestellen muß (ich habe es noch nie versucht, angeblich muß man zur Information und Reservation die Telefon-Nummern 90 86 24 43 oder 90 82 67 08 anrufen. Auch die Fremdenverkehrsämter in Deutschland können mit Infos aushelfen). Wahrscheinlicher ist es schon, daß Sie auf den Straßen und Plätzen der Stadt oder im Garten des Papstpalastes kleinere, manchmal sogar spontane Vorführungen erleben. Für das alternative "Festival off", an dem sich hauptsächlich freie Theatergruppen beteiligen, kann man die Karten nämlich nur vor Ort erstehen.

Wie überall stellen sich auch in Avignon die Frage nach einem Park- und einem **Übernachtungsplatz**. Avignon hat mit das höchste Touristenaufkommen aller südfranzösischen Städte. Demnach sind auch organisierte Autoknackerbanden unterwegs, und ein im Dunkeln parkendes WOMO gehört zu deren liebster Beute. Wir wurden bisher zwar verschont, mir ist es in solchen Städten schon tagsüber mulmig, erst recht natürlich am Abend. Nicht, wenn ich drin liege, wohl aber wenn das Auto in einer finsteren Ecke geparkt ist.

Kurz, fahren Sie aus der Stadt heraus oder gehen Sie auf den **Campingplatz**. Der ist nämlich in Avignon, jedenfalls von der Lage her, wirklich empfehlenswert. Man hat einen schönen Blick auf den Papstpalast und den "Pont d'Avignon". Und man kann gerade noch zu Fuß die Altstadt erreichen. Wenn Sie aus Richtung Altstadt kommen, fahren Sie über die nördlichere der beiden Rhône-Brücken, also den Pont E. Daladier (Sie müssen auf jeden Fall zuvor ein Stück an der Stadtmauer vorbeigefahren sein). Wenn die Brücke Land berührt, sind Sie auf der Rhône-Insel, wo Sie bei erster Gelegenheit rechts fahren. Es gibt hier vier Campingplätze hintereinander, auf den ersten stoßen Sie gleich nach der Brückenabfahrt. In der Nähe sehen Sie ein größeres Schwimmbad, außerdem diverse Parkplätze, die für WOMO's und Wohnwagen Tag und Nacht gesperrt sind. Auch sonst sucht man auf der Rhône-Insel leider vergeblich ein gemütliches Stellplätzchen.

Nachdem wir bei früheren Urlauben die Vorzüge des "*Camping Municipal du Pont St. Bénézet*" (und des Restaurants *La Fourchette II*, das ja nicht weit von der Brücke entfernt und damit auch abends vom Campingplatz zu Fuß erreichbar ist), erleben durften, sind wir zuletzt nach Barbetane oder zum Kloster St. Michel-de-Frigolet herausgefahren. Dort gibt es Übernachtungsplätze, die in etwa dem entsprechen, was man sich vorgestellt hat, als man zum erstenmal an einen Wohnmobil-Urlaub dachte. Bis wir aber dort unser Haupt betten, müssen wir uns noch mit Parkplatzproblemen in Avignon herumschlagen und auch noch einiges besichtigen (siehe also am Ende dieser Tour).

Für die **Parkplatzsuche** gilt: Bleiben Sie außerhalb der rundum verlaufenden **Stadtmauer**, die übrigens von den Päpsten im 14. Jahrhundert gebaut wurde. Gegen die Raubritter heißt es, Imponiergehabe dürfte der wirkliche Grund gewesen sein, denn sehr widerstandsfähig ist sie nicht. Man stößt, egal woher man kommt, immer auf diese Mauer und die Straße führt rundherum. Zwischen derselben und der Mauer gibt es Parkplätze, nehmen Sie den ersten, denn es könnte der letzte sein! Die größten Parkplätze sind an der Rhône nahe der oben erwähnten Brücke angelegt. Dort stehen auch meistens freundliche Menschen, die Ihnen einen Stadtplan in die Hand drücken, außerdem ziemlich viele Wohnmobile, so daß es die Autoknacker nicht ganz so leicht haben. Schon gar nicht, wenn eine Alarmanlage tutet. Und wenn Sie im Sommer drei Runden um die Stadt gedreht haben, verzweifeln Sie nicht, Sie sind erst am Anfang der Parkplatzsuche.

Probleme dieser Art sind in **Villeneuve lès Avignon** (9.500 Einwohner) selten. Trubel und Nepp lassen wir auf der östlichen Rhône-Seite zurück, statt dessen tauchen wir am anderen Ende der Brücke ein in stille Beschaulichkeit, in ein Stück provinzielles Frankreich. Das war im 14. Jahrhundert nicht anders, als die Päpste kamen und Avignon zu dem wurde, was Petrarca einmal als "*Abfallgrube, in der sich aller Unrat der Welt sammelt*" bezeichnet hat. Manch kirchlicher Würdenträger oder Kardinal setzte sich daher ans andere Ufer ab, das man zu dieser Zeit schon bequem über die Brücke St. Bénézet erreichen konnte. So entstanden eine Reihe stattlicher Paläste (sogenannter Livrées), die heute in sympathischer Weise vor sich hin gammeln.

Schon als wir in Villeneuve auf dem großen Platz vor der Altstadt parken, zweifeln wir, ob wir überhaupt richtig sind. Verirren sich tatsächlich so wenige Touristen über die Rhône in ein derart interessantes Städtchen? Dabei zeigt uns ein Spaziergang durch die Hauptstraße des Ortes, die Rue de la République, genauestens, wo wir sind: Mittendrin in Frankreich. Wenn vielleicht in ein paar Jahren Denkmalschützer und Altstadtsanierer zugeschlagen haben, wenn es aus den Palästen nicht mehr modrig riecht, wenn Fensterscheiben und Dachkandel repariert sein werden, wenn nicht mehr die Armen in den Häusern der einstmals Reichen wohnen, wenn in den malerischen Innenhöfen kein R 4 mehr rosten darf, wenn dort, wo heute sechs verschiedene Klingelknöpfe die Vorderansicht verunstalten, eine kleine Gedenktafel hängt, wenn die Stadt nicht mehr nur den Bewohnern gehört, dann wird es hier aussehen wie überall in Europa. So wie in Deutschland, Italien oder Spanien, wenn Altstadterneuerer ganze Straßenviertel "entkernt" und touristisch aufpoliert haben. Von Frankreich wird dann nicht mehr viel übrig sein, allenfalls ein schwacher Haut-goût.

Wieder aufgebaut und restauriert ist heute schon der größte Palast der Stadt, die **Kartause Val de Bénédiction**. Man kann wieder nachvollziehen, wie das einst bedeutendste Kartäuserkloster Frankreichs gegliedert war. Drei Kreuzgänge gibt es zu sehen und das prunkvolle Grabmal von Papst Innozenz VI., der zur Klostergründung beitrug: Er schenkte nämlich dem Kartäuserorden seinen Kardinalspalast, weil der an seiner Stelle eigentlich zum Papst bestimmte Kartäuser-Kardinal Jean Birel den Stuhl Petri im Hinblick auf die strengen Regeln des Ordens ausgeschlagen hatte (Öffnungszeiten täglich 9,oo bis 12,oo Uhr und 14,oo bis 18,3o Uhr; im Winter bis 17,oo Uhr; im Juli ohne Mittagspause).

Wir haben wieder zu lange geschlafen; bis das Frühstücksgeschirr gespült ist und wir in Villeneuve geparkt haben, ist es wieder Mittag. Wie schaffen es nur alle anderen, die den Vormittag schon ausgiebig für Besichtigungen nutzen? Wir hingegen stehen - Ende Mai - vor den verschlossenen Türen des Kartäuserklosters, des Museums, des Brückenturms und des Forts.

Der beste Platz zum Warten ist das **Fort St.-André** (Öffnungszeiten: 9,oo bis 12,oo Uhr und 14, bis 18,3o Uhr; im Juli und August keine Mittagspause; dienstags - außer im Juli und August - geschlossen). Die Festung wurde im 14. Jahrhundert gebaut, um die Benediktiner-Abtei des Klosters St.-André zu

138

Fort St. André

schützen, denn ursprünglich endete am linken Rhône-Ufer das französische Königreich. Die massigen Tortürme wurden in unserem Jahrhundert renoviert, dabei hat man auch verschiedene Pechnasen zugemauert um Unfälle zu verhindern. Das Fort besucht man nämlich der schönen Aussicht wegen, die man von den beiden Rundtürmen hat. Unser Besuch nach der Mittagspause ist dazu eigentlich noch zu früh, denn der Papstpalast von Avignon, auf den sich alle Blicke richten, wirkt am späten Nachmittag am besten.

Das gilt genauso für den fast noch schöneren Blick vom **Turm Philipps "des Schönen"** (Tour Philippe le Bel; ebenfalls über Mittag geschlossen). Der französische König Philipp hatte hier das westliche Ende der Rhône-Brücke mit einem Kastell gesichert, um den Zugang zum ursprünglich deutschen Ostufer der Rhône zu kontrollieren.

Fast hätten wir nach Festung und Turm die Stadt wieder verlassen, ohne einen Blick in das **Musée Pierre du Luxembourg** zu werfen. Schon die beiden Elfenbeinmadonnen im Erdgeschoß sind den Eintritt wert, erst recht das Bild der berühmten "Marienkrönung" im ersten Stock, das der DuMont-Reiseführer als ein "Kunstwerk von Weltrang" bezeichnet. Die Mutter Gottes von Enguerrand Quarton gilt als eines der schönsten Gemälde französischer Gotik und wurde Mitte des 15. Jahrhunderts für die Kartause gemalt. Es lohnt sich wirklich, auch hier das Ende der Mittagspause abzuwarten (Öffnungszeiten: täglich außer dienstags 10,oo bis 12,3o Uhr und

15,oo bis 19,3o Uhr; von Oktober bis März: 10,oo bis 12,oo Uhr und 14,oo bis 17,oo Uhr; im Februar geschlossen).

Blick von Villeneuve zum Papstpalast

Ein Übernachtungsplätzchen sucht man in Villeneuve lès Avignon vergebens. Die wenigen Parkmöglichkeiten an der Festung kann man vergessen, der Blick wäre zwar super, aber die Auffahrt ist zu schwierig, und Parkplätze gibt es auch nicht. Ganz angenehm wären auch die Flußauen am Rand der Rhône. Aber entweder kommt man wegen gesperrter Wege gar nicht erst dorthin, oder penetrante und ziemlich ernsthaft wirkende Verbotsschilder zwingen uns zur Weiterfahrt.

Schloß von Tarascon

140

Wir fahren daher weiter, zunächst nach **Tarascon** (11.
Einwohner). Ein ordentliches Schlafplätzchen finden wir hier
auch nicht, aber dafür eines der berühmtesten Schlösser der
Provence. Eine französische Führung lassen wir diesesmal
nicht mehr über uns ergehen, wir wären auch zu spät dran
(Führungen täglich außer dienstags zur vollen Stunde um
9.oo, 10.oo, 11,oo, 14,oo, 15,oo und 16,oo Uhr). Das beste am
Schloß ist, ich weiß es noch von früher, der Blick von der
Dachterrasse. Das Château gilt als besonders gut erhalten,
zumal man in den 30-er Jahren die Umbauten wieder entfernt
hat, die notwendig waren, um die 1449 vollendete Burg als
Gefängnis zu nutzen. Mindestens so eindrucksvoll wie von
innen ist das Schloß von außen, vor allem von Norden.

Vor dem Schloß von Tarascon

Und diejenigen, die gerne auf **Campingplätzen** schlafen, sind hier richtig. Denn der "*Camping Tartarin*" liegt direkt neben dem Schloß am Ufer der Rhône (preiswert, geöffnet von Mitte März bis Ende September). Der Name des Platzes geht zurück auf Alphonse Daudet. Der schrieb nicht nur die berühmten "*Briefe aus meiner Mühle*" (näheres bei der 10. Tour), sondern auch den Roman des "*Tartarin von Tarascon*", in dem die Bewohner der Stadt nicht gut wegkommen. Ursprünglich hieß der Held "*Barbarin*", so wie eine alteingesessene Familie. Die zog vor Gericht und Daudet's Romanfigur nannte sich fortan "*Tartarin*".

Eine Nacht in der Stadt empfiehlt sich vor allem am letzten Juni-Sonntag, wenn beim Tarasquen-Fest ein Drache aus Holz, Pappe und Segeltuch durch die Stadt gezogen wird. So ähnlich soll das Ungeheuer ausgesehen haben, dem Jahr für Jahr ein paar Jugendliche zum Opfer fielen, bis die Heilige Martha ihm den Garaus machte. Seitdem gibt es - schräg gegenüber der Burg - nicht nur eine Kirche mit dem Grab der Schutzheiligen, sondern auch die Umzüge mit einem künstlichen Nachfahren des Untiers. Das sollte die bösen Wassergeister vertreiben, die den Fluß immer wieder über die Ufer treten ließen.

Diesesmal gibt es weder einen Drachen-Umzug, noch gelüstet es uns nach einem Campingplatz, so daß wir wieder nach Norden zurückfahren: Zur **Abtei St.-Michel-de-Frigolet** und damit an einen der besonders angenehmen Plätze in der Provence.

Zugegeben, die Klosterbauten samt Kirche sind eher uninteressant und ziemlich kitschig (hauptsächlich aus dem 19. Jahrhundert; im nördlichen Seitenschiff der Kirche gibt es den Rest einer Kapelle aus dem 11. Jahrhundert). Wegen der weißgekleideten Mönche des Prämonstratenserordens würde ich Sie auch nicht hinter die kleine Gebirgskette, die Montagnette, locken. Und Kräuterlikör wird auch anderswo von geschäftstüchtigen Ordensbrüdern verkauft. Aber ein Kloster in einer derart anmutigen Landschaft und würzigen Luft gibt es selten.

Erstaunlich ist auch das kleine, aber dennoch fast unbewohnte Gebiet, das man im dichtbesiedelten Rhônetal gar nicht vermutet. So wurde das Kloster zu einem beliebten Ausflugsziel der Avignonesen und ihrer Nachbarn. Erschrekken Sie nicht, wenn in der Woche noch am Nachmittag busweise Schulklassen Ballspiele veranstalten, oder wenn am Sonntag halb Avignon hier picknickt. Die Stunden von St.-Michel-de-Frigolet liegen zwischen Tag und Dämmerung.

142

Dann steht man unter ausladenden Schirmkiefern, oder man hat sich auf einem verschwiegenen Weg ein stilles, von der Straße nicht sichtbares Plätzchen gesucht. Man lauscht dem Abendgesang der Vögel und vergißt die Umtriebe der nahen Städte. Ungeniert kann man Tisch und Klappstühle auspakken, das Federballspiel genauso, und wenn schon ein paar andere Wohnmobile dastehen, stellt man sich unter eine andere Pinie. Platz gibt es genug! Ich sagte es oben schon: Der Parkplatz vor dem Kloster ist einer meiner liebsten Provence-**Übernachtungsplätze**. Allerdings kann ich für das Wochenende meine Hand nicht ins Feuer legen.

Beim Kloster St. Michel-de-Frigolet

Aber es gibt Alternativen: Weil die Landschaft so lieblich ist, fahren wir bei nächster Gelegenheit wieder hierher und schlafen diesesmal in **Barbetane**. Dort glaubt man sich auch eher in der Mitte von Frankreich, als 10 km vom Zentrum Avignon's entfernt. Zu sehen gibt es wenig, ein kleines Schloß vom ehemals französischen Gesandten beim Großherzog der Toskana, einem Marquis de Barbetane (Besichtigung von 10,oo bis 12,oo Uhr und von 14,oo bis 18,oo Uhr; geschlossen: von Dezember bis März und außer von Juli bis September am Mittwoch), Rathaus, Kirche und viel Flair.

Am Abend sitzen wir im *Hôtel St. Jean* und freuen uns an einem einfachen, eher deftigen, also "ehrlichen" Essen bei freundlichen Leuten. Hier versucht man sich nicht an überdrehten, komplizierten Speisen, und zum Nachtisch gibt es, was schon Generationen schmeckt: Karamellpudding oder

Tarte des pommes (Apfelkuchen). Daß die Rechnung uns dann schließlich auch nicht die Stimmung verdirbt, versteht sich fast von selbst (Tel. 90 95 50 44; außer im Juli und August montags geschlossen).

Außerdem gibt es direkt bei Barbetane einen (Sie lesen richtig: **einen**) besonders schönen **Schlafplatz**. Auch auf die Gefahr hin, daß ich selbst in Zukunft keinen Platz mehr finde:

Man verläßt Barbetane nach Süden Richtung Abbe. St. Michel-de-Frigolet im Ort fährt man erst in ein Tal, dann leicht bergauf und biegt hinter einer Linkskurve nach links zu einer ehemaligen Windmühle ab. Die Straße wird nun bald zur Einbahnstraße, die rund um den kleinen, bewaldeten Hügel führt. Wir fahren bei der Windmühle abermals links und treffen nun am oberen Ortsrand von Barbetane auf einen alten Wachtturm.

An dessen Fuß kommt man an einem schmalen, asphaltierten Parkplatz vorbei. Hier werde ich mich hinstellen, wenn die schönere Alternative bereits besetzt ist: Die liegt schräg gegenüber und ist nichts anderes als eine Ausbuchtung seitlich der Straße, die vom Turm zur Windmühle führt.

Oberhalb eines Hangs mit herrlichem Blick auf Barbetane und das Rhônetal können wegen der nahen Häuser auch furchtsame Urlauber ein Auge zu machen. Man darf auch rechts am Turm hoch in das Wäldchen fahren, wo man an diversen Picknick-Plätzen - nun deutlich einsamer - ebenfalls nächtigen kann.

Den Eingang zum Turm brauchen Sie nicht zu suchen. Es gibt keinen.

Tour 10: Licht und Schatten

Les Baux - St. Rémy - Fontvieille

Übernachten:	oberhalb von Les Baux; eventuell auf dem Parkplatz von Les Baux; mehrere Stellplätze in oder bei St. Rémy; Campingplatz von Fontvieille
Besichtigen:	Ort und Ruinen von Les Baux; in St. Rémy: römische Monumente von "Les Antiques", das antike Glanum, Museum, van Gogh-Erinnerungsweg; das Dorf Eygalières Kapellen St. Sixte und St. Gabriel; Moulin de Daudet in und röm. Wassermühlen bei Fontvieille
Essen:	verschiedene Restaurants in Les Baux; *Hôtel des Arts* in St. Rémy
Wandern:	von St. Rémy nach Les Baux
Karte:	Seite 130

Es ist Pfingstsonntag-Nachmittag. Genauso könnte es auch Ostern sein oder ein beliebiger Wochentag Anfang August: Ich lese in einem Reiseführer: "Doch trotz alledem gehört **Les Baux** immer noch zu den bedeutendsten Sehenswürdigkeiten der Provence".

Das "trotz alledem": Es sind nicht etwa wanderbegeisterte Urlauber, die ihr Auto schon ganz unten im Tal am Rand der Zufahrtsstraße parken, um sich in der Hitze den restlichen Kilometer zu Fuß den Berg hinauf zu schleppen. Und wenn Sie großmütig an der parkenden Schlange vorbeiziehen, wird es Ihnen wenig helfen. Denn oben werden Sie und alle die anderen, die den Fußmarsch auch noch nicht wahr haben wollen, von gestreßten Polizisten weitergewunken. Sie werden, je nach Länge Ihres WOMO's, mehr oder weniger verzweifelt einen Wendeplatz suchen (so er nicht zugeparkt ist), Sie werden zurückfahren und sich unten im Tal an die parkenden Autos anschließen - 100 m weiter hinten, als dies noch vor 15 Minuten erforderlich gewesen wäre. Dafür kostet das Parken nichts, was Sie durchaus noch werden zu schätzen wissen, zieht man Ihnen doch in Les Baux noch genug Francs aus der Tasche.

Sie fühlen sich wie auf dem Rummelplatz! Alles, was Ihnen jemals an Touristenkitsch in Südfrankreich begegnet ist, in Les Baux wird es feilgeboten. Zugegeben, der Rahmen ist stilvoll, aber sind Sie wegen keramischer Klopapierhalter, wegen bunter Seifenstücke, Scherenschnitte, Lavendelsäckchen oder einem mittels Computergraphik gezeichneten Konterfei hierher gefahren? Sie halten links Ihre Kamera und rechts die Kinder fest an der Hand und erinnern sich verzweifelt an Ihre letzte Reise nach Les Baux. Vor 25 Jahren im 2 CV per Auto-Stop, wonach Sie hier oben noch antrafen, was Sie sich vorgestellt haben, als Sie hörten, daß hier nur 60 Menschen leben. Vorbei, Vorbei!

Sie packen die Kinder noch fester und streben eilends der Kasse am Eingang zur oberen Ruinenstadt zu. Sie entrichten Ihren Obolus, der Betrag ist Ihnen schon egal (das Geld fließt übrigens in die Kasse der Grimaldi, ihres Zeichens Fürsten von Monaco und Eigentümer der Burg von Les Baux), und Sie glauben es kaum: Les Baux kann auch an solchen Tagen wunderschön sein. Ein Verdacht, den Sie schon andernorts in Europa im Schatten berühmter Sehenswürdigkeiten hatten, bekommt weiter Auftrieb: Die Touristenströme versiegen eher an den Eintrittskassen als an den Nippes-Buden. Es ist zwar im großen Areal der Felsenburg nicht menschenleer. Aber hier verlaufen sich die Touristen. Auch im größten Trubel wird man eingefangen, fast erschlagen von Landschaft, Natur und Himmel. Die Aussicht ist phantastisch, selbst wenn man sich nicht auf die obersten Bastionen traut. Dort befällt empfindlichere Naturen schon mal der Höhenkoller, besonderes bei Mistral. Wenn der scharfe Nordwind einen schier vom Sockel bläst, hat das einen doppelten Effekt: Die unter dem Himmel vorbeifliegenden Wolkenfetzen sind so nah, daß das Gefühl von Höhe noch verstärkt wird, und am Horizont glitzert in unglaublicher Klarheit das Mittelmeer.

Les Baux

146

Aber auch der Felsklotz an sich und die mit ihm verwachsenen Ruinen der Burg haben soviel Geheimnisvolles an sich, das selbst von Hunderten Besuchern nicht kaputt getrampelt werden kann. Sogar dann steht man vor dem berühmten Taubenhaus, das an eine steinerne, überdimensionale Honigwabe erinnert, meist noch alleine.

Taubenschlag

Nur um die Zukunft ist mir bange. Man hat nämlich mit der Restaurierung des Burggeländes begonnen, was an sich schon dauerhaft den Reiz des Ortes abtöten könnte. Dazu wird noch eine Freilichtbühne geschaffen - zur Komplettierung des Sommertheaters. Als ob Les Baux nicht schon genug vermarktet wäre. Hoffentlich ist das nicht der Beginn der jüngsten Ruinierung!

Die bis dahin letzte Zerstörung der Festung ließ übrigens Richelieu bewerkstelligen, dessen Name mir aus dem Geschichtsunterricht noch irgendwie positiv im Hinterkopf haftet. Zu Unrecht, denn die Spuren seines Wirkens sind Ruinen, überall in Frankreich. Auch hier wurde im 17. Jahrhundert ein protestantischer Zufluchtsort auf Geheiß des Königs unbewohnbar gemacht, "geschleift", wie man so gerne schreibt, wenn heute nur noch Steinbrocken und ein paar Treppchen übrig sind. Zu diesem Zeitpunkt war die Stadt noch nicht lange wieder aufgebaut, nachdem zuvor ein anderer König ebenfalls hier "schleifen" ließ. Die Herren von Les Baux, die einstmals hier oben Troubardoure, also Minnesänger, um sich scharten, waren nämlich zu Raubrittern entartet, und es bedurfte einer Allianz von Papst, König und Graf der Provence, um den schlimmsten Räuber, Raymund von Turenne, zu vertreiben. Über ihn wird die schaurige Legende berichtet, er habe seine Gefangenen vom oberen Felssporn in den Tod springen lassen und sie wegen ihrer Angst verspottet.

Die Ansiedlung wurde nach Richelieus "Erfolgen" nie mehr wieder aufgebaut und Ende des 18. Jahrhunderts vollständig verlassen. Es ist heute kaum vorstellbar, daß Les Baux Mitte des 20. Jahrhunderts noch fast unbewohnt war. Und wenn man einmal außerhalb der Saison und bei miesem Wetter durch die

Dorfstraße läuft, wenn die Läden geschlossen sind und man sich auf die wiederaufgebauten Häuser konzentrieren kann, bleibt noch eine Ahnung von der Ausstrahlungskraft auf unsere Großväter.

Zu deren Zeiten brauchte man für eine Visite auch schon sonniges Wetter, außerdem hat man damals in der Umgebung noch Bauxit gewonnen, jenen Aluminiumrohstoff, der im Jahre 1822 hier erstmals gefunden und nach dem Felsenhorst benannt worden ist.

Und vermutlich war auch schon zu Großvaters Zeiten der interessanteste Weg nach Les Baux ein Wanderweg. Denn nur auf ihm lernt man das zerklüftete Kalkgebirge der **Alpilles** rundum richtig kennen:

*Es ist **mein liebster provençalischer Wanderweg**, der auf dem Parkplatz von "Les Antiques" in St. Rémy beginnt. Man überquert dabei den flachen, aber zackigen Höhenzug der Alpilles, der die Rhône-Ebene von der Camargue trennt. So hat man nach Norden wie auch nach Süden faszinierende Ausblicke, die am Ende mit einer schönen Sicht auf die Burg von Les Baux gekrönt werden. Nur sind Hin- und Rückweg der wenig schattigen Strecke leider identisch:*

Wanderung nach Les Baux

Wir lassen uns ab St. Rémy von der rot-weißen Markierung leiten, die erst ein Stück entlang der D 5 in Richtung Les Baux führt. In der ersten Kurve zweigt nach rechts ein Pfad in den Kiefernwald, der bald an einem steinernen, natürlichen Schlot endet. Auf ein paar Eisenstiegen

149

klettern wir hinab zum Stausee von Peiroou (näheres dazu siehe unten). Dieses ist das einzige etwas schwierige Stück der Strecke, das aber auch Ungeübte schaffen. Nachdem man sich noch an einem Stahlseil entlanggehangelt hat, darf man nicht weiter zum See absteigen, die Markierung zeigt vielmehr nach links um das Ufer herum. Nun beginnt der Anstieg auf einem kommoden Fahrweg, und bald belohnen uns auch die ersten Panoramablicke für die Mühe. Der weitere Weg ist gut markiert: An einer Gabelung mit vielen Wanderzeichen nimmt man den linken Weg, den man bald wieder auf einem Pfad durch die Machie verläßt.

Les Baux

Man taucht dann langsam ein in die Unruhe des Bergnestes, die man ebenso plötzlich wieder verlassen kann. Man steht dann wieder in schönster Landschaft und hört nur noch wie der Wind um die Kalkzacken der Alpilles und durch die spärlichen Kiefern rauscht. Wenn Sie

150

sonst nie wandern, machen Sie hier eine Ausnahme, die einfache Strecke dauert bei gemütlicher Gangart 2 1/4 Stunden.

Beim Rückweg können Sie sich das Klettern beim Stausee sparen, wandern Sie einfach auf der Teerstraße in Richtung St. Rémy und nach dem See, den Kurven und dem Gefälle nach rechts querfeldein durch ein Kiefernwäldchen. Sie werden dann bald das Dach des Julierdenkmals entdecken und vor Ihrem WOMO stehen (Karte: ign 3042 ouest).

Kommt man mit dem Auto, rentiert sich die Anfahrt von Westen auf der D 27. Weniger wegen des Budenzaubers, der hier in einer Art Felshöhle veranstaltet wird, man fährt vielmehr nördlich des Dorfes an einem Aussichtspunkt vorbei, der auf der Michelin-Karte eingezeichnet ist, an dem sich das Aussteigen wirklich lohnt. Hier kann man bei schöner Sicht auch **übernachten**.

Zur sonstigen wohnmobilistischen Seite von Les Baux gibt es nur wenig zu sagen: In den Ort selbst darf man nicht hineinfahren, und der Parkplatz davor ist großen Teils schräg. Aber vielleicht gibt es Zeiten im Jahr, in denen auch in Les Baux wenig los ist. Dann könnte diese Parkplatz durchaus interessant sein. Denn die landschaftliche Lage ist wunderbar. Außerdem gibt es Toiletten und Wasser am Eingang zum Ort. Das Parken kostet 12 Francs, die Übernachtung inbegriffen (jedenfalls außerhalb der Saison). Wir haben in Les Baux nie übernachtet und auch niemals viel Geld in einem der **Luxusrestaurants** gelassen. Feinschmeckern erzähle ich nichts Neues: Das *Oustau de Baumanière* unten im Val d' Enfer (Tel. 90 54 33 07) war einmal einer der berühmtesten Gourmet-Tempel Frankreichs. Die extrem hohen Preise der Nobelherberge sind geblieben, die Sterne stehen allerdings nicht mehr so gut, denn bei Michelin gibt es deren nur noch zwei. Dafür sind die anderen Lokale unten im Tal, das *La Cabro d' Or* (Tel. 90 54 33 21) und das *La Riboto de Taven* (Tel. 90 54 34 23), inzwischen auch einfach besternt. Das *Mas d' Aigret* an der D 27a (Tel. 90 54 33 54) wird sicher bald folgen und ist zur Zeit, jedenfalls gemessen an den anderen, das preislich gerade noch maßvolle; die Urlaubskasse wird aber überall strapaziert.

Wo aber bleibt man, wenn man dem Rummel von Les Baux entfliehen, aber dennoch in diesem schönen Stück Provence wenigstens eine Nacht bleiben möchte, wenn man vielleicht sogar nach Les Baux wandern will? Ganz einfach, man nächtigt in **St. Rémy**, einer unserer provenzalischen Lieblingsstädte (8.500 Einwohner). Das Städtchen ist nämlich sehr angenehm, ziemlich genau so, wie man es sich vorstellt, wenn man von der Provence träumt, außerdem gibt es tolle "Sehenswürdigkeiten"; und komischerweise fahren die meisten Urlauber durch bis nach Les Baux oder wenigstens bis zum Parkplatz bei den römischen Altertümern. Außerdem gibt es mehrere **Übernachtungsplätze** und ein sehr gemütliches Restaurant. Lassen Sie mich der Reihe nach berichten:

Es dämmert schon, als wir von Les Baux herunterkommen. Wir beherzigen eine alte Wohnmobilregel und suchen noch vor dem Abendessen und vor Einbruch der Dunkelheit ein Schlafplätzchen.

Wir kurven einmal rund um St. Rémy, bevor wir an der D 5 Richtung Les Baux etwa 200 m vor dem Ortsende von St. Rémy nach rechts einen in westlicher Richtung zeigenden Wegweiser zur "Barrage" entdecken. Gibt es hier einen Stausee? Tatsächlich entdecken wir auf unserer Michelin-Karte bei genauem Hinsehen eine klitzekleine, blaue Wasserfläche. Wir kommen in ein Wäldchen und zweigen dort links ab, die Straße endet dann unmittelbar am schilfigen Ufer (von der Abzweigung etwa 1,5 km), wo ein paar Angler ihr Glück versuchen. Der See liegt geradezu verwunschen zwischen Felswänden der Alpilles, aber leider steht auf einem Schild "Camping sauvage interdit" (wildes Camping verboten), und es stellt sich wieder die Frage, ob die Nacht im Wohnmobil hierunter fällt. Wie meist bei solchen Schildern entscheiden wir uns für die wohnmobilfreundliche Interpretation und beschließen, nach dem Abendessen hierher in die Einsamkeit zurückzukehren

Auf dem Rückweg in die Stadt entdecken wir aber eine zweifelsfrei legale Alternative, und als wir in stockdunkler Nacht aus dem Wirtshaus kommen, ist es uns ganz recht, daß wir nicht mehr an den sehr einsamen See müssen. Denn auf dem Weg dorthin fährt man an einem schönen Stellplätzchen vorbei: Wenn Sie von der Innenstadt kommend von der Straße nach Les Baux beim oben genannten Wegweiser "Barrage" nach rechts abgebogen sind, stoßen Sie nach etwa 150 m auf eine rechts des Weges liegende Wiese. Darauf wachsen ein paar Bäume vor einer auffällig großen Mauer. Hier steht man total ruhig, eben und wegen der nicht weit entfernten Häuser auch sicher. Die Umgebung könnte zwar schöner sein, aber es ist ohnehin dunkel, und wir schlafen; außerdem fahren wir zum Frühstück einfach weiter ans Seeufer. Der See heißt übrigens Lac des Peiroou, das Baden ist verboten und wäre wegen des Schilfs sicher auch unerfreulich.

Es gibt aber noch Übernachtungsalternativen: Gut eignet sich auch der Parkplatz bei den römischen Monumenten "Les

Antiques". Man steht, wie wir in einem anderen Urlaub selbst getestet haben, ruhiger als man denkt, und vor dem zu Bett gehen kann man noch überaus romantisch ein Glas Wein auf den Mäuerchen am Rand der angestrahlten römischen Bauwerke trinken. Dort findet man am stadtnahen Ende des Platzes auch einen öffentlichen Wasserhahn.

Notorische Stadtschläfer können ihr Wohnmobil auf den ziemlich lauten Parkplatz an der D 5 bei der Touristeninformation abstellen, und wer es ohne Campingplatz nicht aushält, findet bei St. Rémy gleich drei Plätze, die beschildert sind.

Es wäre ein Fehler gewesen, hätten wir abends selbst gekocht. Denn das **Restaurant** *Hôtel des Arts* muß man einfach kennenlernen. Weniger wegen der Küche, die zwar auch nicht übel ist, mehr aber noch wegen des urigen Gastraums mit seinen altertümlichen Bildern (30 Bd. Victor-Hugo; Tel. 90 92 08 50; in der ersten Novemberhälfte und im Februar geschlossen; von Mitte März bis Ende September kein Ruhetag, sonst mittwochs). Der Boulevard Victor-Hugo ist übrigens die platanengesäumte Straße, auf die man unweigerlich stößt, wenn man von Les Baux auf der D 5 in Richtung Ortsmitte fährt. Das Lokal finden Sie dann gleich rechts.

Einer der Reize von St. Rémy liegt gerade bei diesen Platanen, jenem Baum, der neben der Zypresse so typisch ist für Südfrankreich. Leider sind die Platanen inzwischen häufig von einem Schädling befallen, der im Holz amerikanischer Munitionskisten eingeschleppt wurde. In St. Rémy sehen die Bäume aber noch gesund aus, wie überhaupt der ganze Altstadtkern.

Bestens erhalten sind auch die beiden römischen Edelmonumente, die so trefflich **"Les Antiques"** heißen: Das Stadtgründungstor und das Mausoleum der Julier. La mausolée enthält aber gar kein Grab, vielmehr wurde das turmartige Gebäude zur Erinnerung an die bereits in der Jugend verstorbenen Enkel des Kaisers Augustus, Lucius und Caius, erbaut. Es gilt als das besterhaltene römische Denkmal in der Provence, dem lediglich ein steinerner Pinienzapfen auf dem Dach fehlt. Nicht mehr ganz so gut in Schuß ist das rund 10 Jahre jüngere Tor. Nur Ignoranten betiteln dieses, wie uns die heutige Reiseliteratur lehrt, als Triumphbogen. Über den Unterschied zwischen einem solchen und einem Stadtgründungstor habe ich mich bereits bei der 1. Tour angesichts des berühmtesten gallisch-römischen Stadtgründungstores, dem von Orange, ausgelassen.

Die beiden Monumente von "Les Antiques" zierten einstmals die römische Stadt Glanum. Außerdem standen sie weiter im Boden. Wie man gerade am Tor gut sehen kann, sind

Les Antiques

dessen Fundamente, die in römischer Zeit noch im Erdboden gründeten, inzwischen freigespült.

Während man Turm und Tor mangels Umzäunung rund um die Uhr betrachten kann, muß man sich bei den gegenüberliegenden **Ausgrabungen von Glanum** an die Eintrittszeiten halten (täglich von 9,oo bis 12,oo Uhr und von 14,oo bis 17,oo Uhr, von April bis September bis 18,oo Uhr und zeitweise durchgehend, an manchen Feiertagen geschlossen; der Eintrittspreis ist hoch). Hier siedelten erst Griechen, später übernahmen die Römer die Stadt, deren Ruinen seit 1921 ausgebuddelt werden. Das Ausgrabungsgelände wird hochtrabend "Pompeji der Provence" genannt, was angesichts der eher bescheidenen Mosaike und der für einen Laien schwer zu deutenden Mauern eine ziemliche Übertreibung ist. Nach meinem Eindruck kann man auch schlecht die einzelnen Bauten oder gar den kelto-ligurischen Ursprung des bis zu 2.500 Jahre alten Mauerwerks erkennen. Entweder kauft man sich an der Kasse einen deutschsprachigen Führer und trotzt entsprechend lange der provenzalischen Sonne, oder man verschiebt den Rundgang bis zum nächsten Jahr. Man begnügt sich dann auch nicht mit halben Sachen und besucht zusätzlich noch das **Museum** im Hôtel de Sade in St. Rémy, wo diverse archäologische Funde der Ausgrabungsstätte zu sehen sind (im Sommer von 9,oo bis 18,oo Uhr geöffnet, im Winter kürzer, dienstags geschlossen).

Beeindruckender als die ausgegrabenen Steine und "Trümmer" finde ich den "van Gogh-Weg", einen Rundgang den man am Tor von Glanum beginnen kann, und der an verschiedenen Schaukästen vorbeiführt. Dort ist dann jeweils ein Gemälde des Künstlers abgebildet, das **Vincent van Gogh** an dem Standort der Schautafel gemalt haben könnte. Man ist erstaunt, wie wenig sich die Landschaft seit den Jahren 1889 und 1890 bis heute geändert hat. In jener Zeit nämlich lebte van Gogh freiwillig in der Nervenklinik des ehemaligen Klosters St. Paul de Mausole, das direkt neben dem Ausgrabungsgelände liegt.

Eine Reihe der bedeutsamsten Bilder sind hier entstanden, so fast alle berühmten Gemälde mit den flammenartigen Zypressen oder den eigentümlichen Olivenbäumen. Auch das berühmte Motiv von der Iris wurde hier geschaffen, es war eine Zeitlang das teuerste Bild der Welt und kein Mensch - außer dem Besitzer natürlich - weiß heute, wo es überhaupt aufbewahrt wird. (zu van Gogh siehe auch auf der nächsten Tour). Das ehemalige Kloster war bei unseren Urlauben nicht zu besichtigen, auch wenn man gelegentlich Gegenteiliges liest. Offenbar pilgern aber Kunstfreunde hierher, denn unter den heute eher kränklichen Olivenknorzen sitzen mehrere Maler vor ihren Staffeleien.

Bevor wir von St. Rémy in Richtung Arles weiterfahren, genehmigen wir uns noch einen Abstecher nach Osten, der sich vor allem für unsere Leser eignet, die ohnehin in Richtung Lubéron weiterfahren. Wir finden in **Eygalières**, was andere Touristen in Les Baux erwarten. Beide Dörfer thronen nämlich auf einem Fels, auch Eygalières (1.400 Einwohner) ist teilweise verfallen, nur hat der Massentourismus es noch nicht entdeckt.

Sehr schön liegt auch östlich davon auf einem kleinen Aussichtsplateau die **Kapelle St. Sixte**. Dieses Kirchlein und das Dorf Eygalières sollten Sie ansteuern, wenn Sie in diesem Teil der Provence der touristisch ausgelaugten Plätze überdrüssig sind.

Das gilt auch für die romanische **Kirche St. Gabriel** (12. Jahrhundert) am westlichen Ende der Alpilles und der D 33 nach Tarascon. Die meist verschlossene Kapelle ist für Kunstkenner recht interessant, das Entscheidende an ihr ist aber ihre Lage inmitten eines naturbelassenen Olivengartens.

Kapelle St. Gabriel

Szenenwechsel! Wie heißt es in der Überschrift zu unserer 10. Tour? Licht und Schatten. Diese liegen auch beim nächsten Ziel wieder dicht beieinander. **Fontvieille** ist ein rechter Urlaubsort, ein fast rein französischer zwar, aber bei Autobusentladungen spielt die Nationalität ohnehin eine untergeordnete Rolle. Busse kommen aber zuhauf in dieses Städtchen. Denn mit Fontvieille (3.400 Einwohner) bringt man den Schriftsteller Alphonse Daudet (1830 bis 1897) in Verbindung und mit ihm die Windmühle auf dem kahlen Hügel über dem Ort. Auch wenn man diese als **"Moulin de Daudet" (Mühle von Daudet)** bezeichnet, und obwohl sich in ihr die Massen in einem kleinen Daudet-Museum drängen, der "Moulin de Daudet" ist eine clevere Erfindung irgendwelcher Leute, die in Fontvieille den Tourismus ankurbeln wollten. Denen war immerhin klar, daß fast jeder französische Schüler Daudet's "Lettres de mon moulin" (Briefe aus meiner Mühle) liest. Da sich der Dichter eine Zeitlang in Fontvieille, wenn auch nicht in einer Mühle, aufgehalten hat, und da hier eine ganze Anzahl verfallener sowie eine recht gut erhaltene Windmühle anzutreffen sind, konnte man irgendwie den Schwindel erfinden, die Briefe seien in diesem einen Rundbau geschrieben worden - und nicht in Paris, wo sie wirklich entstanden sind. Zweifelhaft ist auch, ob der Meister überhaupt je eine Mühle besessen hat, jedenfalls die ihm zugeschriebene gehörte ihm nicht. Aber das tut deren Berühmtheit keinen Abbruch, und ich würde gerne wissen, ob die Urlauberscharen eigentlich an den Schwindel glauben oder nicht. Es lohnt sich trotzdem, zum Moulin zu fahren, denn der Blick ist schön. Und wann sieht man heute noch eine Windmühle mit vier Flügeln?

Fährt man am Windmühlenparkplatz auf der D 35 weiter und an der nächsten Kreuzung links, kommt man nach 4 km zu einer Besonderheit, die erfreulicherweise im touristischen Windschatten der Mühle schlummert: Zum römischen **Aquädukt von Barbegal**. Über ihn wurde nicht, wie bei seinem berühmten Verwandten, dem Pont du Gard, (siehe bei der 12. Tour) Trinkwasser herangeschafft, die Wasserleitung von Barbegal diente vielmehr dem Antrieb von 16 Wassermühlen, deren Fundament wir entdecken, wenn wir am Aquädukt entlang gehen bis dieser in eine steile Felswand gehauen ist. Auf dem Hang darunter befanden sich 8 Mühlräder, die 16 Mühlen antrieben. Der Mechanismus der aus dem 3. nachchristlichen Jahrhundert stammenden Anlagen ist auf Schaubildern nachvollziehbar dargestellt. Der Mühlenkomplex gilt als eine der wenigen bekannten römischen Industrieanlagen, die erforderlich wurden, als den Römern die Sklaven ausgingen.

Nach einem erlebnisreichen Tag stellt sich in Fontvieille wieder die **Übernachtungsfrage**: In meiner Kladde habe ich mir im Vorjahr den Windmühlenparkplatz und das Wäldchen seitlich der Straße von Fontvieille dorthin als ideale Übernachtungsplätze notiert. Aber ein Jahr später ist das passiert, was vielleicht auch anderen Plätzen dieses Buches zustößt: Man hat unübersehbare Verbotsschilder aufgestellt. Schade, denn dieser Teil der Provence ist mit freien Stellplätzen nicht gerade übersät (siehe auch die 11. Tour). Wir kurven zwar noch etwas durch die Gegend, aber es hilft nichts. Als einziger Ausweg bleibt der **Campingplatz** von Fontvieille. Der gehört aber trotz seiner Parzellen zu den schönsten der Provence. Er liegt - gut beschildert - völlig ruhig am Rande eines Pinienwaldes, der einen würzigen Geruch verbreitet (*Municipal les Pins*; geöffnet von Ostern bis zum 15. Oktober; mittleres Preisniveau). Für einen Spaziergang in den Ort ist er allerdings schon fast zu weit entfernt. So müssen unsere Notkonserven den Kneipentest ersetzen. Und der beschauliche Bummel durch das Städtchen und seine zahlreichen Antiquitätenläden fällt den wohnmobilistischen Beschränkungen zum Opfer.
Wie heißt es so schön in der Überschrift zu dieser Tour? Licht und Schatten!

Tour 11: Arles - Frankreichs größte Gemeinde

Kloster Montmajour - Arles - St. Gilles

Übernachten:	beim Kloster Montmajour; Parkplatz in St. Gilles
Besichtigen:	Kloster Montmajour; in Arles: Arena, antikes Theater, Kathedrale St. Trophime, Altertumsmuseum, Museum für christliche Kunst, Kryptoportikus, Musée Réattu les Alyscamps, Zugbrücke von Langlois; Kirchenportal von St. Gilles
Essen:	*Hostellerie des Arènes* in Arles
Karte:	Seite 130

Statt auf dem Campingplatz von Fontvieille hätten wir auch 4,5 km weiter westlich bei den Ruinen der **Abtei Montmajour** frei **übernachten** können. Denn die Parkplätze rechts (also nördlich) der Straße liegen eben, und im dortigen Buschwerk finden sich gemütliche Stellen . Es gibt dort ein kleines Restaurant, aber die Stelle ist eher einsam und wegen der nahen Straße zudem etwas laut. Die guten freien Stellplätze sind in diesem Teil Südfrankreichs jedoch rar, und da die Kloster-Ruine sowieso zu der Sorte von Sehenswürdigkeiten gehört, an der man auf keinen Fall vorbeifahren darf, bietet sich die Übernachtung hier an. Außerdem hält fast jeder Bus, der Fontvieille ansteuert, auch beim Kloster, so daß dessen Gelände tagsüber ziemlich intensiv von Touristen belagert ist. Dadurch gehen die Reize des Bauwerkes, die ohnehin eher im stimmungsmäßigen Bereich liegen, etwas verloren. Die beste Zeit für die Visite sind daher der späte Abend und der frühe Morgen.

Dann liegt das Gemäuer wie ein Klotz in der Landschaft. Eine Ruine, deren Schönheit gerade vom Ruinendasein lebt. Wenn die milde Abend- oder Morgensonne mit den Fensterlöchern spielt und das Buschwerk drumherum lange Schatten wirft, wenn die Frösche im Brackwasser offener Gräber quaken und wenn beim Einbruch der Dunkelheit ein leichter Schauer den Buckel raufkriecht, ist es die beste Besuchszeit für die Abbaye. Man steht dann zwar vor Zäunen, aber die Besichtigung im Innern kann mit dem äußeren Eindruck ohnehin nicht konkurrieren. Manche sehen das anders und schwärmen von der Stimmung in den Hallen und Gängen der im 19. Jahrhundert teilweise wieder aufgebauten Benediktinerabtei. Aber bei aller baulichen Klarheit umfängt uns auch eine gewisse Nüchternheit. Ganz im Gegenteil zum Blick vom hohen Turm der Anlage, der zu den überwältigenden Provence-Erfahrungen gehört. Denn von dort erlebt man wieder die erhabene Lage in der Landschaft: Auf einem 40 m hohen Felsen inmitten von Zypressen, Pinien und kleinen Kirchen. In der Ferne sieht man die Alpilles, auf der anderen Seite Arles und dazwischen ausgedehnte Reisfelder (Besichtigung ab 9,oo Uhr, im Sommer keine Mittagspause und bis 19,oo Uhr offen, sonst bis 17,oo Uhr; dienstags geschlossen).

Ursprünglich lebten hier Einsiedler; im 10. Jahrhundert wurde dann das Kloster gegründet, dessen Anlage im 12. Jahrhundert in etwa das heutige Aussehen hatte. Die Benediktiner begannen die umliegenden Sümpfe trockenzulegen und richteten Ablaß-Wallfahrten ein. Jeweils im Mai pilgerten die Menschen in Scharen nach Montmajour, das inzwischen auch einen Splitter vom Kreuze Christi sein eigen nannte. Und am 4. Mai 1909 sollen es gar 150.000 Gläubige gewesen sein, die sich simultan in mehreren Kapellen Befreiung von der Schuld ihrer Sünden erhofften. Die Teilnehmer strömten damals noch in Kähnen herbei, denn das Kloster lag auf einer Insel in der zu dieser Zeit noch nicht trockenen Sümpfen. Später kam die Abtei wegen ihrer Sittenlosigkeit in Verruf - kein Wunder bei diesen Anfechtungen und dem Geldsegen von außen. Mit Waffengewalt wurden die Mönche durch sittenstrengere verjagt, die aber ihrerseits in einen Hofskandal, die berühmte Halsbandaffäre, verwickelt wurden. Der König selbst verfügte im Jahre 1786 die Schließung, die wenig später in der Revolution wohl ohnehin erfolgt wäre. Die Anlage diente fortan als Steinbruch, ehe man sich ihrer im 19. Jahrhundert wieder annahm.

Versäumen Sie auch nicht - 300 m östlich - die Kapelle St. Croix, eine romanische Friedhofskapelle inmitten von Gräbern!

Wir besichtigen Montmajour in der Frühe, so ist es schon später Vormittag, als wir nach längerem Suchen in **Arles** (50.000 Einwohner) einen Parkplatz in Altstadtnähe ergattert haben (günstige Parkmöglichkeiten gibt es an der Stadtmauer oder in Bahnhofsnähe). 21 Jahre war ich nicht mehr in dieser mehr als 2.500 Jahre alten Stadt, und ich spüre deutlich eine bange, innere Unruhe, als ich durch die erste Altstadtgasse laufe. 21 Jahre haben andernorts das Gesicht einer Stadt verändert, es touristisch glattgebügelt. Werde ich in Arles noch diese eigentümliche Mischung antreffen von geschichtlicher Bedeutsamkeit und ganz normalem Alltagsleben, von zur Schau gestellter Kunst und Gammeligkeit, von Touristentrubel und stillen Winkeln? Welche Schneisen wurden von den Urlauberlawinen auf dem Weg nach Les-Stes.-Maries und La

Grande Motte geschlagen? Es ist kaum zu glauben, aber mir ist, als wäre ich gerade gestern noch hier gewesen; die erwarteten Wunden finde ich nicht. Und als ich am Nachmittag auf den breiten Rundbögen der **Arena** sitze, vor dem unvergleichlichen Panorama der blaß-roten Dächer mit der breiten, grauen Rhône dahinter, kehrt sogar die Begeisterung zurück, die mich überkam, als ich zum erstenmal hier saß. Über kaum eine provençalische Stadt wurde so viel geschrieben wie über Arles, aber der Platz auf den Arkaden der Arena kommt überall zu kurz. Noch grandioser ist die Sicht von einem der im Mittelalter angebauten Wachttürme, aber dort kann man nicht sitzen und die Stadt auf sich wirken lassen.

Auf der Arena

Natürlich ist auch die Innenseite des Amphitheaters sehr eindrucksvoll, wenn man bedenkt, daß hier einst 26.000 Menschen Platz fanden. Zu deren Belustigung wurden Tiere aufeinander gehetzt, Gladiatoren töteten sich gegenseitig mit dem Schwert, oder es wurden Minderheiten wie die Christen zur Zerstreuung des Volkes hingerichtet. Blutig geht es in les Arènes bisweilen auch heute noch zu, wenn spanische Stierkämpfe stattfinden. Diese wechseln sich ab mit der unblutigen provenzalischen Spielart, bei der geschickte und mutige Akteure dem Stier eine Blumenkokarde zwischen den Hörnern wegschnappen müssen. Dauerhafte Stahlgerüste ersetzen die im Laufe der Jahrhunderte weggebrochenen steinernen Zuschauerränge, auf denen im Mittelalter wie auch auf dem elliptischen Grund der Arena Häuser erbaut waren, zu deren Schutz die Türme dienten, die man heute noch sieht. Erst im 19. Jahrhundert wurde die kleine Stadt im Inneren des Amphi-

theaters wieder entfernt. Passen Sie auf, wenn Sie mit Kindern unterwegs sind, auf den Arkaden gibt es keinerlei Sicherungen, weshalb ich diese auch bei Mistral lieber meiden würde.

Wenn Sie in Arles einiges besichtigen wollen, kaufen Sie sich möglichst die Sammeleintrittskarte (billet global), mit der man eine Menge Geld sparen kann, zumal sie auch für die Museen gilt.

Mit ihr kommt man auch in das **antike Theater**, wo in römischer Zeit hauptsächlich Schauspiele und Tragödien aufgeführt wurden. In der Provence sind wir aber von der gewaltigen Bühnenwand des Theaters von Orange (1. Tour) verwöhnt, mit der das von Arles nicht mithalten kann.

162

Angenehm überrascht bin ich von der **Kathedrale St. Trophime**, denn die schönste romanische Kirchenfassade der Provence wurde inzwischen vom Dreck der Jahrhunderte befreit. Zwar sind die Restaurierungsarbeiten noch nicht ganz abgeschlossen, ein Großteil der kunstvollen Figuren läßt jedoch wieder den Stein erkennen, aus dem sie gemeiselt sind. Das Kirchenportal wird in Südfrankreich nur einmal übertroffen, nämlich in St. Gilles, das wir am Ende dieser Tour bereisen werden. Kaiser Barbarossa schritt hier in Arles durch jenes Tor, als er in St. Trophime zum König der Provence gekrönt wurde.

Leicht vergißt man nach dem großartigen Erleben der Skulpturen den Kreuzgang der Kathedrale, den viele vergeblich in deren Inneren suchen. Den Eingang findet man statt dessen ein paar Meter seitlich des Kirchenportals, wenn man dem Wegweiser "Cloître" folgt. Sie dürfen in der Provence viele Sehenswürdigkeiten auslassen - aber niemals den Cloître von St. Trophime, den schönsten Kreuzgang der Provence. Ausdrucksstarke Kapitelle erzählen Geschichten aus der Bibel, und vor allem bei Sonnenschein entsteht ein reizvolles Licht- und Schattenspiel. Man fühlt sich sofort entrückt in eine stille, eigene Welt, in die erstaunlich wenige Touristen eintauchen. Achten Sie einmal darauf, ob Ihnen aufgefallen wäre, daß der schönere Teil des Kreuzgangs romanisch ist, während die beiden weniger interessanten Flügel aus der Zeit der Gotik stammen.

Kreuzgang von St. Trophime

Als ich wieder aus dem Kreuzgang heraustrete auf den sonnenüberfluteten Platz davor, zieht es mich schon sehr nach links in Richtung zum Boulevard des Lices und den dortigen Straßencafés. Oder soll ich mir noch ein Museum antun? Zum Glück überwinde ich die Urlaubsträgheit, es sind auch nur ein paar Schritte quer über den Platz, vorbei am ägyptischen Obelisken, geradewegs zur Tür einer ehemaligen Kirche ins **Musée Lapidaire d' Art paien (Altertumsmuseum)**. Wenn man schon in der ehemals römischen Hauptstadt Galliens weilt, sollte man auch die bedeutsamste Sammlung römischer Kunst in Frankreich anschauen. Obwohl der berühmteste Fund, das 2 m hohe Standbild der "Venus von Arles" nur ein Gipsabdruck ist, dessen Original in Paris im Louvre steht. Man hatte sie Ludwig XIV. geschenkt. Sehr interessant sind auch die Sarkophage, die ursprünglich alle einmal an der Gräberallee Les Alyscamps aufgestellt waren. Da man in Arles diesen antiken Friedhof ebenfalls besichtigen sollte, ist es wirklich sinnvoll, sich im Museum ein paar der steinernen Särge anzuschauen.

Noch mehr von ihnen sind im **Museum für christliche Kunst**, dem **Musée Lapidaire d' Art Chrétien** untergebracht, welches sozusagen hinter das Altertumsmuseum (d' Art paien) gebaut ist. Vom Museum für christliche Kunst kann man auch herabsteigen in den sogenannten **Kryptoportikus**, eine unterirdische Säulenhalle aus antiker Zeit. Vermutlich bunkerten die Römer hier Getreide, bevor sie dieses aus der fruchtbaren Provinzia ins heimische Reich weitertransportierten. Beide Museen sind übrigens dienstags geschlossen und möglicherweise bei Ihrer Visite schon ein einziges archäologisches Museum. Man plant nämlich eine Zusammenlegung, die sinnvoll wäre, denn zu einem zweiten Museumsbesuch kann man sich noch schlechter aufraffen (ich ehrlich gesagt bei der letzten Arles-Visite auch nicht. Ich vertraue an dieser Stelle darauf, daß sich auch im Museum seit meinem Rundgang im Jahre 1971 nichts geändert hat).

Nur der Vollständigkeit halber, weil wir gerade bei den Museen sind: Das provenzalische **Heimatkundemuseum** "Muséon Arlaten" (neben dem christlichen Museum) wurde von dem Schriftsteller Frédéric Mistral gestiftet. Der bekam nämlich im Jahre 1904 den Literatur-Nobelpreis und spendierte das damit verbundene Geld für eine Sammlung aus Hausrat, Möbel, Trachten, Spielzeug und Grippefiguren. Sogar die Wiege Mistrals ist zu sehen, und zum Teil stammen die Beschriftungen noch von seiner Hand; etwas für Regentage und leider ziemlich verwahrlost.

Und noch ein Museum: Ich muß gestehen, daß ich es ins **Musée Réattu** am Rhône-Ufer bislang selbst noch nicht geschafft habe. Was mich eigentlich wundert, denn dort gibt es eine größere photographische Abteilung, die unter anderem dazu beigetragen hat, daß Arles Sitz der französischen Nationalschule für Photographie wurde und daß alljährlich im Juli in der Stadt ein Festival der Photographie stattfindet. Außerdem beherbergt das Museum 57 Picasso-Zeichnungen aus den Jahren 1970/71 und Werke weiterer moderner Künstler.

Vermutlich werden es auch Sie nach St. Trophime und den Museen nicht bis hinunter an die Rhône schaffen, zumal die Cafés am Boulevard des Lices zur Einkehr locken. Vor allem mittwochs oder samstags, wenn unter den Platanen des Boulevard Marktstände französisches Vivre vermitteln. Nur eines muß Ihnen klar sein: Die vielzitierten schönen Frauen von

Arles werden Sie nicht entdecken, denn das weibliche Geschlecht ist hier nicht hübscher als anderswo.

Vom Boulevard des Lices ist es nicht weit zu einer anderen bekannten Allee von Arles, zur Gräberstraße **Les Alyscamps**. Die Einheimischen nennen sie auch Allée des Sarcophàges, womit auch schon gesagt wäre, was es hier zu sehen gibt: Die Römer bestatteten einstmals ihre Toten in einem riesigen Friedhof außerhalb der antiken Stadt. Später wurde hier ein Heiliger, der hingerichtete Genest, beerdigt und an seinem Grab eine Kapelle erbaut. Viele fromme Christen hatten nun den Wunsch, in der Nähe des Heiligen ihre letzte Stätte zu finden. So wurden die Toten von weit her gebracht und in teilweise prächtigen Steinsärgen gebettet. Angeblich wurden die Leichen sogar einfach in Holzsärgen ins Rhônewasser gelegt, damit die Totenfischer von Arles die Verstorbenen aus dem Wasser angeln und auf besagten Friedhof bringen konnten. Das Beerdigungsgeld klemmte man den Leichen kurzerhand zwischen die Zähne. Die kostbaren Steinsärge und Grabmale sind heute in alle Winde verstreut (zum Teil im Museum für christliche Kunst - siehe oben). Aber einen schwachen Eindruck bekommt man auch noch heute beim Gang durch die von Sarkophagen gesäumte Pappelallee. Die Kapelle am Ende der Gräberstraße, sie heißt heute St. Honorat, ist unvollendet und wird zur Zeit restauriert.

Ursprünglich war der Friedhof viel größer als heute. Aber der Bau einer Eisenbahnlinie ließ ihn im 19. Jahrhundert auf die heutige Größe schrumpfen. Man kann von der Altstadt zu Fuß hierher laufen (beschildert, südlich des großen Boulevard bergab) oder auch fahren. Meist ist direkt vor dem großen Friedhofstor ein Parkplatz frei (außer von Juni bis September Mittagspause von 12,oo bis 14,oo Uhr!).

Sie werden im Zusammenhang mit Arles noch den Maler **Vincent van Gogh** vermissen, von dessen Bildern so viele Postkarten überall in der Stadt verkauft werden. Zurecht, denn Vincent malte, nachdem er im Februar 1888 von Paris hierher kam, rund 400 Bilder, ehe er sich im Mai 1889 in die Irrenanstalt von St. Rémy (10. Tour) begab. Aber von ihm sind in Arles nur die Postkarten zu sehen. Das "gelbe Haus", in dem er wohnte , wurde im 2. Weltkrieg zerbombt. Nicht ein einziges Bild von ihm befindet sich in der Stadt, woran sich vermutlich angesichts der heutigen Preise auch nichts mehr ändern wird. Nur das alte Krankenhaus, das ehemalige Hôtel Dieu, ist heute ein Haus der Künste, und das scheint der einzige Bezugspunkt zu Vincent zu sein. Denn als er sich in Arles ein Ohr abschnitt (manche Quellen erwähnen nur ein Ohrläppchen, was aber gewiß unbedeutsam ist), wurde er hier verbunden. Grund genug, um dem Gebäude heute van Gogh's Namen zu geben.

Und ob es sich beim **"Pont de Langlois"** tatsächlich um die hölzerne Ziehbrücke handelt, die van Gogh vielfach gemalt hat, wird in manchen Büchern auch bezweifelt. Tatsächlich habe ich den Eindruck, daß die heutige Brücke etwas anders aussieht als die auf den Bildern. Natürlich fahren auch wir an den kleinen Kanal im Süden von Arles, zu dem wir von der D 35 beim Wegweiser nach links abbiegen (die Brücke ist auf der Michelin-Karte eingezeichnet), um eine leicht angegammelte Ziehbrücke am Rande eines Industriegebiets zu finden. Und dann, provenzalischer Alltag: Ein Reisebus entläßt seinen Inhalt, ein paar Männer pinkeln an die nahen Büsche, der Rest strebt mit knipsbereiter Kamera der Brücke zu; man bittet mich, das WOMO wegzufahren, es steht nämlich in der Schußlinie. Genau sieben Minuten später hupt der Busfahrer, die Leute steigen ein, und weiter geht's - zur Mühle von Daudet. Das sind Momente, an denen ich genau weiß, warum ich den Wohnmobilurlaub so schätze, denn jetzt ist es ganz still an dem kleinen Kanal, und der Pont de Langlois gehört nur uns.

Pont de Langlois

Es ist später Nachmittag, und an einem Randweg des Kanals hat sich nahe der Brücke tatsächlich ein WOMO schon nachtfertig gemacht. Etwas einsam und kein richtiger Über-nachtungsplatz, aber auch keine schlechte Idee. Einen ande-ren, empfehlenswerten Stellplatz kenne ich in Arles nicht, obgleich wir schon ausgiebigst gesucht haben. Auch der Campingplatz an der Straße nach St. Martin-de-Grau ist eine

Enttäuschung: Unschön gelegen und von der Altstadt zu weit entfernt. Man fährt am besten zum Kloster Montmajour (siehe oben) oder weiter nach Osten bis nach Fontvieille (10. Tour).

In ganz Arles haben wir uns jedoch zugegebenermaßen noch nicht auf die Stellplatzsuche gemacht. Denn die Stadt ist die flächengrößte Gemeinde Frankreichs. Bis ans Meer und über die halbe Camargue hat der Herr Bürgermeister das Sagen.

Wegen der fehlenden Übernachtungsmöglichkeiten sind auch unsere Restauranterfahrungen in Arles beschränkt: Die *Hostellerie des Arènes* (Tel. 90 96 13 05; geschlossen: die letzten Tage im Juni, im Dezember und Januar, mittwochs und außerhalb der Saison auch dienstags abends) ist leicht zu finden, und zwar, wie der Name vermuten läßt, östlich der Arena, unmittelbar an der Straße, die um dieselbe herum führt. Die Plätze auf der Terrasse sind leider meist ausgebucht, von ihnen blickt man nämlich auf das Amphitheater. Auch sonst ist das Lokal sehr gut besucht, weshalb man unbedingt reservieren sollte, die Preise sind erfreulich niedrig, und die Art des dort aufgetischten Essens habe ich schon mal an anderer Stelle als "ehrlich" bezeichnet.

Geradezu ideal sind aber die **Übernachtungsbedingungen** in **St. Gilles** (10.000 Einwohner). Hier findet man - 16 km westlich von Arles - eindeutig den besten freien Stellplatz der Gegend: Von der Durchgangsstraße, der N 572, werden Sie mitten in St. Gilles von einem Wegweiser zu einem großen Parkplatz südlich der N 572 geschickt. Dort steht man ortsnah, sicher und am Rande einer Grünanlage. Außerdem gibt es Wasser und eine sehr gepflegte öffentliche Toilette.

Und nach St. Gilles, das geographisch schon im Languedoc liegt, müssen Sie ohnehin, denn die **Kirchenfassade** ist weltberühmt und gilt als Hauptwerk der Bildhauerkunst in Frankreich. Mit einer großen Anzahl von lebensnahen Skulpturen werden Bibelszenen von Kain und Abel bis zu Judas dargestellt. Leider ist ein Teil der Gestalten schon reichlich verwittert oder zerstört. Daran ändert dann auch das milde Nachmittagslicht, die beste Zeit für das obligatorische Foto, nichts. Aber der Gesamteindruck der Fassade ist zu allen Zeiten großartig: Romanisch im reinen Wortsinne, denn die Bögen der Tore und die Anordnung der Säulen erinnert stark an die Bauweise der Römer. Zudem erhebt sich die Kirchenwand hinter dem davorliegenden Platz wie die Bühne eines antiken Theaters.

Kirchenfassade in St. Gilles

Der heilige Ägidius, nach dem die Stadt benannt ist, war ein Einsiedler, der die Tiere im Rhônedelta vor den adligen Jägern geschützt hat. Dabei traf ihn ein Pfeil des jagenden Königs und durchbohrte die Hand. Majestät bereute und baute ein Kloster, von dem heute fast nur noch die berühmte Fassade übrig ist. Die Krypta mit dem Grab des Heiligen brachte den Ort auf Platz vier der Pilgerweltrangliste (Jerusalem, Rom, Santiago-de-Compostella und St. Gilles).

Daran wird Sie aber nichts erinnern, wenn Ihr WOMO fast mutterseelenallein auf dem großen Parkplatz des ansonsten eher uninteressanten Städtchens steht.

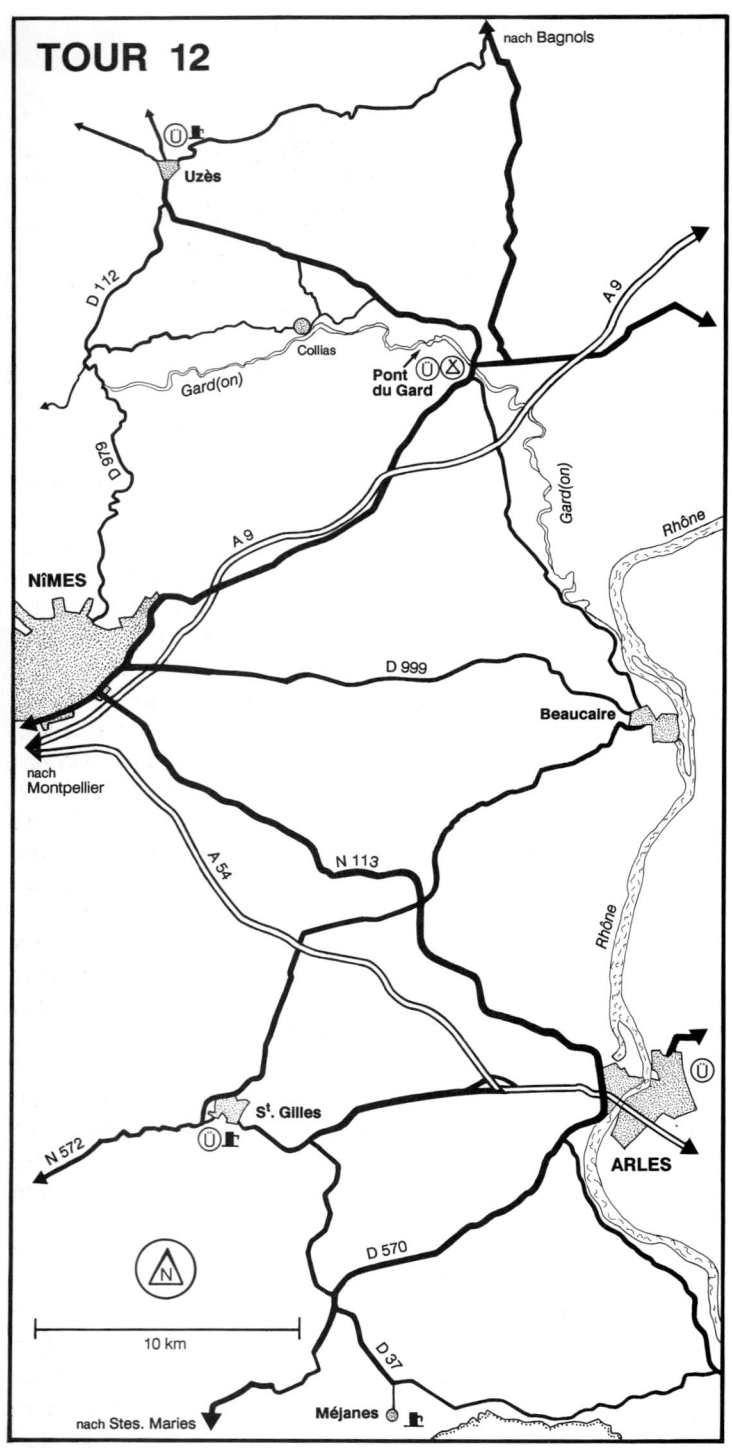

TOUR 12

nach Bagnols

Uzès

D 112

D 979

Collias

Gard(on)

Pont du Gard

A 9

A 9

Gard(on)

Rhône

NîMES

D 999

Beaucaire

nach Montpellier

Rhône

A 54

N 113

St. Gilles

N 572

ARLES

D 570

N

10 km

D 37

nach Stes. Maries

Méjanes

Tour 12: Römische Erbschaften

Pont du Gard - Uzès - Nîmes

Übernachten:	Park- oder Campingplatz am Pont du Gard; Parkplatz in Uzès
Besichtigen:	Pont du Gard; Altstadt, Tour Fenestrelle und Duché in Uzès; in Nîmes: Arena, Maison carrée, Jardin de la Fontaine, Tour Magne, Castellum Divisorum, Porte d'Auguste
Essen:	Restaurant *Vieux Moulin* am Pont du Gard; Pizzeria oder Restaurant Hôtel d'Entraigues in Uzès
Wandern:	Spaziergang zum Aussichtspunkt am Pont du Gard

Was ist wohl die spektakulärste Hinterlassenschaft der alten Römer? Vom Latein soll hier nicht die Rede sein, sondern von den baulichen Erbschaften. Die im heutigen Rom wollen wir auch noch ausklammern. Dann aber wird die Wahl ziemlich eindeutig: Der **Pont du Gard**! Er ist zwar nur ein Zweckbau, der einstmals Trinkwasser über das Flüßchen Gardon leitete, aber was für einer! Der Prototyp eines Aquädukts bezieht seine Faszination in erster Linie aus der reinen technischen Zielsetzung. Hier sollte Wasser über ein Flußtal geschafft werden, und zwar mit den im ersten nachchristlichen Jahrhundert vorhandenen technischen Möglichkeiten. Sonst nichts. Man hat präzise gearbeitet, als man die Quader aneinandergefügt hat. Ohne Mörtel haften sie aufeinander, und hätten die römischen Baumeister auch nur im Detail geschlampt, von der Bogenbrücke wäre heute nichts mehr übrig.

So wie von den zahlreichen anderen Aquädukten, die für den etwa 50 km langen Wassertransport von der Eure-Quelle bei Uzès bis nach Nîmes erforderlich waren. Deren Quader erkennen Archäologen mitunter noch in den Mauern älterer Häuser. Teilweise wurde das Wasser aber auch durch Tunnels oder künstliche Kanäle geleitet. Man sieht am Pont du Gard heute noch aus dem Mauerwerk herausragende Steine, an denen ein zum Bau notwendiges Gerüst befestigt worden war. Eine schier unglaubliche Meisterleistung war die Berechnung des Gefälles. Denn von der Quelle bis nach Nîmes durfte auf 50 km nur ein Höhenunterschied vom 17 m überbrückt werden, das sind ganze 34 cm auf den Kilometer (!). Am Pont du Gard mußte man das Gefälle sogar auf 56 cm pro Kilometer erhöhen, was dann anderswo zu einer sogar noch geringeren Neigung geführt hat. 20.000 Kubikmeter Wasser rauschten täglich nach Nîmes, um dort rund 40.000 Einwohner zu versorgen. Einiges ist sicher unterwegs versickert oder verdunstet, wenngleich man gerade zum Schutz gegen die Sonne schwere Steinplatten auf den Wasserkanal gesetzt hat. Diese sind am Pont du Gard noch größtenteils erhalten und erlauben es mutigen Zeitgenossen, oben auf der Brücke entlang zu spazieren. Ohne Geländer, Netz und doppelten Boden. Ich möchte nicht wissen, wieviele Menschen hier schon herabgestürzt sind, vor allem wenn der Tramontana bläst. Das ist derselbe Wind, der ein paar Kilometer weiter östlich noch Mistral genannt wird. Zwei Millionen Besucher klettern Jahr für Jahr auf der alten Brücke herum, die in einem kaum merklichen Schwung über den Gardon gebaut ist.

Pont du Gard

Man kann den Pont du Gard auf beiden Flußufern anfahren, vom linken (nördlichen) darf man außer in den Sommermonaten sogar auf ihm selbst mit dem Auto den Fluß überqueren. Die unterste Arkadenreihe wurde nämlich im 18. Jahrhundert für den Bau einer Straße verbreitert. Sinnvoller ist es, das südliche, rechte Ufer anzusteuern. Dort gibt es einen Parkplatz, der genauso gebührenpflichtig ist wie der auf der anderen Seite, aber mindestens fünfmal so groß. Hier kann man auch hervorragend übernachten, worauf unten noch einmal zurückzukommen sein wird.

Ich kann schon gar nicht mehr zählen, wie oft ich den Pont du Gard bestaunt habe. Und jedesmal bin ich auf dem rechten Ufer auch den schmalen, rot-weiß markierten Weg zum Aussichtspunkt hinaufgeklettert, wo man gerade am Nachmittag den schönsten Blick auf die Brücke hat (siehe Foto). Im Lauf der letzten Jahrzehnte hat sich im Umfeld des Pont auch relativ

172

wenig getan. Die Parkplätze wurden zwar größer und teurer, aber die Schnick-Schnack-Buden wurden eher weniger, und das ganz große Desaster ist uns erspart geblieben: Geschäftemacher planten Mitte der 80-er Jahre einen gewaltigen Freizeitpark rund um die Brücke, mit römischen Dörfern, Sport- und Vergnügungszentrum, Hochhaus-Hotels und sonstigen Einrichtungen, mit denen man den schnellen Franc machen kann. Bürgerinitiativen aus Umweltschützern und Einheimischen konnten sich jedoch wehren, so daß das Vorhaben abgeblasen wurde - vorerst!

Die Landschaft um die Brücke ist noch erstaunlich gut erhalten, man glaubt kaum, daß hier Jahr für Jahr Millionen Touristen herumtrampeln. Fast schon unwirklich ist der Bade-Kiesstrand unter den Pfeilern, wo man im Sommer unter den römischen Bögen hindurchschwimmen - und paddeln - kann. Fragen Sie mich nicht nach der Wasserqualität, ich ahne nichts gutes. Aber im Gard (das ist dasselbe wie Gardon) wird nach wie vor auch an anderen Stellen gerne geschwommen, trotz der Industrieansiedlungen am Oberlauf, beispielsweise bei Alès.

Wer will kann auch an unserem **Übernachtungsplatz** in den Fluß springen. Wie ich oben schon angedeutet habe, ist es der Parkplatz auf dem rechten Ufer, auf den nur darf, wer vor einer Schranke Gebühren bezahlt hat. Keine Angst, nachts ist die Schranke offen, so daß man auch dann noch wegfahren kann. Ich frage mich nur, wie lange die WOMO's hier noch geduldet werden und kann nicht ausschließen, daß es auch saisonbedingte Unterschiede gibt. In der Superhochsaison habe ich die Wohnmobilfreundlichkeit der Parkwächter auch selbst noch nicht überprüft. Dabei wäre diese gerade dann von Nöten. Denn der **Campingplatz** 500 m weiter vorne ist im Hochsommer "complet", genau so wie die anderen direkt am Fluß liegenden Plätze. Der Zeltplatz auf dem rechten Ufer heißt "*La Sousta*" und ist wegen seines noch weitgehend naturbelassenen Geländes und wegen des Schwimmbades in der Vor- oder Nachsaison einigermaßen angenehm. Hier verbringen wir, unseren Kindern zuliebe, unsere letzte Nacht am Pont du Gard.

Auf den Parkplätzen sollte man sich vor Dieben in Acht nehmen und keinesfalls Wertsachen im Auto zurücklassen.

Das gilt besonders, wenn man zum Abendessen das am linken Ufer direkt beim Aquädukt liegende **Restaurant *Vieux Moulin*** besucht. Unsere Erwartungen sind zunächst gedämpft; so dicht an einer derartigen Touristenattraktion. Und sogar noch mit Blick auf die nachts angestrahlte Römerbrücke - außerdem wird im Sommer draußen gedeckt. Aber für all dieses sind die Preise fast schon bescheiden bei erstaunlich ansprechender Qualität (Tel. 66 37 14 35; geöffnet von Mitte März bis Mitte November). Weniger erfreulich sind diverse andere Kneipen; die Leistungen einiger grenzen an vorsätzliche Körperverletzung. Auch der nächstgelegene Ort, das Städtchen Remoulins, ist im Grunde nur für die Durchreise da. Interessanter ist hingegen das kleine Dorf **Vers** nördlich des Pont du Gard, wo die Steine für die Brücke herkommen. Im alten Steinbruch am Westrand des Dorfes sieht man noch heute die Spuren der Transportschlitten.

Nach dem Besichtigungsprogramm bestehen unsere Töchter auf einer sportlichen Variante des Urlaubs: Sie wollen reiten. Am Campingplatz sind ihnen Prospekte einer Ranch in die Hände gefallen, und so steuern wir das Dörfchen Collias ein paar Kilometer Gardon aufwärts an. Der Weg zur Promenade-à-Cheval bzw. zum Reiterhof "Califourchon" ist gut beschildert, und bald stehen wir vor einer Pferdekoppel, wie man sie genau so gut auch an unzähligen anderen Stellen in Südfrankreich antreffen könnte. Das Touristen-Spazieren-Hoppeln ist offenbar ein gutes Geschäft, trotz des erstaunlich niedrigen Preises von umgerechnet 15,-- pro Stunde. Von Reiten kann eigentlich nicht die Rede sein, denn wie anderswo hängen Urlauber mit krummen Rücken auf Gäulen, die ihren Weg auch ohne den Reitersmann finden. Aber immerhin trägt man den Reiterfahrungen unserer Tochter Rechnung und bietet eine Sondertour an, bei der richtig galoppiert wird. Lena ist besonders davon beeindruckt, daß die Pferde sogar durch den Gardon waten.

Am frühen Nachmittag geht die Reise dann weiter nach **Uzès**, einem der schönsten Städtchen im Languedoc (8.000 Einwohner). Vor allen anderen Schönheiten kann der Ort mit einem hervorragenden **Übernachtungsplatz** aufwarten: Es ist der große, baumbestandene Parkplatz auf der Rückseite der Kathedrale, oberhalb des Schwimmbades, am nordöstlichen Rand der Innenstadt. Man kann ihn eigentlich nicht verfehlen, denn die Kathedrale erkennt man am berühmten runden Turm, der Tour Fenestrelle. Die Parkplatzzufahrt zweigt an einer der größten Kreuzungen des Ortes ab, bevor die D 982 bergab führt. Man kann sich auf den hinteren Teil der Parkfläche stellen, in die Nähe einer öffentlichen Toilette (einen mit dem Auto anfahrbaren Wasserhahn finden Sie an der Hauswand des alten Gemäuers, in welchem ehemals das Tribunal untergebracht war). Man nächtigt dort unter ausladenden

Tour Fenestrelle

Kastanien vor einer steinernen Balustrade, der sogenannten "Promenade Racine".

In der Dämmerung sitzen wir hinter dem steinernen Geländer auf einem Bänkchen und freuen uns an dem Blick über eine idyllische Landschaft inmitten von sanften Hügeln. In einer Mischung von Gartenland und Garrique singen uns Nachtigallen ein Abendlied. Und als uns die Dunkelheit ganz langsam einhüllt, können wir es Racine nachempfinden, der an dieser Stätte einstmals schrieb: "*Unsere Nächte sind schöner als Eure Tage*". Der junge Dichter wohnte nämlich im Alter von 22 Jahren von 1661 bis 1662 in einem kleinen Pavillon vorn an der

Balustrade, als er von seinen Eltern zum Onkel, dem damaligen Generalvikar von Uzès geschickt wurde, damit er etwas Anständiges lernen sollte. Woraus bekanntlich nichts wurde. Außer von angenehmen Nächten berichtete Racine seinen Freunden in Paris auch vom guten Essen (das auch wir noch erwähnen werden), er soll aber das Fehlen jedweder Buchhandlung in Uzès bedauert haben.

Man könnte mit dem WOMO sogar bis zum Aussichtsgeländer vorstoßen und dann den Lieben zu Hause von einer der schönsten Übernachtungsstellen Südfrankreichs vorschwärmen. Tun Sie es nicht! Ein Wohnmobil neben dem "Pavillon Racine" gleicht der vielbeschworenen Faust auf dem Auge - und wir müßten in der nächsten Auflage unseres Reiseführers den Übernachtungsplatz von Uzès streichen. Tragen Sie lieber Ihren Rotwein die 80 m von Ihrem Auto zu einer der steinernen Bänke, damit die Übernachtungsbedingungen auch in Jahren noch so großzügig sind wie heute. Da drehen nämlich die Gendarmen gelegentlich eine Runde über den Parkplatz, ohne an den hier stehenden Reisemobilen Anstoß zu nehmen. Im Sommer ist es von hier ins Schwimmbad (an der D 982 ein paar Meter bergab) ein Katzensprung, und unterhalb des seitlichen Geländers können sich Ihre Kinder sogar auf einem Spielplatz vergnügen.

Auch in kulinarischer Hinsicht sind die Bedingungen ideal: Schräg gegenüber der Parkplatzeinfahrt und rechts des Weges zum Stadtzentrum kommt man an einer preiswerten **Pizzeria** vorbei, und für die Gourmets ist auch gesorgt. Im **Restaurant** des *Hotels d'Entraigues* wird im Sommer sogar auf einer Dachterrasse aufgetischt, wo man sich dann kaum entscheiden kann, ob man sich lieber die leckeren Speisen auf dem Teller betrachtet oder die gegenüberliegende Kathedrale, die Tour Fenestrelle oder die Dächer von Uzès (das Lokal ist von der "Promenade Racine", bzw. unserem Übernachtungsplatz nach wenigen Schritten direkt gegenüber der Vorderseite der Kathedrale zu erreichen; es ist außerhalb der Saison mittwochs mittags und dienstags geschlossen; Tel. 66 22 32 68; die Preise sind niedriger als man sie in dem gediegenen Rahmen erwartet).

Schlafplatz und Restaurant sind aber nicht die Hauptanziehungspunkte der Stadt, die geradezu ein Muster südfranzösischer Lebensart darstellt. In mittelalterlicher Struktur liegt alles beieinander, was man sich vom Urlaub in Südfrankreich erhofft: Käsegeschäft, Weinladen, kleine Bäckereien und Kneipen unter Platanen. Am stimmungsvollsten trinkt man den Kaffee neben einem plätschernden Brunnen auf der arkadengesäumten Place aux Herbes.

Place aux Herbes

Auch den Freunden der Baukunst ist Uzès ein fester Begriff, vor allem die schon mehrfach erwähnte **Tour Fenestrelle**. Sie ist das einzige Überbleibsel einer romanischen Kathedrale, die im 18. Jahrhundert durch einen eher uninteressanten Neubau ersetzt worden ist. Aber der runde Turm blieb unangetastet und erinnert, zumal ebenfalls freistehend, an einen italienischen Campanile. Sehenswert ist inmitten des Altstadtrings auch der Herzogspalast, die **Duché**, mit einer schön proportionierten Renaissance-Fassade ist. Hier treibt aber auch das Geschäft mit den Touristen sein Unwesen: Die Besichtigung ist nur im Rahmen von Führungen möglich, deren hoher Preis durch ein Wachsfigurenkabinett gerechtfertigt wird, mit dem eine altertümliche Königshochzeit nachgestaltet ist. Damit sich in der Hochsaison auch möglichst jeder Urlauber die wächserne Hochzeit zu Gemüte führt, setzt man noch eins drauf: eine nächtliche Schloßführung im Kerzenschein. Dabei hätte Uzès derartige Spektakel nun wirklich nicht nötig.

Auf dem weiteren Weg nach Nîmes überqueren wir wieder den Gardon, der sich hier in eine kleine Schlucht gefressen hat. Leider gibt es aber kein schönes Bade- und schon gar nicht ein Übernachtungsplätzchen. Und jenseits des Flusses durchquert man dann auch ein ausgedehntes Truppenübungsgelände, von dem Panzer über die Landstraße rasseln.

Nîmes selbst ist mit seinen 130.000 Einwohnern eine quirlige Großstadt, sie gilt unter allen südfranzösischen Städten als diejenige, die den reichhaltigsten Bestand an römischen Bauten aufzuweisen hat. Wer diese im Sommer abklappern möchte, muß hitzefest sein, denn Nîmes ist außerdem die

heißeste Stadt Frankreichs. Obwohl eingefleischte Langue-
doc-Kenner behaupten, der Flair der Stadt würde sich erst bei
Hitze richtig auftun, wenn die Autodächer dampfen und man
nur mühsam einen Fuß vor den anderen setzen kann, sind wir
doch ganz froh, daß sich bei unserem letzten Besuch, in der
Woche vor Pfingsten, eben erst Regenwolken verzogen haben.

Dafür rüstet man zum größten Volksfest des Jahres, zur
"Feria". In der ganzen Innenstadt werden nämlich gerade
Tische, Stühle und Ausschankbuden aufgestellt, an denen vor
allem abends alkoholisch die Post abgeht. Ein ganzes Stadtviertel ist voller Jahrmarktstreiben, auf mehreren Bühnen
proben schon die Jazzer, und in die Arena darf nur noch, wer
dort einem blutigen Stierkampf beiwohnen will. Die berühmtesten Toreros sind im Lande, und in speziellen Lokalen wird das
Fleisch der abgestochenen Stiere honorigen Gästen zubereitet.

Amphitheater

Gut, daß wir das **Amphitheater** schon aus früherer Zeit
kennen, es ist zwar kleiner als das von Arles, aber das besterhaltene des gesamten römischen Reiches. 24.000 Menschen fanden in antiker Zeit dort Platz, um sich an Gladiatoren-
kämpfen und Tierhatzen zu ergötzen. Die Kapazität ist seit der
Antike geschwunden, da die oberen Zuschauerränge wegge-
fallen sind. Deren Material diente nämlich im Mittelalter als
Steinbruch. Am Zweck des Bauwerkes hat sich aber so sehr
viel nicht geändert. Wenn nämlich keine Stiere getötet werden,
gastieren hier internationale Stars von Phil Collins bis Elton

178

John. Und im Winter werden les Arènes heutzutage sogar mit einem Plastikdach überzogen.

Ein Stück beschaulicher geht es noch rund um den ausgezeichnet erhaltenen römischen Tempel, das **Maison Carrée** zu, das man wenige Hundert Meter vom Theater entfernt auf dem Boulevard Victor Hugo findet. Man glaubt kaum, daß der Römertempel fast 2.000 Jahre auf dem Kreuz hat, zumal seine Geschichte mehr als bewegt ist; war er nämlich in späterer Zeit Rathaus, Kirche und sogar einmal Pferdestall. Man muß allerdings zugeben, daß die schöne Kassettendecke der Vorhalle und einige andere Bauteile originalgetreue Rekonstruktionen sind, im Gegensatz zum prächtigen Mosaikfußboden, der noch aus römischer Zeit stammt.

Maison Carrée

Es wäre allerdings ein großer Fehler, am Maison carrée wieder umzukehren. Gehen Sie statt dessen auf dem Boulevard Victor Hugo weiter nach Norden und biegen Sie an dessen Ende nach links in die Rue de la Fontaine ab, Sie werden dann bald rechterhand vor dem Tor des **Jardin de la Fontaine** stehen. Diese Parkanlage aus dem 18. Jahrhundert ist mir der liebste Ort in Nîmes. Den Hang hinauf sind dort kleine Terrassen mit wunderschönen Balustraden und kleinen Bänkchen angelegt, auf denen man im Sommer die Zeit verdösen kann. Die Nemausus-Quelle, die schon in der Antike sprudelte, speist kleine Teiche und Kanäle, um die herum eine barocke Parkanlage geschaffen wurde, deren Reiz vor allem auch darin besteht, daß ihr ein Anflug von Ungepflegtheit anhaftet. Dafür gibt es im linken Teil noch ein römisches Überbleibsel, den sogenannten **Tempel der Diana**, der vermutlich gar kein Heiligtum, sondern eine Bibliothek oder ein Wohnhaus war.

Im Jardin de la Fontaine

Wer noch Kraft hat, klettert die Treppenstufen des Berghangs ganz hinauf zur **Tour Magne**. Der Turm war ursprünglich Bestandteil der römischen Stadtbefestigung und etwa 10 m höher als heute. Trotzdem hat man von der Plattform immer noch einen umfassenden Blick auf die Stadt und über das Rhône-Tal; bei gutem Wetter sogar bis zum Mont Ventoux.

Vermutlich reicht Ihre Kraft dann nicht mehr bis zum **Castellum Divisorum** (am nördlichen Ende des Boulevard Victor Hugo nach rechts auf dem Boulevard Gambetta, dann die zweite Straße nach links bergauf). Man findet dort ein rundes Becken von 5,50 m Durchmesser, das antike Wasserreservoir, in welches das kostbare Naß vom Pont du Gard

180

Tour Magne

geleitet worden ist. Der Abfluß konnte über 10 Bleirohre beliebig reguliert werden, deren Anschlüsse an der Beckenwand noch deutlich erkennbar sind.

Vielleicht kommen Sie im Norden der Innenstadt, (am nördlichen Ende des Boulevard Amiral-Courbet) an der **Porte d'Auguste**, einem viertorigen, römischen Stadttor vorbei, womit Sie dann auch die wesentlichen antiken Erbschaften abhaken könnten.

Vermutlich sind Sie aber längst vorher im Jardin de la Fontaine oder in einem der zahlreichen schattigen Straßencafés hängengeblieben. Sie beruhigen sich damit, daß Ihr Südfrankreich-Urlaub der Erholung dienen soll. Und damit liegen Sie goldrichtig.

Übernachtungsplätze haben wir in Nîmes noch nie gesucht, dazu besteht auch kein Bedarf, denn schöner und ruhiger als in Uzès (siehe oben) kann es in einer Großstadt kaum sein.

181

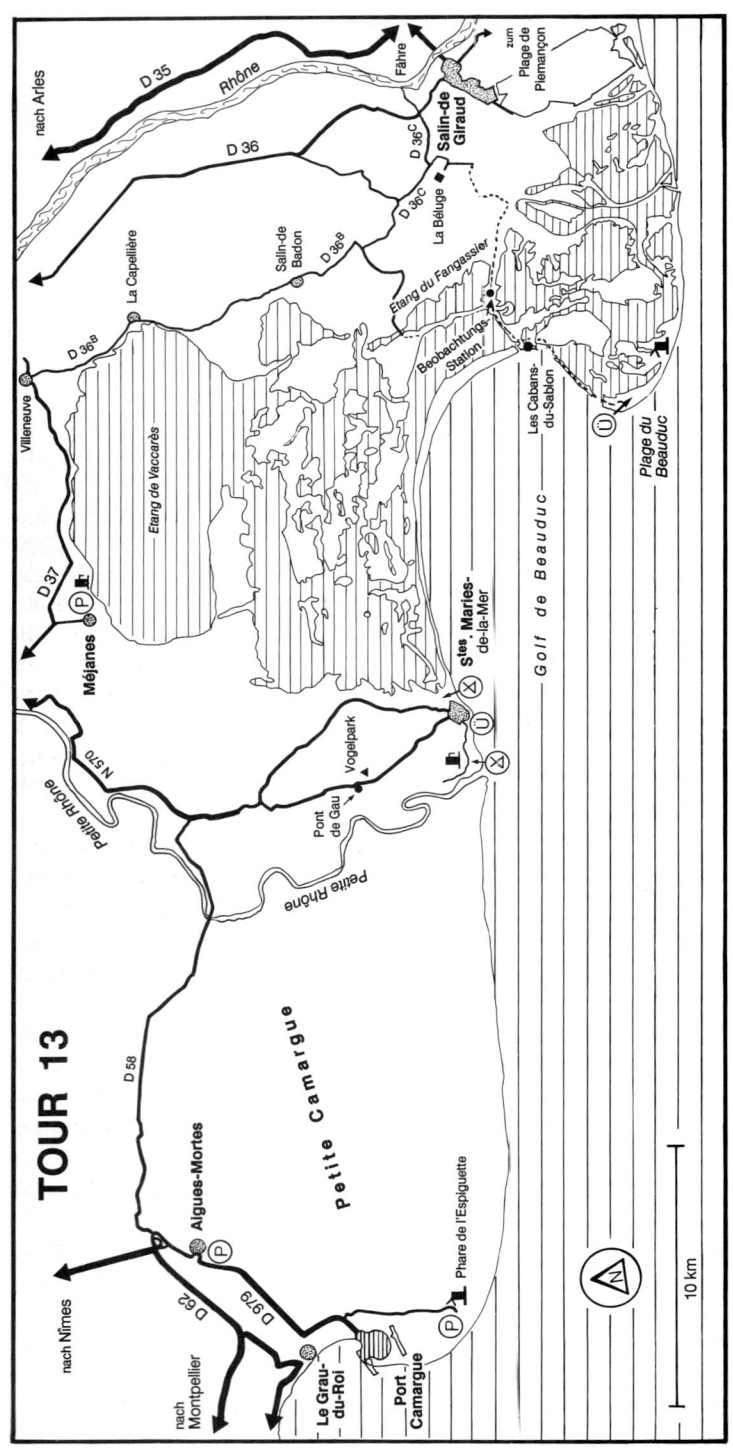

TOUR 13

nach Arles

Rhône

D 35

D 36

D 36ᶜ

Fähre

zum
Plage de Piemançon

Salin-de-Giraud

D 36ᶜ

La Béluge

D 36ᴮ

Salin-de Badon

D 36ᴮ

La Capellière

Etang du Fangassier

Beobachtungs-Station

Les Cabans-du-Sablon

Plage du Beauduc

Villeneuve

D 36ᴮ

Etang de Vaccarès

Golf de Beauduc

D 37

Méjanes

Ste. Maries-de-la-Mer

N 570

Petite Rhône

Petite Rhône

Pont de Gau

Vogelpark

Le Grau-du-Roi

Aigues-Mortes

D 58

Petite Camargue

Phare de l'Espiguette

Port-Camargue

D 979

D 62

nach Nîmes

nach Montpellier

N

10 km

Tour 13: Flamingo-Road

Camargue - Stes. Maries de la Mer - Aigues Mortes

Übernachten:	offizieller Übernachtungsplatz von Stes. Maries; am Strand von Beauduc
Besichtigen:	Wehrkirche von Stes. Maries; Vogelpark bei Stes. Maries; Flamingo-Beobachtungs-Station; Hüttendorf Cabanes du Sablon; Saline von Salin-de-Giraud; Aigues-Mortes
Essen:	*Hostellerie Pont de Gau* bei Stes. Maries

Einige Dinge wollen wir von vornherein einmal klarstellen: In die **Camargue** fährt man nicht während der Hochsaison, schon gar nicht an ihre Strände. Und die Bildbandidylle werden Sie nirgends finden. Keine Cowboys jagen durch spritzende Tümpel der untergehenden Sonne entgegen, die wilden Pferde sind eine Legende, und Sie werden auch nicht deren wehende Mähnen vor einem glutroten Sonnenball fotografieren. Die wilden Stiere weiden nur hinterm Stacheldraht, und wenn Sie keine Frustrationen ertragen können, lassen Sie Ihre Fotoausrüstung am besten im Geheimfach. Nur in einem Punkt muß ich Sie nicht enttäuschen: Wir führen Sie zu Schwärmen von Tausenden von Flamingos, aber das sparen wir uns noch etwas auf.

Zuerst sollen Ihre Erwartungen noch weiter gedämpft werden: Der größte Teil der Camargue ist nämlich nichtssagend, die Langeweile wird touristisch aufgepäppelt. Die Camargue ist außerhalb der Schutzzonen, die man gar nicht oder nur schlecht betreten bzw. befahren kann, hauptsächlich Reisanbaugebiet, das Größte in der EG. Im zweiten Weltkrieg hatte der Pastis-Fabrikant Ricard eine Schnapsidee und witterte das Reisgeschäft. Die französische Regierung sprang nach dem Verlust der Reisanbaugebiete in den Kolonien schnell mit Fördermitteln ein, so daß sich bis Anfang der 60er Jahre die Reisanbaufläche verhundertfachte. Aus Sumpfland wurde wässriges Agrarland. Als in der Folgezeit die Reisnachfrage zurückging und in deren Folge eine systematische Be- und Entwässerung unterblieb, drohten weite Teile der Camargue zu versalzen. Die Reisbauern mußten daher erneut kräftig subventioniert werden, um das ökologische Gleichgewicht wiederherzustellen. Dabei setzt man kräftig auf die Chemie, denn um den Reis an Ort und Stelle aussähen zu können, müssen alle anderen Pflanzenarten ausgemerzt werden.

Aber auch die Weinbauern gehen nicht leer aus. Der sogenannte Sandwein (vin de sable) ist aber nur von mäßiger Qualität, weshalb die Nachfrage stetig sinkt. Da aber Reis- und Weinfelder nun mal den touristischen Charme eines Backsteins besitzen, da andererseits die typische Camargue rund um den großen Lagunensee Etang de Vaccarès nur von Wissenschaftlern betreten werden darf und eingezäunt ist, mußte die Tourismusindustrie kräftig nachhelfen.

Am schlimmsten bei **Méjanes**, an der Nordwestecke des Etang, wo Monsieur Ricard eine Vorzeigefarm aus dem Boden stampfte: Eine Arena für unblutige Stierkämpfe, Reitställe, Restaurants, eine Toilettenanlage (die man mit dem WOMO bestens anfahren kann) und ein Eisenbähnchen, das vorgaukelt, ins Naturschutzgebiet zu fahren, aber nur eine höchst uninteressante Runde dreht.

Aller Orten werden "Safari-Touren" angeboten, bei denen kamerabewaffnete Urlauber auf Jeeps durch die Lande kutschiert werden. Mir wäre es peinlich, ein solches Gefährt zu besteigen, weshalb ich auch nicht beurteilen kann, ob mir deshalb bislang das wahre Camargue-Erlebnis entgangen ist. Auch einen Ritt auf einem der kleinen, weißen Pferde würde ich mir nicht zumuten, obgleich unzählige Pferde-Ranchs am Rande der Straße zum naturnahen Abenteuer einladen.

Der Gipfel allen touristischen Unheils ist schließlich das Städtchen **Stes. Maries-de-la-Mer**. Schon außerhalb der Hochsaison drängen sich hier am Wochenende Menschenmengen in Volksfeststärke durch die Gassen. Vorbei an alledem, was Touristenherzen erfreuen könnte (aber meistens gar nicht erfreut) und was Touristenmägen strapaziert. Ein Horror, den man aber mal erlebt haben muß. Im Gegensatz zum stadtnahen **Campingplatz**, der eher an ein Sträflingslager erinnert (eine Spur besser ist der westlich von Stes. Maries installierte Platz, der aber fernab des Orts am Strand liegt).

Aber es gibt auch Lichtblicke! Zum Beispiel der **Wohnmobil-Übernachtungsplatz** von Stes. Maries. Seitlich der Arena kann man 20 Francs berappen, damit ein Parkplatzwächter eine Schranke hochhebt. Man darf dann direkt hinter die Strandpromenade fahren und hochoffiziell nächtigen. Es gibt sogar eine - nachts geschlossene - Toilette, eine Dusche, und ins Meer sind es nur wenige Schritte. Man steht nämlich direkt am Strand. Und man darf sogar mehrere Tage bleiben, wenn man täglich 20 Francs nachlöhnt. Eine wirklich lobenswerte Einrichtung, die ich allerdings nur in den Pfingstferien getestet habe.

Sehenswert ist auch die alte **Wehrkirche**, in welcher der - nicht zu besichtigende - Reliquienschrein der beiden Marien,

184

Auf dem Dach der Wehrkirche

Maria-Jakobäa, einer Tante Jesu und Maria-Salome, der Mutter der Apostel Johannes und Jakobus, aufbewahrt wird. Die beiden Marien wurden im Jahre 40 n.Chr. in einem kleinen Holzboot in Palästina auf's Meer getrieben und sollen dann wundersamerweise in der Camargue gelandet sein. Nach ihnen ist der Ferienort benannt. Die Marien hatten auch eine dunkelhäutige Dienerin bei sich, Sarah, die heutige Schutzheilige der Zigeuner. Ihre Reliquien befinden sich in der Krypta der Kirche, in der es nur hartgesottene Gläubige aushalten. Der niedrige Raum ist nämlich derart von brennenden Kerzen vollgestellt, daß es einem den Atem verschlägt und man sich wundert, daß überhaupt noch ein Quentchen Sauerstoff übrig ist. Dort steht auch eine mit bunten Tüchern bekleidete Statue, die Sarah darstellen soll und von den Gläubigen immer wieder geküßt wird. Trotz der vielen Touristen wirkt das dunkle Innere der Kirche feierlich. Lohnend ist auch der Blick vom Dach, von dem man vor allem bei Sonnenuntergang einen schönen Blick über das Touristengewimmel und Teile der Camargue hat. Man sieht dann auch deutlich den Wehrgang, von dem sich die Bevölkerung bei Araberüberfällen verteidigt hat.

Sie fragen uns natürlich nach den **Zigeunerwallfahrten**, deren bekanntere am 24. und 25. Mai jeden Jahres tausende von Zigeunern und noch mehr Touristen anlockt. Eine zweite Wallfahrt steigt an dem Sonntag, der dem 22. Oktober am nächsten liegt, an ihr nehmen hauptsächlich provenzalische Pilger teil. Ich kenne weder die eine noch die andere. Ich habe mir aber sagen lassen, daß der Rummel im Mai die folkloristischen und religiösen Aspekte weitgehend überdeckt. Außerdem ist dann für Langfinger Hochkonjunktur (das hat nichts mit den Zigeunern zu tun, sondern mit den vielen Touristen), und für Wohnmobile soll es keine Stellplätze mehr geben, da jedes freie Fleckchen von den Wohnwagen der Sinti und Roma zugestellt ist.

Sofern Sie in den 60er oder 70er Jahren schon mal in Stes. Maries waren, werden Sie maßlos enttäuscht sein. Einmal ist der Ort explosionsartig gewachsen, zum anderen kann man auch nicht mehr an den 18 km langen Sandstrand fahren. Wo man früher hemmungslos wild zelten durfte, versperren nun große Steine den Weg. Der damals völlig zugeschi....enen Landschaft kommt dies sicher zugute.

Uns reicht eine Nacht auf dem genannten Übernachtungsplatz, ehe wir am nächsten Morgen weiterfahren. Wir möchten einmal nachsehen, ob es in der **Camargue** nicht doch noch ein paar ursprünglichere Plätze gibt. Dabei bietet sich der **Vogelpark** (Parc Ornithologique) 5 Kilometer nördlich von Stes. Maries seitlich der D 570 als Einstimmung an. Hier kann man die Wassertiere der Camargue fast hautnah kennenlernen und fotografieren: Flamingos, Reiher, Löffler, Enten und Raubvögel. Zum großen Teil stelzen die Tiere im natürlichen Lebensraum, so daß wir eine Ahnung davon bekommen, wie es hier vor Jahrzehnten einmal ausgesehen hat.

Neben dem Vogelpark liegt übrigens das empfehlenswerteste **Lokal** der Gegend, die *Hostellerie Pont de Gau*, wo ein erstaunlich preiswertes und gut zubereitetes Tagesmenu serviert wird (Tel. 90 97 81 53; im Winterhalbjahr mittwochs geschlossen).

Wir fahren dann auf der D 37 nördlich des Etang de Vaccarès um den Binnensee herum und kommen tatsächlich an Herden schwarzer Stiere vorbei. Diese grasen zwar hinter Stacheldraht, aber immerhin ähnelt ihr Lebensraum nicht einer Kuhweide. Besonders eindrucksvoll ist die Landschaft am östlichen Teil des Etang, wo es beim Gehöft La Capellière ein Informationszentrum gibt. In der Ferne stehen hier und da Flamingos im Wasser und zur Freude der Fotografen hat man auch eine Herde weißer Pferde in die Landschaft gestellt.

Richtig lohnend wird die Camargue-Tour, als wir südlich der wenigen Häuser von Salin-de-Badon nach rechts in westlicher

Richtung von der D 36c abbiegen. Nicht geeignet ist die erste Abzweigung 3,5 km südlich von Salin-de-Badon, da man hier nach wenigen Kilometern nicht mehr weiterfahren darf. Wir lassen uns aber nicht verdrießen und bleiben weitere 4,5 km auf der D 36c, um dann 8 km südlich von Salin-de-Badon auf eine Straße abzubiegen, die mit "de la Béluge" und der Numerierung C 140 bezeichnet ist. Die Abzweigung und das Haus von La Béluge sind sogar auf der Michelin-Karte eingezeichnet. Die Straße ist nur am Anfang asphaltiert und weicht später einer üblen Schotterpiste. Fahren Sie am Ende des Asphalts rechts und erschrecken Sie nicht über den miserablen Wegezustand am Anfang. Die insgesamt 10 km lange Piste wird später besser, bei Regen kann sie aber unbefahrbar werden, zumal Sie dann nicht die Tiefe der Löcher erkennen können. Verzagen Sie nicht, denn es lohnt sich!

Sie werden Wegweiser zur **"Observation des Flaments"** (**Flamingo-Beobachtungs-Station**) erkennen. Es handelt sich hierbei um ein kleines Häuschen seitlich der Piste, wo ein freundlicher Verwalter ein Fernrohr aufgestellt hat (etwa 9 km nach der Abzweigung von der D 36c). Das Teleskop ist auf die größten **Flamingoschwärme** Europas gerichtet. Der nette Herr erklärt uns, daß am dortigen Brackwasser, dem Etang du Fangassier 12.000 Flamingos leben, deren Nester wir durch das Fernrohr haarscharf erkennen können. Wir sehen sogar die frisch geschlüpften Jungen. Auch direkt neben der Piste stelzen unerwartet viele Flamingos durchs Wasser, mehr als wir uns jemals erträumt hätten.

Aber noch sind wir nicht am Ende der **Flamingo-Road**. Denn ein paar hundert Meter nach der Beobachtungsstation zweigt die Piste nach links zum Meer ab. Man kann den Weg eigentlich nicht verfehlen, zumal auch ein Wegweiser auf das am Strand gelegene Restaurant hinweist. Das ist Bestandteil des **Hüttendorfes Cabanes du Sablon**, von dem man nicht weiß, ob dort nun Obdachlose, Urlauber oder Abenteurer wohnen. Vermutlich trifft alles zu, die meisten der 1.200 Einwohner sind aber hier seßhaft, sie haben sich Behausungen gebaut, die eine Mischung von Behelfsmäßigkeit und Spießertum ausstrahlen, und insgesamt wenig einladend wirken. Schon mehrfach sollte das bunte Durcheinander behördlich geräumt werden. Aber die auf Nachbarschaftshilfe angewiesenen Bewohner mobilisierten die Öffentlichkeit, unter deren Druck die Obrigkeit - vorerst - nachgab.

Beim Dorf sollten Sie noch nicht umkehren. sondern sich nach links orientieren. Der Untergrund der Piste besteht nun aus festem, feuchtem Sand, den man gefahrlos unter die Räder nehmen kann. Sie müssen vielleicht etwas herumkurven, um den Weg nach Südosten zu finden, möglicherweise verändert sich die Streckenführung auch von Jahr zu Jahr. Am besten wird es wohl sein, am Hüttendorf bald nach links zu fahren, um dann links <u>hinter</u> den Hütten den Weg zu suchen. Die Ansiedlung scheint nun etwas unterbrochen, ehe man nach wenigen hundert Metern auf die nächsten Baracken stößt. <u>Vor</u> diesen biegt man dann nach rechts zum Meer hin ab, um sich danach bei passender Gelegenheit wieder nach links zu orientieren. Zwischendrin überquert man auch einmal eine flache Meerespfütze. Irgendwann hat man die merkwürdigen Behausungen hinter sich gelassen und steht am weiten **Strand von Beauduc** (ganz gut kann man die Streckenführung auf der Karte des ign "Serie Vert" Nr. 66 im Maßstab 1:100.000 erkennen, die es praktisch überall zu kaufen gibt).

Am Plage de Beauduc findet man dann, jedenfalls außerhalb der Hauptsaison, in der wir noch nicht dort waren, gute Bedingungen für ein paar Tage Badeleben. Der Strand ist sehr breit und weitläufig und ist ein beliebtes Ziel französischer Wohnmobilisten. Man darf sich nicht daran stören, daß es verschiedentlich auch ungepflegte Ecken gibt und manch ein Urlauber seinen ausrangierten Wohnwagen hier einfach hat stehen lassen, oder ihn nur am Wochenende benutzt. Besonders bei Windsurfern scheint dieser Strand sehr beliebt zu sein. Aber auch hier darf man nicht endlos lange an der Plage entlang fahren, denn bald wird die Piste wieder durch Felsbrocken versperrt.

Plage de Beauduc

Ich möchte mir nicht ausmalen, wie es hier im Juli/August zugeht, aber sogar dann dürften sich hier noch ordentliche

Stellplätze finden lassen. Für mich ist der Strand von Beauduc der beste Ort für freies Übernachten an den Stränden der Provence. Sie sollten wegen der schwierigen Anfahrbedingungen aber unbedingt ausreichend Vorräte und Wasser bunkern.

Einen ähnlichen Strand gibt es auch noch an der **Plage de Piemancon** (auch Plage d'Arles genannt) südlich von Salin-de-Giraud, deren Zufahrt auf der Michelin-Karte eingezeichnet ist. Dieser Strand liegt allerdings noch näher an der Rhône-Mündung, die allerlei Gift ins Meer schwemmt, weshalb dort das Baden ein höchst zweifelhaftes Vergnügen ist.

Interessant ist auch das Arbeiterdorf **Salin-de-Giraud**, wo man im 19. Jahrhundert Meersalzgewinnungsanlagen erbaut hat. Die aus halb Europa und Nordafrika zusammengetrommelten Werktätigen wohnten in einer quadratisch und hierarchisch angelegten Siedlung, fast jedes Haus hat einen Garten und einen kleinen Stall. Die Saline, die größte in Europa, ist auch heute noch in Betrieb. Man kann sich ansehen, wie Meerwasser, teils gepumpt und teils auf natürlichem Wege, in flache Teiche geleitet wird, wo es infolge Verdunstung eindickt. Zum Teil kommt das Meerwasserkonzentrat zur Weiterverarbeitung in die angeschlossene Fabrik, zum Teil werden die Salztafeln auch an Ort und Stelle geerntet.

Nordöstlich des Ortes können Sie auf einer Auto-Fähre für rund 30 Francs die Rhône überqueren falls Sie die - in unserem Buch ausgeklammerten - Gegen um Marseille, Frankreichs größten Mittelmeerhafen, oder östlich davon erkunden möchten. Wir hingegen bleiben eine Nacht am Strand von Beauduc, um am nächsten Tag nach Westen vorzustoßen.

Insoweit ist unsere Camargue-Tour möglicherweise literarisch etwas gekünstelt, denn nach **Aigues-Mortes** werden Sie im wirklichen Leben eher von Norden her kommen. Nur eines scheint uns sicher zu sein: Sie werden die mittelalterliche Stadt am Rande eines Salzsees bei Ihrer Südfrankreichreise nicht ausklammern. Nicht ohne Grund, denn die Stadt (4.500 Einwohner) gilt als eine der besterhaltenen mittelalterlichen Wehranlagen Europas.

Zu Beginn des 13. Jahrhunderts, als sich die Macht des französischen Königs erstmals bis an die Mittelmeerküste erstreckte, gab es hier nur ausgedehnte Sümpfe. Ludwig IX. ließ vom damals noch wesentlich näher gelegenen Meer einen Kanal graben und einen Hafen bauen. Am Reißbrett entstand zu dessen Befestigung eine Stadt, die aber noch im Bau war, als sie für kurze Zeit geschichtliche Bedeutung erlangte: Ludwig schiffte sich dort in den Jahren 1248 und 1270 zu zwei Kreuzzügen ein, was ihm den Beinamen "der Fromme" ein-

Aigues-Mortes

brachte. Daß diese Feldzüge, bei denen es sich um den 6. und den 7. und damit um die beiden letzten Kreuzzüge handelte, gar nicht so heilig waren, sondern in erster Linie politischen und wirtschaftlichen Motiven dienten, hat sich allmählich herumgesprochen. Auch für Ludwig, der an beiden Schlachtzügen teilnahm, waren sie weniger erfreulich: Beim ersten geriet er in ägyptische Gefangenschaft und konnte nur durch ein hohes Lösegeld befreit werden, während des zweiten starb er an der Pest.

Seiner Hafenstadt ging es nicht viel besser, denn Mitte des 14. Jahrhunderts nahm die Einwohnerschaft von damals 15.000 wieder rapide ab. Die Versandung der Hafenanlage war nicht aufzuhalten, die ungesunde Umgebung der nahen Sümpfe tat ihr übriges. Die Stadt, welche zu keiner Zeit militärisch angegriffen worden war, wurde wieder geräumt und ihrem Schicksal inmitten der toten Gewässer (Aquae mortuae - daher der Name!) überlassen. Auch in der näheren Umgebung mochte niemand siedeln, so daß die Befestigungsanlagen nicht mal als Steinbruch herhalten mußten. Nur der gewaltige Befestigungsturm, die **Tour de Constance**, in dem Ludwig schon gewohnt haben soll, wurde später wieder in Betrieb genommen. Er diente als politisches Gefängnis, vor allem für die lebenslänglich inhaftierten Hugenotten. Die berühmteste von ihnen, Marie Durand, wurde als 17-jährige hier eingekerkert und erst mit 52 Jahren wieder freigelassen - mit ungebrochenem Glauben.

Der Turm ist heute Hauptanziehungspunkt der Stadt, gleichsam der beste Überblick über das Freilichtmuseum. Man läßt sich diesen auch hoch bezahlen, mehr als 20 Francs pro Person, um ein paar steinerne Treppen emporklettern zu dürfen. Durch die Kasse führt aber auch der Weg auf die

191

Tour de Constance

mächtige **Stadtmauer**, die zwar rundum noch lückenlos erhalten ist, jedoch nur etwa zur Hälfte begangen werden darf. Der Spaziergang auf dem Wall ist aber ein touristische "Muß", weil man dabei den besten Eindruck davon bekommt, wie die Stadt auch heute noch hinter den Salzseen liegt. Südlich der Mauer sieht man die weißen Haufen der Salzgewinnung, aber auch die Weinfelder der Kellerei Listel, die es verstanden hat, ihr mäßiges Produkt in ganz Frankreich gut zu vermarkten. Überraschend ist in der anderen Richtung der Blick zwischen die Häuser, weil man sich wundert, daß in diesem Museum noch richtige Menschen wohnen. Mit Hinterhöfen, kleinen Gassen, Werkstätten und allem, was zum normalen Leben dazugehört.

Der Bummel, bzw. das Geschiebe durch die Hauptgassen ist weniger angenehm, hier schlägt nämlich die Geschäftswelt gegenüber den Touristen erbarmungslos zu. Nur der baumbestandene und von Kneipen gesäumte Platz im Südteil der Stadt kann außerhalb der Hauptsaison Atmosphäre ausstrahlen. In seiner Mitte steht ein Denkmal Ludwigs; rabenschwarz lackiert, was mich an den Pesttod des Königs erinnert.

Das schattenlose Parken vor den Mauern kostet Geld. An einen Übernachtungsplatz ist nicht zu denken, es sei denn man möchte für eine Nacht seinen Obolus entrichten.

Versäumen Sie aber nicht den Blick auf die Stadt (Foto Seite 191) von der Südseite her, von der man noch gut nachempfinden kann, wie die Befestigungsanlage als Bollwerk in den Sümpfen dastand. Früher konnte man dort einmal direkt an der Mauer unbehelligt nächtigen, das ist aber lange vorbei - und der Optik wegen auch gut so.

Wir klettern daher nach zwei Stunden wieder in unser WOMO, in der Hoffnung, weiter westlich einen freien Stellplatz zu finden. Das aber sollten Sie uns nicht nachmachen. Es gibt zwar Campingplätze wie Sand am Meer, die im Hochsommer, sofern sie an der Küste liegen, allesamt überfüllt und für nicht angemeldete Besucher meist gar nicht zugänglich sind, einen gescheiten freien Stellplatz darf man aber nicht erwarten. Denn die weitere Küste ist touristisch total erschlossen, man kann allenfalls seitlich der hinter dem Strand verlaufenden Straße direkt neben der Fahrbahn einen Parkplatz finden. Erst später, zu Hause, habe ich davon gehört, daß man südöstlich von Le Grau-du-Roi am Ende der D 62b von einem großangelegten Parkplatz aus am Phare de L' Espiguette gute Bademöglichkeiten findet. Vielleicht berichtet mir mal ein Leser von seinen Erfahrungen.

Auf dem Weg nach Westen kommt man dann auch an **La Grande Motte** vorbei, einer aus der Retorte gezauberten Urlauberstadt. Es soll zwar Leute geben, die sich hier wohlfühlen (es müssen eine ganze Menge sein, denn die pyramidenförmigen Hochhäuser sind im Sommer proppenvoll), es mehren sich aber diejenigen, die nur noch von "La Grande Merde" sprechen. Und so ähnlich würde ich - mit Verlaub - auch den weiteren Küstenabschnitt bis Agde, jedenfalls aus wohnmobilistischer Sicht, bezeichnen.

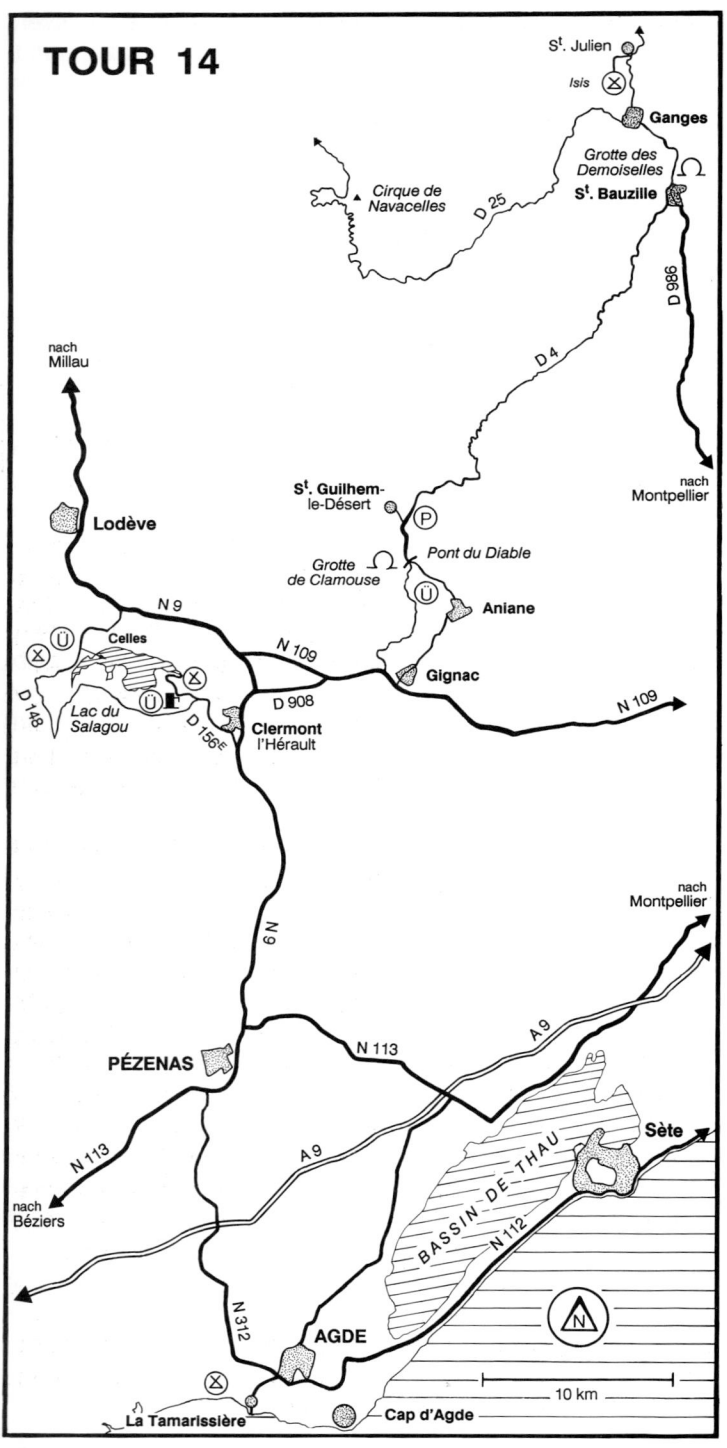

TOUR 14

Tour 14: Zwischen Meer und Cevennen

Agde - Pézenas - Lac du Salagou
St. Guilhem le Désert - Ganges

Übernachten:	Campingplatz in La Tamarissière; mehrere freie Stell- und Campingplätze am Lac du Salagou; am Pont du Diable; Campingplatz bei Ganges
Besichtigen:	Altstadt von Agde; Altstadt von Pézenas; Kirche von Clermont-l'Hérault; Dorf und Kirche von St. Guilhem-le-Désert; Pont du Diable; Grotte des Demoiselles
Essen:	Restaurant *La Tamarissière*; Auberge *La Cascade d'Aigues Folles* bei Ganges

Nehmen mir einmal an, es wäre Anfang August. Einen freien Stellplatz am Meer haben Sie sich von vornherein abgeschminkt. Aber daß man Sie ohne Reservierung auf keinen Campingplatz läßt, hätten Sie nicht vermutet. Frustriert blättern Sie nun in unserem Reiseführer und suchen den heißen Tip. Wenn Sie es genau wissen wollen: Ersparen Sie sich weitere Frustrationen und kehren Sie dem Meer so schnell wie möglich den Rücken, Sie werden im weiteren Teil dieser Tour und auch auf den nächsten beiden Touren Badeplätze an Seen und Flüssen finden (siehe auch Tour 8).

Auch in der Vor- oder Nachsaison werden die freien Stellplätze nicht zahlreicher (jedenfalls nicht während der Badesaison), aber dafür findet man jede Menge leerer Campingplätze, von denen manch einer zu dieser Zeit wirklich reizvoll sein kann. Diesbezüglich bin ich um eine Empfehlung nicht verlegen: Fahren Sie nach **La Tamarissière** am westlichen Mündungsufer des Hérault, 6 km südlich von Agde. Der *Camping de La Tamarissière* liegt unter Bäumen direkt hinter der Düne und ist so großflächig, daß sich in der Nebensaison die wenigen Besucher fast verlaufen. Das Gelände ist auch weitgehend naturbelassen, was sogar für mehrere deutsche Bunker zutrifft. Die Deutsche Besatzungsarmee hatte im letzten Weltkrieg an Südfrankreichs Mittelmeerküste einen dichten Bunker-Sperrgürtel aufgebaut, um eine in dieser Gegen erwartete Landung der Alliierten abzuwehren. An den Stränden sind die schaurigen Betonklötze inzwischen verschwunden, auf dem Campingplatz diente "Le Blockaus", wie die Franzosen sagen, lange Zeit als Klo und Dusche, bis vor kurzem neue Sanitärgebäude in Betrieb gestellt wurden.

La Tamarissière erhält seine Ausstrahlung vor allem durch den breiten Fluß, der noch verhindern konnte, daß die Gegend vom Tourismusbrei völlig verklebt wurde. Läßt man sich für ein paar Francs von einer kleinen Fähre ans andere, östliche Flußufer übersetzen, ist man in Le Grau-d'Agde sofort in der Welt ganz anderer Tourismusstrukturen (wobei man hier auch Lebensmittel-, Zeitungs- und Fischgeschäfte findet, die man in La Tamarissière vergeblich gesucht hat).

Wer sich in kulinarischer Hinsicht etwas gönnen und dabei nicht knausern möchte, ist im **Restaurant *La Tamarissière*** (Tel. 67 94 20 87 sonntags abends und montags geschlossen, außer zwischen dem 15. Juni und 31. August) goldrichtig. Die Küche ist sehr einfallsreich, das Umfeld hingegen etwas zu gediegen; aber wo findet man schon ein wirklich gutes Lokal in der Nähe einer WOMO-Übernachtungsmöglichkeit direkt am Strand?

Westlich von Tamarissière reihen sich auf einer noch unbebauten Uferzone zahlreiche Campingplätze aneinander, die alle den Nachteil haben, daß keine Ortschaft in der Nähe liegt.

Während der Hochsaison sollten Sie sich aber unserer Tour frühestens ab **Agde** (15.000 Einwohner) anschließen. Die Stadt, eine der ältesten Frankreichs, liegt malerisch am Hérault und scheint noch mehr für ihre eigenen Bewohner als für die Gäste zu existieren. Interessant ist die finstere Kathedrale, eine Wehrkirche aus schwarzem Lava-Basalt. Dieser Stein stammt von dem erloschenen Vulkan Mont St. Loup zwischen der Stadt und dem Cap d'Agde.

Agde

196

In Pézenas

Weit spektakulärer ist die Altstadt von **Pézenas** (8.000 Einwohner), 20 km weiter nördlich. Der Ort gilt als Freilichtmuseum der Lebens- und Wohnkultur des 16. und 17. Jahrhunderts. Dabei stellt sich die Stadt kaum museal zur Schau, ist sie doch von ganz normalen Leuten bewohnt, die noch zu einem großen Teil einer anderen Beschäftigung nachgehen als den Touristen die Füße zu küssen. Gewiß, im Erdgeschoß der alten Häuser gehen auch hier die Franken schnell über den Tisch, aber einen Stock höher und hinter prächtigen Fronten wohnen nicht nur die Alten, die den Wegzug nicht mehr schaffen. Und unvergleichlich ist das Ensemble der Bauten, Gassen und pittoresken Innenhöfe.

Treppenhaus im Hôtel de Lacoste

197

Das schönste Haus ist das **Hôtel de Lacoste** mit einem einzigartigen Treppenhaus hinter einer gotisch gewölbten Vorhalle, in welcher der Fürst von Conti den König Ludwig XIV. im Jahre 1660 empfangen hat. Der Fürst war Statthalter des Königs im Languedoc. Er war aber auch ein Literaturfreund und Mäzen einer jungen Schauspielertruppe. Deren Stückeschreiber und Kopf war kein geringerer als **Molière**, Frankreichs größter Dramatiker, der hier in den Jahren 1650 bis 1656 einige seiner Werke erstmals aufführen durfte. Lassen Sie sich Zeit beim Bummel durch die Sträßchen, der Ihnen von der Stadtverwaltung leicht gemacht wird. Überall finden Sie kleine Wegweiser, die Ihnen den Rundgang und das Auffinden der schönsten Ecken erleichtern sollen.

Weniger herausragend, jedoch auch sehenswert, ist die Stadt **Clermont-l'Hérault**, 21 km nördlich, deren bekannteste Sehenswürdigkeit die gotische Kirche mit schöner Fensterrose in der Westfassade ist.

Wir nutzen den Aufenthalt dort zum Einkauf, da wir uns am nahen Stausee, dem **Lac du Salagou** ein angenehmes Bade- und Übernachtungsplätzchen erhoffen. Aber wir haben auch davon gelesen, daß dort, so dicht hinter der Küste, im Sommer der Teufel los sein soll, daß der See überlaufen wäre. So befürchten wir auf den Parkplätzen am See Verbotsschilder oder Wohnmobilbarrieren. Aber welch eine erfreuliche Überraschung: Außer einem dezenten Hinweis, wonach das "camping sauvage interdit" ist, gibt es keinerlei Einschränkungen. Wir trösten uns mit der wohnmobilfreundlichen Übersetzung ("wildes Zelten verboten"), als wir 6 km nordwestlich von Clermont von der D 156e nicht nach rechts zur Barrage abbiegen, sondern geradeaus zum Seeufer weiterfahren. Den großen Campingplatz lassen wir dann rechts liegen, und vor dem genauso geräumigen Parkplatz biegen wir noch ein paar Meter nach links ab, um dann nahe des Ufers unseren **Schlafplatz** zu finden. Fast noch empfehlenswerter ist es, 200 m oberhalb des Parkplatzes etwa in Höhe der Campingplatzabzweigung einen Staubweg nach links zu nehmen, von dem man dann nach 150 m seewärts abbiegt. Dort stehen in der Nähe einiger Büsche schon mehrere WOMO's mit Campingmöbeln vor der Tür und dem See in Sichtweite.

Am Tag herrscht hier einiger Bade- und Surfbetrieb; aber am Abend, nachdem die Frösche ihr Gequake angestimmt haben, wird es richtig lauschig. Die Moskitos können wir verschmerzen, genauso wie das mäßige Essen der öffentlichen Campingplatz-Kneipe. Wo kann man schon in Südfrankreich in einer touristisch erschlossenen Gegend so frei und

Am Lac du Salagou

schön an einem Badestrand stehen? Und illegal scheint die Nacht wirklich nicht zu sein, denn ein vorbeifahrendes Polizeiauto nimmt keinerlei Notiz von den Wohnmobilen. Nur die Nacht könnte etwas ruhiger sein, denn vom Campingplatz schallt das Remmidemmi der Life-Musik herüber.

So drängt sich am nächsten Morgen die Frage auf, ob es nicht noch weitere, vielleicht sogar ruhigere Plätze am See gibt. Wir machen uns daher auf die Suche, um ein wohnmobilistisches Wunder zu entdecken: Wir fahren zurück auf die N 9, um dann etwa 12 km nördlich von Clermont von der D 148e wieder zum See abzubiegen. Auf unserer Michelin-Karte sind die Häuser des kleinen Weilers Celles eingezeichnet.

Stellplatz bei Celles

199

Und genau dort, wo man den schönsten Blick auf dieses kleine, inzwischen fast völlig verlassene Dorf hat, zweigt ein holpriger Weg hinunter zum See ab. Er endet auf einer grasigen Fläche direkt am Wasser: **der ideale Stellplatz.** An keiner anderen Stelle ist das Seewasser so sauber wie hier, keine Mücke quält uns, und in der Nacht finden wir auch die erhoffte Ruhe. Zwar gibt es auch hier in der Nähe einen Campingplatz, auf dem man aber dem Erholungsbedürfnis der Benutzer mehr Rechnung trägt. Falls bei Ihrer Visite schon zu viele Kollegen unser Buch dabei haben, die kleine Grasfläche also vollgestellt ist, versuchen Sie es doch einmal auf den Terrassen dieses Zeltplatzes, oder fahren Sie auf der D 148 noch ein Stück weiter, Sie kommen dann noch an anderen freien, direkt am See gelegenen Übernachtungsplätzen vorbei. Kurz: Der Lac du Salagou ist noch ein wohnmobilistischer Geheimtip, bzw. er war es bis zu unserem literarischen Exhibitionismus; sorgen Sie dafür, daß ich in der nächsten Auflage meines Buches nicht zuviel umschreiben muß!

St. Guilhem-le-Désert

Nach zwei wunderschönen Badetagen steht wieder die Kultur auf dem Programm: Wir steuern auf der N 9 wieder ein Stück nach Süden, biegen auf die N 109 ab und folgen dort bald dem Wegweiser nach **St. Guilhem-le-Désert**. Das kleine Dorf, in dem höchstens noch 300 Einwohner leben, stellt sich zur Schau und hat sich für die Touristenseele herausgeputzt. Aber ohne Zweifel im positiven Sinne. Das Nest zwischen schroffen Felsen wird überragt von einer romanischen Kirche mit religiöser Legende: Der 752 geborene Herzog Wilhelm (Guilhem) von Aquitanien war ein berühmter Heerführer. Man nannte ihn auch "Wilhelm Kurznase". Als Willi mit der kurzen Nase eines Tages von einem erfolgreichen Kriegszug gegen die Araber zurückkam, war seine Frau gestorben. Wilhelm entsagte dem Feldherrndasein und zog sich in die Steinwüste (Désert) zurück, wo er ein Kloster gründete. Das wurde bald von Karl dem Großen, der seinem Mitstreiter zu Dank verpflichtet war, mit einem Splitter vom Kreuz der heiligen Helena ausgestattet, welcher binnen kurzem die Pilger auf dem Weg nach Santiago de Compostela anlockte. Der Kirchenbau war die damalige Folge, der Tourismus ist die heutige (das sehenswerte Gotteshaus ist von 12,oo bis 14,oo Uhr geschlossen).

Bei unserem Besuch im Juli staut sich die Hitze im Tal. Erfrischung ist angesagt, denn es gibt 3,5 km südlich eine schöne Badestelle: Die im Jahre 1030 erbaute romanische Steinbrücke mit dem klangvollen Namen **Pont du Diable** überspannt den Hérault, wo der Fluß gerade aus einer Schlucht heraustritt und leicht aufgestaut ist.

Pont du Diable

201

Wir stellen das WOMO an der Zufahrt zur Brücke, die heute nicht mehr dem Durchgangsverkehr dient, ab und klettern an einen kleinen Sandstrand hinab, bevor wir uns in die blauen Fluten stürzen. Wir liebäugeln sogar mit dem Gedanken, hier den Rest des Tages zu verbringen, denn an oder auf der Brücke kann man augenscheinlich auch ganz ordentlich **übernachten**, in der Nähe gibt es sogar ein schön gelegenes Restaurant. Wir geloben, bei nächster Gelegenheit Stellplatz und Küche näher zu testen.

Für heute haben wir unseren Töchtern eine Grotte versprochen. An der Grotte de Clamouse (geöffnet von 8,3o bis 19,oo Uhr) nahe des Pont du Diable kann ich die Familie noch vorbeilotsen. Nicht aber bei einer Höhle, die von Kennern als die schönste Tropfsteinhöhle in ganz Frankreich beschrieben wird: die **Grotte des Demoiselles**. Es handelt sich dabei um einen sogenannten Aven, der sich zur Erdoberfläche trichterförmig öffnet. Das Höhlensystem wurde schon sehr früh, nämlich im Jahre 1770, erforscht und ist während Führungen, die rund eine Stunde dauern, ganzjährig zu besichtigen. Hauptraum der Grotte ist ein riesiger Saal, 120 m lang und 80 m breit, mit bis zu 50 m hohen Stalagmiten und Stalaktiten. Er wirkt wie eine von Zauberhand erbaute Halle, die mittels Scheinwerfer bizarr illuminiert ist (Öffnungszeiten: 1. April bis 30. September 9,oo bis 19,oo Uhr; 1. Oktober bis 31. März 9,3o bis 17,oo Uhr).

Als wir wieder unter der gleisenden Sonne Südfrankreichs stehen und uns die Pullover vom Leib reißen (die Temperatur in der Höhle beträgt 14 Grad), ist schon die Zeit der Übernachtungsplatzsuche gekommen. Aus früherer Zeit sind mir noch schöne Badeplätze an der D 999 gleich nördlich von **Ganges** in Erinnerung. Ob man hier vielleicht nachts stehen kann? Die Badestellen gibt es noch, man parkt aber direkt an der Straße (Diebstahlgefahr), so daß wir nach Norden weiterfahren müssen. Dabei kommen wir fast 5 km hinter Ganges bei St. Julien-de-la-Nef an einem Campingplatz-Wegweiser vorbei, dem wir folgen, was eine gute Entscheidung ist. Denn der preiswerte **Campingplatz** mit dem Namen *Isis* ist ein natürlicher Obstgarten mit hohem Gras und vielen Apfelbäumen. Es gibt ein kleines Schwimmbecken und sogar einen, allerdings nicht übermäßig schönen Strand am seichten Fluß. Wer mal wieder seine Meinung über Campingplätze revidieren möchte, ist hier gerade richtig (geöffnet vom 1. Mai bis 15. November). Nur für große Wohnmobile dürfte es stellenweise schwierig sein, unter den Zweigen der Obstbäume hindurchzufahren.

Zudem kann man bei einem 20-minütigen Abendspaziergang wieder auf der Campingplatz-Zufahrt zur Hérault-Brücke

Campingplatz Isis

zurücklaufen, wo ein schlichtes **Restaurant**, die *Auberge la Cascade d'Aigues Folles* an die Felsen gelehnt ist. Erwarten Sie nichts Besonderes, denn die Küche produziert, was in hunderten anderen Kneipen genauso schmecken würde. Aber man sitzt im Sommer ganz nett auf einer Terrasse und erlebt eine Seite des Urlaubs, die in der Reiseliteratur viel zu oft zu kurz kommt: Die beschauliche Normalität, von der man kaum erzählt, kein Foto knipst und keine Ansichtskarte verschickt, die aber für die Erholung und die gehetzte Seele so wichtig ist.

Als uns dieses bei einem Gläschen Rotwein ins Bewußtsein dringt, verschieben wir etliche geplante Aktivitäten, unter anderem die kurvenreiche Fahrt zum Cirque de Navacelles, einem berühmten Talkessel westlich von Ganges, auf spätere Jahre. Und ich bekenne mich - mal wieder - zur Lücke in meinem Reiseführer.

TOUR 15

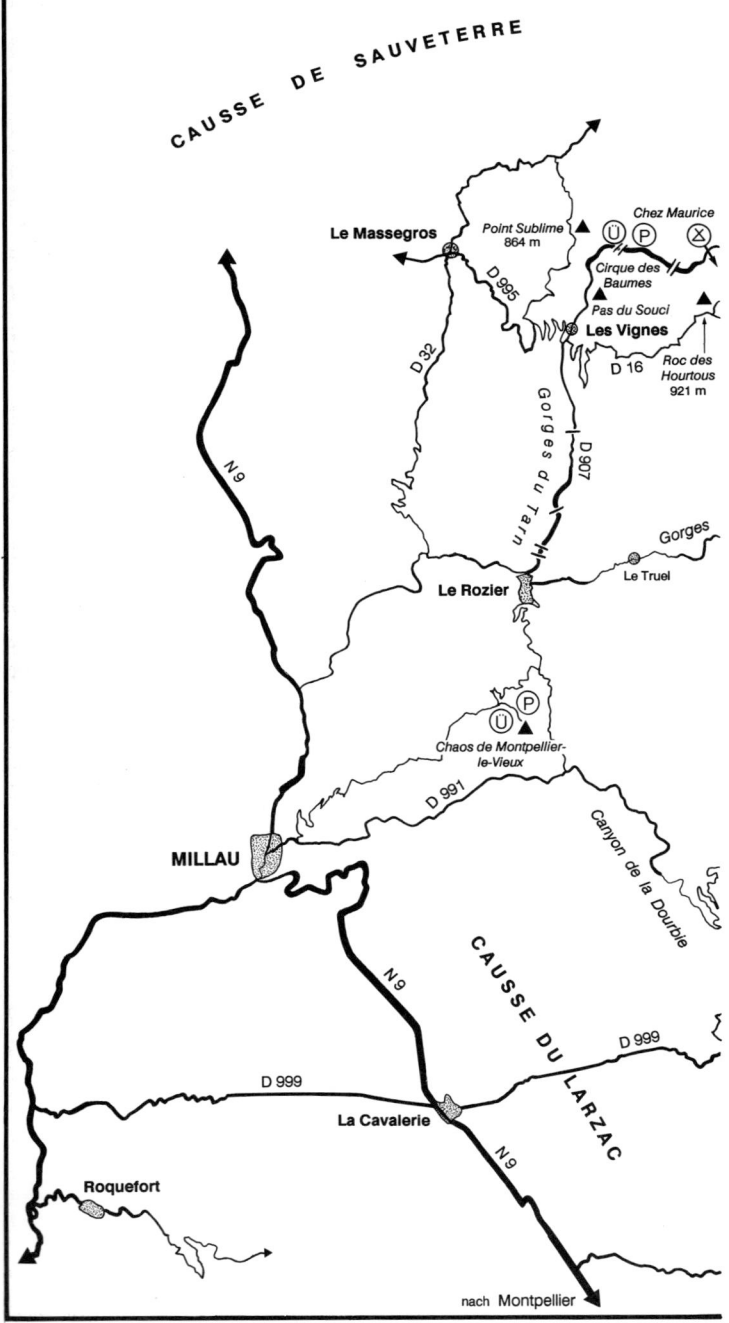

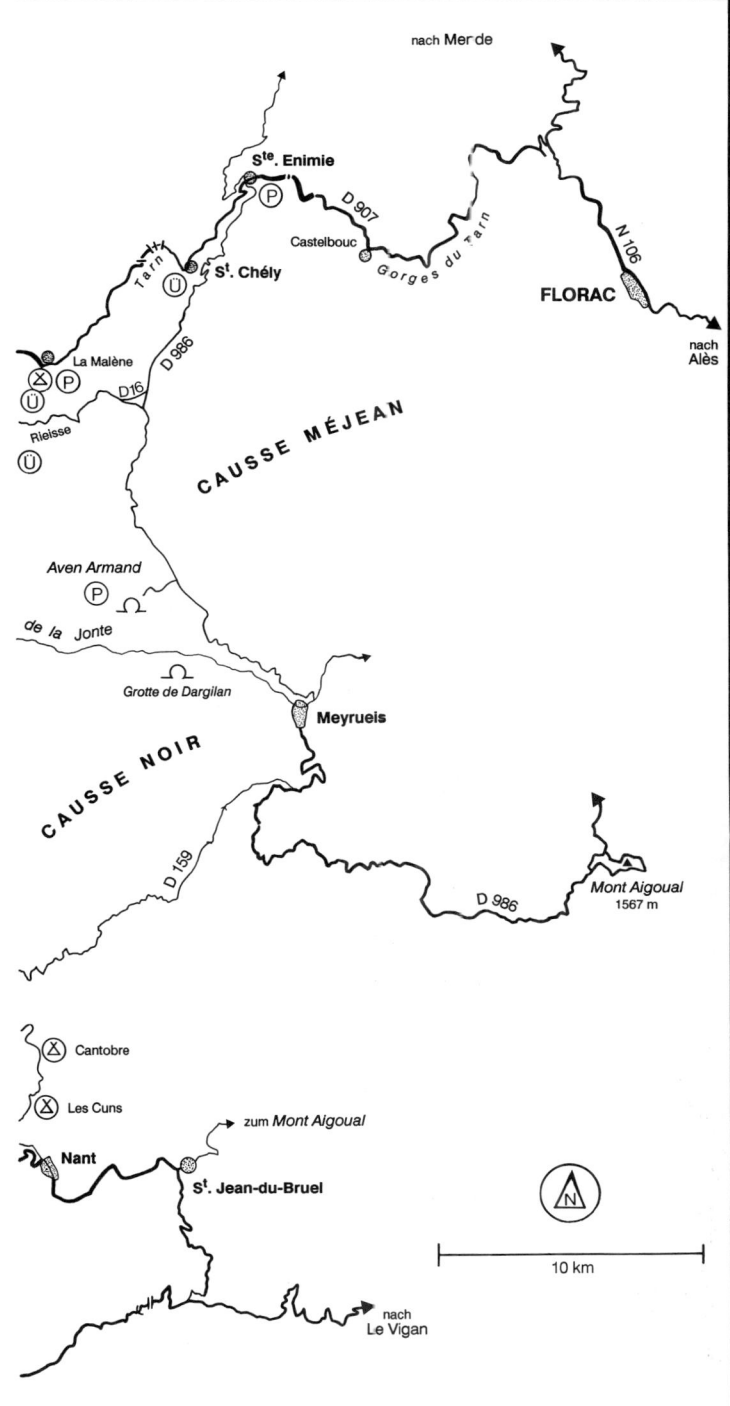

nach Mende

Ste. Enimie
D 907
Castelbouc
Gorges du Tarn
N 106
FLORAC
nach Alès

Tarn
St. Chély
La Malène
D 986
D 16
Rieisse

CAUSSE MÉJEAN

Aven Armand
de la Jonte
Grotte de Dargilan

Meyrueis

CAUSSE NOIR

D 159
D 986
Mont Aigoual
1567 m

Cantobre
Les Cuns
zum Mont Aigoual
Nant
St. Jean-du-Bruel

N

10 km

nach Le Vigan

Tour 15: Die Causses und die Gorges

Gorges du Tarn - Aven Armand - Mont Aigoual
Gorges de la Jonte - Millau - Roquefort
Chaos de Montpellier le Vieux - Nant

Übernachten:	am Tarn: frei westlich von La Malène, am Cirque des Baumes, bei St. Chély oder am Roc des Hourtous; Campingplätze *Chez Maurice* oder bei La Malène; frei beim Chaos-de-Montpellier-le-Vieux; Campingplatz bei Nant
Besichtigen:	im Tarn-Tal: Pas du Souci, La Croze, Les Détroits, St. Chély, Castelbouc, die Aussichtspunkte Roc des Hourtous und Point Sublime; Aven Armand; Mont Aigoual; Jonte-Schlucht; Millau; Roquefort; Chaos-de-Montpellier-le-Vieux; Nant
Essen:	Pizzawagen auf dem Campingplatz von *Maurice*; Bahnhofsrestaurant von Millau; Restaurant *Midi-Papillon* in St. Jean-du-Bruel
Wandern:	von La Malène zum Roc des Hourtous

Seit zwei Tagen sitzen wir nun schon am Ufer des **Tarn**. Der Fluß ist hier breit und so tief, daß wir nur schwimmend durch das grüne, klare Wasser das andere Ufer erreichen können. Jedesmal ist es wieder eine erfrischende Wohltat, wenn wir unsere sonnendurchglühten Körper abkühlen, denn die Wassertemperaturen sind jetzt, Ende Juli, gerade so, daß wir bei gutem Wetter nicht frieren, den Fluß aber noch als kühl empfinden. Wir sitzen am kleinen Sandstrand eines Naturcampingplatzes im schönsten Teil der Tarn-Schlucht, und der Urlaub ist so ruhig und beschaulich, daß ich mich endlich durch Thomas Mann's Zauberberg hindurchgearbeitet habe. Wenn nur nicht ständig Boote an uns vorbeizögen: Kajaks und Kanus; aus Holz, Kunststoff, Gummi oder Alu; Einer oder Zweier und weniger flotte Dreier. Ambitionierte Wassersportler, unbeholfene Anfänger, ein paar Bierernste, die meisten aber höchst vergnüglich.

Wie gesagt, seit zwei Tagen juckt es auch mir in den Fingern - und nicht nur dort, aber weder Kajak noch Kanadier sind auf unserem Dachgepäckträger festgezurrt. Nur ein kleines Badeboot aus Plastik, kaum länger als breit und mit dicken Luftwülsten rundherum führt in unserem Kofferraum ein Schattendasein. Als ich Gisela am Abend nach einem Fläschchen Rotwein eröffne, daß ich am nächsten Tag eine kleine Flußwanderung beabsichtige, und als ich sie bitte, mich am nächsten Tag mit dem WOMO rund 10 km weiter flußabwärts abzuholen, erinnert sie mich an meine Vaterrolle. Denn sie hat von Untiefen gelesen, von Stromschnellen und ähnlichen Gefahren.

Die seichten Abschnitte entpuppen sich aber am nächsten Tag allenfalls als Hindernis, wenn ich mit dem Boden meines Gummibootes über die Kiesel schramme. Und in den Strudeln kann ich bei meinem Gummibootabenteuer nur müde lächeln, wenn ich sehe, wie die Kanuten sich abmühen. Denn schneller sind die Ungeübten ohnehin nicht, und nach der ganzen Strecke bin ich noch mit denen auf gleicher Höhe, die mich anfangs mitleidig lächelnd überholen wollten. Stolz ziehe ich am Cirque des Baumes mein Badeboot aus dem Wasser und warte auf die eheliche Rückhole.

Genauso so gut hätte ich in La Malène ein "richtiges" Boot mieten können, der Bootsverleiher hätte mich und mein Leihboot ebenfalls am Cirque des Baumes wieder abgeholt und nach la Malène zurückchauffiert. Ich hätte eine ordentliche Schwimmweste getragen, denn die ist wegen der Versicherung Vorschrift. Ich hätte nicht wenige Francs hingeblättert, aber spannender wäre die Bootsfahrt bestimmt nicht gewesen. Als ich ein paar Jahre später die Tour mit dem Mietkajak noch einmal nachfahre, wird meine Ahnung bestätigt: Das Gummiboot tat's auch.

Liebe Wassersportler unter den Wohnmobilisten, schreibt mir keine Briefe! Ich weiß, daß ihr mich nicht versteht.

Camping *Chez Maurice*

Und wende mich daher den schlichten Fakten zu: Ich erwähnte bereits, daß unser Wohnmobil auf einem **Campingplatz** steht, der sogar zwei Namen trägt: *Chez Maurice* und *Le*

Clos (auf der Michelin-Karte als *Le Claux* eingezeichnet). Es ist ein sehr schlichter Platz mit unzureichenden sanitären Einrichtungen, aber er ist völlig naturbelassen und liegt direkt am Fluß im schönsten Teil der Tarn-Schlucht, 2,5 km westlich von **La Malène**, dessen Campingplatz auch nicht schlecht ist. In den Gorges gibt es so gut wie keine freien Stellplätze, schon gar nicht direkt am Fluß, so daß für einen mehrtägigen Aufenthalt am Campingplatz fast kein Weg vorbeiführt.

Im interessanten Teil der Tarn-Schlucht, das ist der Abschnitt zwischen Le Rozier und der N 106 östlich von Ste. Enimie, gibt es aber eine ganze Reihe von akzeptablen Zeltplätzen, so daß man auch nicht gleich verzweifeln muß, wenn man Ende Juli/Anfang August vor dem Schild "complet" steht. Dann hilft es häufig, wenn man für den nächsten oder übernächsten Tag reserviert und sich bis dahin auf weniger attraktiven Übernachtungsplätzen herumdrückt. Oder man reist gegen Mittag an, zur besten Zeit um einen freien Platz zu ergattern. Dies hat im übrigen gar nichts damit zu tun, daß unser Campingplatz proppenvoll wäre. Ganz im Gegenteil. Bei *Maurice* ist die Belegung eher locker, nur darf er wegen seiner beschränkten Sanitärmöglichkeiten nicht mehr Urlauber aufnehmen; bei den anderen Plätzen ist es ähnlich. Wichtig ist nach meiner Meinung, daß der Fluß im Bereich des Campingplatzes wenigstens stellenweise tief genug zum Schwimmen ist. Manchmal ist er nämlich nur knieflach, so daß man das Baden völlig vergessen muß.

Erwarten Sie bitte keine freien Stellplatzmöglichkeiten unter idealen Bedingungen: also direkt am Wasser, schattig, für einen mehrtägigen Aufenthalt geeignet und obendrein noch legal. Praktisch überall ist die Straße nicht auf der Talsohle gebaut, sondern im unteren Drittel des Steilhangs. An den Fluß gelangt man also nur, wenn es eine Zufahrt gibt. Die führt aber in den meisten Fällen in private Gärten und ist demgemäß abgesperrt. An der Straße selbst kann man auch nicht bleiben, da sie ohnehin so schmal ist, daß man nur mit äußerster Vorsicht (!) mit dem WOMO auf ihr entlangfahren kann. Auf den Parkplätzen in den wenigen Dörfern ist inzwischen die Wohnmobilnacht untersagt, wobei ich nicht weiß, inwieweit das Verbot auch überprüft wird. Es würde mich auch nicht wundern, wenn in Kürze das Nachtparken auf den drei nachfolgend beschriebenen Stellplätzen verboten würde. Wenn Sie also in der Zeit zwischen dem 15.7. und 15.8. am Tarn ein paar Tage bleiben möchten, nehmen Sie den ersten akzeptablen Stellplatz auf einem Campingplatz! Sie werden auch dort von Schlucht und Fluß begeistert sein und sicher irgendwann wieder kommen.

Einen einzigen richtig guten freien **Stellplatz** konnte ich ausfindig machen, wobei die Bedingungen so ideal sind, daß ich dem Frieden gar nicht trauen möchte. Sie finden die Stelle 600m westlich von **La Malène**. Die Straße macht dort in der Nähe eines eckigen Burgruinenturms eine scharfe Kurve, und zwar die erste scharfe Biegung westlich des Dörfchens. Mitten in der Kurve führt ein Weg hinunter zum Fluß und endet auf einem kleinen, schattigen Plateau direkt am Wasser. Irgendwie habe ich das Gefühl, daß der Platz bei unserem Besuch nur zufälligerweise für die Öffentlichkeit zugänglich war. Die aber freut sich in Form von zwei dort nächtigenden Reisemobilen. Und am Wochenende herrscht reger Ausflugsverkehr.

Klassische Übernachtungsplätze gibt es am **Cirque des Baumes**. Etwa dort, wo die grünen Motorboote wieder aus dem Wasser gehoben werden. Mit diesen Booten kann man sich von La Malène bis zu eben dieser Stelle chauffieren lassen, man wird dann wieder zurückgebracht. Folglich muß man aufpassen, daß man dort mit dem Wohnmobil nicht die Zufahrt der Bootsrückholer blockiert, die das kleine Schiffchen auf einen Anhänger verladen. Mancher Wohnmobilist nächtigt auch auf der anderen, dem Berg zugewandten Seite der Straße, wo es ebenfalls einen Parkplatz gibt.

St. Chély-du-Tarn

Übernachtungsmöglichkeiten gibt es außerdem bei **St. Chély-du-Tarn**, wobei ich auch hier keineswegs garantieren kann, daß sich die Bedingungen nicht ändern. Das kleine Dorf mit seiner geschwungenen Brücke gehört aber ohnehin zu den Stellen am Tarn, die man unbedingt ansteuern muß. Dann kann man ja bei dieser Gelegenheit einmal nachsehen, ob man noch auf der Dorfseite links der Brücke stehen kann; oder ob man noch auf der anderen, der nördlichen Flußseite westlich vom Tunnel hinunter zum Fluß kommt. Möglicherweise gibt es zwei Abfahrten dorthin. Im Dorf wird aber "son et lumière" veranstaltet, also ein ziemliches Spektakel, weshalb im Sommer erst spät Ruhe einkehrt.

Außerdem gibt es noch die windumtoste Alternative oben am Rande der Hochebene: Man steht beim **Roc des Hourtous** auf 900 m Höhe (nachts sehr einsam) in der Nähe des kleinen Erfrischungskiosks und hat entweder nach wenigen Schritten oder sogar aus dem WOMO-Fenster einen der schönsten Ausblicke in die Tarn-Schlucht. Am Roc des Hourtous kommt auch unsere spätere Wanderung vorbei. Mit dem Auto gelangen Sie dorthin, wenn Sie bei Ste. Enimie den Fluß überqueren und auf der schmalen D 986 zur Hochebene klettern, was schon ein Erlebnis für sich ist. Einen schönen Blick hat man dabei oberhalb von St. Chély. Die D 986 führt weiter zur berühmten Höhle Aven Armand (Richtung Meyrueis). Wir müssen aber vorher nach rechts zur D 16 in Richtung La Malène abbiegen. Von diesem Ort kann man übrigens auch vom Tal aus hochfahren, wegen der engen Kurven darf das Wohnmobil aber höchstens VW-Bus-Ausmaße haben. Auf der D 16 geht es dann weiter bis zur Abzweigung zum kleinen Weiler Rieisse. Dort verlassen wir die D 16, um dann vor den ersten Häusern des Dörfchens auf einen unbefestigten Weg abzubiegen, der am Roc des Hourtous endet. In ideale Aussichtsposition kann man das Wohnmobil allerdings erst dann manövrieren, wenn sich der Ausflugsverkehr verzogen hat.

Gegenüber auf der anderen Hochebene, der Causse de Sauveterre, kann man einen anderen Aussichtspunkt anfahren, den **Point Sublime**. Der liegt ziemlich genau über dem Cirque des Baumes und ist im Gegensatz zum Roc des Hourtous meistens überlaufen. Vor allem seit die Spitzkehren von Les Vignes zur Hochebene ausgebaut wurden und jetzt auch für Wohnmobile geeignet sind.

Daß man einmal die Tarnstrecke von Le Rozier bis Florac abfährt, versteht sich von selbst. Aber nicht schon, wie man häufig lesen kann, ab Millau, denn im westlichen Teil sind die **Gorges du Tarn** eher uninteressant. Das bei Le Rozier mündende Seitental der Jonte werden wir später kennenlernen. Am Tarn wird es erstmals nördlich von Les Vignes richtig spannend. Am sogenannten **Pas du Souci** klettern wir auf einen Aussichtsfelsklotz, um uns zu überzeugen, daß hier der Fluß auf einem kurzen Stück nicht mal von den kühnsten Kanuten bepaddelt werden kann. Es folgt dann bald der oben schon erwähnte **Cirque des Baumes** mit seinen Straßentun-

Les Détroits

nels (für Wohnmobile über 3,50 m Höhe verboten!), ehe wir anhalten, um die hübschen Steinhäuser des Örtchen **La Croze** zu fotografieren. Kurz danach müssen wir schon wieder anhalten, denn unter uns liegt nun die schönste Stelle des ganzen Flußtales, die Felsen mit dem Namen **Les Détroits** nahe unserem oben beschriebenem Campingplatz. Weit unten, am Fuße einer 100 m hohen Felswand erkennen wir die bunten Boote der sich abmühenden Freizeitsportler. Auf der weiteren Strecke nach Osten bietet dann das Dorf **St. Chély-du-Tarn** einen neuerlichen Höhepunkt. Vor allem, weil man es hinter einer geschwungenen Brücke malerisch auf der anderen Flußseite liegen sieht (Foto Seite 209). Ab **Ste. Enimie**, dem ganz netten, aber touristisch fast schon überlaufenen Hauptort der Schlucht treten die Berge schon etwas zurück. es folgen noch einige schön gelegene Campingplätze und die verwunschenen Häuser von **Castelbouc**, aber unübersehbar ist der Höhepunkt überschritten. Man würde den Gorges du Tarn jedoch Unrecht tun, reduzierte man sie nur auf einige Stellen. Ich kenne in Frankreich keine zweite Schlucht, die gerade in ihrer Gesamtheit ähnlich reizvoll wäre, jedenfalls aus automobilistischem Blick.

Weniger eindrucksvoll sind unsere kulinarischen Erfahrungen. Am aufregendsten ist noch der **Pizzawagen**, der auf drei Campingplätzen bei La Malène, so auch bei *Maurice* die Urlauber verköstigt. Die Leute vom deutschen TÜV wären vermutlich dem Harakiri nahe, würde bei ihnen der Wellblech-Citroen des Pizzabäckers vorfahren: mit Schornstein und einem Ofen, in dem direkt neben der Gasflasche ein munteres Feuerchen flackert. Hoffen wir daß die Karre noch lange nicht abbrennt, denn die Pizzas sind wirklich Spitze.

Das gilt auch für unsere **Wanderstrecke**, zu der ich aber nur das jüngste Mitglied der Familie überreden kann. Gisela und Lena ist es zu heiß, außerdem ist ihnen der Anstieg zu steil. Er hat es auch wirklich in sich. Aber davor liegt noch das Abenteuer der Flußdurchquerung zu Fuß: Die Wanderschuhe in der Hand und die Badeschuhe an den Füßen waten wir durch den Bach. Nehmen Sie für derartige Unternehmungen unbedingt die Plastikschlappen mit, barfuß ist die Durchquerung des schnellfließenden Wassers kaum zu bewerkstelligen.

*Wir sind an unserem Campingplatz gestartet, genau so gut könnte man auch in La Malène losziehen (dort kann man das WOMO gut parken). Auf jeden Fall muß man dann erst einmal jenseits, also südlich des Flusses auf der unbefestigten Fahrstraße den Fluß entlang laufen, bis man nach etwa 2 km (ab La Malène) gegenüber den Campingplatz (Chez Maurice) sieht. Dann zweigt bald ein markierter Pfad bergauf ab, man kann ihn nicht verfehlen. Genau 70 Minuten brauchen wir, fast hätte ich gesagt: bis zum Gipfel. Aber der ist hier mehr eine Oberkante, denn wenn man ankommt, geht es waagerecht weiter. Wir sind dann nämlich auf der **Causse Méjean**, auf einer der dünn besiedelten Hochebenen Südfrankreichs; wir werden sie später noch genauer kennenlernen. Nachdem wir von der phantastischen Aussichtsplattform des **Roc des Hourtous** stecknadelgroß das Dach unseres WOMO's entdeckt haben, machen wir uns auf den weiterhin markierten Weg nach*

212

Der Autor am Roc des Hourtous

Rieisse. Dort muß man etwas aufpassen, daß man das schlecht lesbare Schild nach La Malène nicht übersieht, das uns bald zum Abstieg führt. Eine gute dreiviertel Stunde nach Rieisse stehen wir wieder unten am Tarn. In La Malène füllen wir noch den Rucksack mit Lebensmitteln und den Bauch mit Eis, ehe wir die letzten 2 km auf dem Fahrweg südlich des Tarn zurück zu unserem Campingplatz in Angriff nehmen. Drei Stunden sollte man für die Wanderung wenigstens veranschlagen, und am besten kauft man sich zuvor in La Malène auch noch die Karte des ign Nr. 2639 (Ste. Enimie/Gorges du Tarn im Maßstab 1:25.000).

Wer mit dem WOMO zum Roc des Hourtous fährt (Zufahrtsstrecke siehe oben), wird auch die weiteren 20 km auf der Causse Méjean zum **Aven Armand**, einer der bedeutsamsten Kalksteinhöhlen der Welt, nicht scheuen. Wir fahren dort mit einer Zahnradbahn durch einen 188 m langen Tunnel, der in einem gigantischen Tropfsteinsaal endet. Dieser ist 35 m hoch und grenzt an einen bizarren, märchenhaften Wald von Stalagmiten. Mehr als 400 riesengroße Tropfsteine stehen oder hängen dort in der sogenannten "Forêt Vierge" (Urwald) nebeneinander, und viele haben Namen, die man uns anläßlich einer breit angelegten französischen Führung aufzählt (zur Eselsbrücke zum Auseinanderhalten von Stalaktiten und Stalagmiten nur soviel: Stalagmiten sind die, welche vom Boden nach oben wachsen). Entdecker der Höhle im Jahre 1883 war übrigens nicht Monsieur Armand, der sie zwar später erforscht hatte, sondern der bekannte Höhlenforscher Martel.

Es gibt noch eine ganze Reihe anderer Höhlen und Grotten in den **Causses**, was unter anderem daran liegt, daß das Gestein der Causses, also jener südfranzösischen Hochebenen, die im wesentlichen zwischen 800 und 1100 m hoch liegen, aus pörösem Jurakalk besteht, der die Entstehung von Tropfsteinhöhlen erst möglich macht. Diese Hochflächen, allen voran die **Causse du Larzac** südlich der von Méjean sind heute außerordentlich dünn, auf großen Flächen sogar überhaupt nicht besiedelt. Früher standen hier Eichenwälder, die schon vor langer Zeit abgeholzt worden sind. Zu einem großen Teil wurden sie aber auch von Schafen kurz und klein gefressen, die auch heute noch in stattlichen Herden auf den versteppten Hochflächen gehalten werden. Aber nicht im Winter, dann liegt hier nämlich, zum Teil bis Ostern, Schnee. Dies ist ein Grund für die schwache Besiedlung, ein anderer ist das fehlende Wasser, das im Kalkboden schnell versickert.

Die Causse du Larzac, genauer das Camp la Larzac, ist manch einem von Ihnen sicher noch geläufig, galt es doch in ganz Mitteleuropa lange Zeit als Mustermodell für den Widerstand von Bürgerbewegungen gegen staatliche Umweltzerstörung: Anfang der 70-er Jahre wollte man den Truppenübungsplatz nachhaltig vergrößern einschließlich Militärflugplatz und allem Drumherum. Etwa 100 landwirtschaftliche Betriebe sollten ihre spärliche Existenzgrundlage verlieren. Eine ganze Region trat daraufhin in aktiven Widerstand, aus ganz Frankreich, ja sogar aus dem benachbarten Ausland kamen Leute nach Larzac, um verlassene Bauernhöfe samt deren Land wieder in Betrieb zu nehmen, vor allem soweit dieses im Bereich des geplanten Militärübungsplatzes lag. Zehn Jahre dauerte der Kampf, und es bedurfte noch eines Regierungswechsels in Paris, ehe das Militärprojekt zu den Akten gelegt wurde - mit Recht, wie uns die Geschichte inzwischen lehrt. Noch heute sieht man gelegentlich blasse Parolen auf den Hauswänden, aber auch kritische Ausstellungen zu weltpolitischen Themen (zum Beispiel in der Maison du Larzac an der N 10 zwischen La Cavalerie und Millau).

Ohne die Hochebenen und die dortige Schafzucht wäre auch der Roquefort-Käse gar nicht denkbar, denn dieser wird aus Schafsmilch hergestellt. Bis wir aber die Keller von Roquefort besichtigen, werden noch ein paar Tage vergehen. Denn momentan stärken wir uns noch anläßlich eines verspäteten Mittagessens in unserem WOMO auf dem Parkplatz des Aven Armand. Nicht viel später sitzen wir schon wieder, diesmal beim Kaffee, bzw. Eis in Meyrueis, einem sympathischen Cevennenstädtchen, wo die Uhren scheinbar langsamer gehen.

Von hier aus starten wir auch zu einem kurvenreichen Ausflug auf den **Mont Aigoual**, den mit 1567 m höchsten Berg der Cevennen. Wie meistens im Sommer ist es auch jetzt dunstig, so daß wir die viel gepriesene Sicht bis zum Mittelmeer nur eingeschränkt genießen können. Die Fahrt zwischen zerklüfteten Granitfelsen und bewaldeten Hängen lohnt sich aber trotzdem.

Für den Rückweg wählen wir das Sträßchen durch die **Gorges le la Jonte**, ein Seitental des Tarn. Die Jonte ist aber nur ein Bächlein, in dem man höchstens an ganz wenigen Stellen, wenn das Wasser aufgestaut ist, baden kann. Dort gibt es dann meistens auch einen Campingplatz, so daß man sich im Jonte-Tal keine aufregenden freien Stellplätze versprechen sollte. Auch landschaftlich kann diese Schlucht mit der des Tarn nicht mithalten, aber das hat allein noch wenig zu sagen, denn die Tarn-Schlucht ist ohnehin fast einmalig. Dafür können die Gorges de la Jonte mit einer außergewöhnlichen Attraktion aufwarten: Hier wurden vor einigen Jahren wieder Gänsegeier ausgesetzt, die sich erstaunlich gut auf inzwischen 80 Exemplare vermehrt haben. Hinter den Häusern von Le Truel kommt man seitlich der Straße nach Le Rozier an einem Informations- und Beobachtungspunkt vorbei, wo wir die riesigen Vögel - mit Hilfe eines Fernglases - unter dem Himmel kreisen sehen. Ihre Horste befinden sich in irgendwelchen Felsspalten, von denen man sie angeblich am Vormittag starten sieht.

Auf den Tarn treffen wir wieder in Le Rozier, wo wir diesesmal nach links abbiegen, um in **Millau** einzukaufen. Die Stadt hat zwar nur 22.000 Einwohner, sie wirkt aber fast wie eine Großstadt. Denn sie ist Geschäftszentrum für ein weites Gebiet. Hier werden Handschuhe für ganz Frankreich hergestellt; Ende der 70-er Jahre kamen noch zwei Drittel der französischen Produktion aus dieser Stadt. Dies liegt daran, daß die Bauern auf den Hochebenen vorwiegend von der

Schafzucht leben. Altertumsfreaks werden sich das Musée archéologique zu Gemüte führen (am zentralen Platz der Stadt; Öffnungszeiten: von Juni bis September 9,oo bis 11,oo Uhr und 15,oo bis 19,oo Uhr, in der übrigen Zeit nur mittwochs nachmittags und am Wochenende). Dort ist vor allem die Sammlung von Töpferwaren sehenswert, die ab dem 1. Jahrhundert n. Chr. in **Graufesenque** in fast schon industrieller Weise hergestellt worden sind. In den Werkstätten dieser römischen Siedlung wurde Gebrauchskeramik für ganz Gallien gebrannt, die man sogar bis nach Spanien exportiert hat. Die Ausgrabungsstelle von Graufesenque befindet sich im Süden von Millau, seitlich der N 9. Biegen Sie hinter der Tambrücke nach links ab, es sind dann noch etwa 900 m bis zum historischen Gelände am Südufer des Dourbie.

Einfacher ist ein empfehlenswertes **Restaurant** zu finden, allerdings dort, wo Sie es sicher nicht vermuten würden: im Bahnhof! Denn das *Buffet de France* ist sozusagen das Bahnhofsrestaurant, mit jedoch ganz und gar nicht wartesaaladäquater Küche. Im Sommer wird das Essen sogar im Freien serviert (Tel. 65 60 09 04; dienstags geschlossen, außer im Juli und August). Den Bahnhof finden Sie, wenn Sie die Innenstadt von Millau nach Nordwesten in Richtung Rodez verlassen und sich relativ bald links halten, auf Ihrer Michelin-Karte ist die Bahnlinie nebst Bahnhof bei genauem Hinsehen eingezeichnet.

Auf der Speisekarte bietet man uns, wen wundert's, mehrere Sorten Roquefort-Käse an. Denn das Städtchen **Roquefort-sur-Soulzon** liegt nur 25 km von Millau entfernt.

Den Abstecher nach Südwesten läßt sich kaum jemand entgehen, so daß mit uns wenigstens 40 andere Urlauber vor dem Tor der Käserei *Société* auf das Ende der Mittagspause warten. Dann beginnt nämlich der erste nachmittägliche und sogar kostenlose Besichtigungsgang, bei dem uns zunächst ein paar Dias vorgeführt werden, bevor man uns durch die im Berg liegenden Höhlen leitet, wo die aus Schafsmilch hergestellten Käselaibe in Regalen und im natürlichen Luftzug des Berges reifen. Leider gibt es nur Führungen in französischer Sprache, dafür im Sommer aber mehrere täglich. Man bekommt auch einiges mit, wenn man die wortreichen Erklärungen nur bruchstückhaft versteht. Ich persönlich finde den Besuch sehr lohnend, denn der Roquefort-Käse ist sozusagen das Musterbeispiel für Blauschimmelkäse, dem man ja heutzutage in jedem Käsegeschäft sortenreich begegnet. Sogar angesichts der Massenproduktion bekommen wir Appetit, weshalb wir dann auch am Verkaufsstand der Käsefabrik unerbittlich zuschlagen. Das tut so ziemlich jeder. Ich möchte aber nicht wissen, wieviele Roquefort-Stücke danach in Plastik verpackt in Reisebusen oder überhitzten Autos vor sich hinstinken, sozusagen zwischengelagert werden, bevor sie in den Müll wandern. Nicht so bei uns, denn wir haben ja ein Wohnmobil mit Kühlschrank. Roquefort hat natürlich eine "Appellation Contrôllée", was bedeutet, daß sich nur der Blauschimmel-Schafskäse *Roquefort* nennen darf, der auch aus dem Gebiet dieses Dorfes kommt (Besichtigungszeiten: von 9,oo bis 12 Uhr und 14,oo bis 18 Uhr, im Winter zeitweilig geschlossen).

Für den Rückweg wählen wir die Strecke über die D 999/N 9, da diese beiden Straßen über das fast menschenleere Gebiet der Causse du Larzac gebaut sind (näheres siehe oben). Wir fahren dann bei La Cavalerie geradeaus auf dem direkten Weg nach Nant, und dann durch die Gorges de la Dourbie nach links zum **Chaos-de-Montpellier-le-Vieux**. Das Chaos (so nennt man in Frankreich eine Ansammlung spektakulärer Felsbrocken) des "alten Montpellier" ist eine Natursehenswürdigkeit und hat mit der gleichnamigen südfranzösischen Universitätsstadt nur den Namen gemeinsam: Wanderhirten sollen angeblich die merkwürdigen Felsgebilde aus der Ferne für eine zerstörte Stadt gehalten haben, was ziemlich weit hergeholt ist. Die von der Erosion angenagten Felsen haben zwar wirklich bizarre Formen, diese erinnern uns aber eher an Tierfiguren als an Häuser.

Das Chaos ist bei Franzosen sehr beliebt, der Michelin-Reiseführer verleiht ihm übertriebenermaßen sogar drei Sterne. Dieses mag vor allem daran liegen, daß man hier in ungewöhnlicher Umgebung gut pick-nicken kann. Wenn man nicht auf den markierten Wegen bleibt, verläuft man sich leicht, angeblich wird öfters nach Verirrten gesucht, die vermutlich bei der vorherigen Rast zu tief ins Rotweinglas geschaut haben. Haben Sie keine Angst, denn inzwischen sind die Wege sogar farbig markiert. Weniger romantisch ist der Bummelzug, der gehfaule Zeitgenossen transportiert. Die Büsche waren hier ursprünglich einmal höher, aber dann brannte das ganze Gelände ab, und heute ist nur noch Strauchwerk übrig, durch das die Pfade führen. Markantester Punkt ist das Belvédère du Dourninal, eine Aussichtsplattform auf gewachsenem Fels, von er aus man einen beeindruckenden Rundblick hat. Übernachtungsmöglichkeiten gibt es auf dem dazugehörigen Parkplatz.

Wir nächtigen allerdings nicht hier, sondern am Ufer des Baches Dourbie 2,5 km nördlich von Nant. Wir stehen wieder auf einem weitgehend naturbelassenen **Campingplatz** mit dem klangvollen Namen *Le Roc qui parle* (geöffnet von Anfang Mai bis Ende September).

Auch am Dourbie ist es schwierig, außerhalb eines Zeltplatzes am Wasser eine gescheite Übernachtungsmöglichkeit zu finden, weshalb wir nicht länger herumkurven. Das Bächlein bildet ein anmutiges Tal, dessen schönster Abschnitt bei **Cantobre** liegt. Die wenigen Häuser sind hier besonders malerisch auf einen Felsvorsprung gebaut (der dortige Campingplatz ist wesentlich voller und durchorganisierter).

Ausgesprochen gemütlich ist auch das Städtchen **Nant** (1.000 Einwohner), wo wir uns unter den Arkaden der alten Markthalle einen Pastis schmecken lassen. Einstmals waren die Hallenbögen Bestandteil eines Benediktinerklosters, das die Keimzelle des späteren Ortes wurde. Nant ist für mich ein Paradebeispiel von einer abgeschiedenen südfranzösischen Kleinstadt, die genau den Charme besitzt, den man im Midi erwartet.

Nur ein gutes **Restaurant** fehlt noch, das gibt es aber 7 km weiter in **St. Jean-du-Bruel**. Ein kräftiges Gewitter hat so gewütet, daß die Stromversorgung für Stunden ausgefallen ist. Die Gaststube des *Midi-Papillon* wird nur noch von ein paar Petroleumfunzeln und Kerzen beleuchtet. In der Küche hat man Gas, das Abendessen fällt daher zum Glück nicht ins Wasser. Was auch ausgesprochen betrüblich gewesen wäre, denn die Köche verstehen ihr Handwerk (bei dieser Beleuchtung sprichwörtlich) fast blind, und die Preise sind ausgesprochen niedrig (Tel. 65 62 26 04; nur von Mitte März bis Mitte November geöffnet, kein Ruhetag).

Hätten wir die Enttäuschungen unserer nächsten Tour an die Ardèche schon geahnt, wir wären viel länger in den touristisch teilweise noch fast unbeleckten Cevennentälem geblieben.

Tour 16: Traumschlucht mit Mängeln

Gorges de l'Ardèche - Aven d'Orgnac - Bagnols sur Cèze

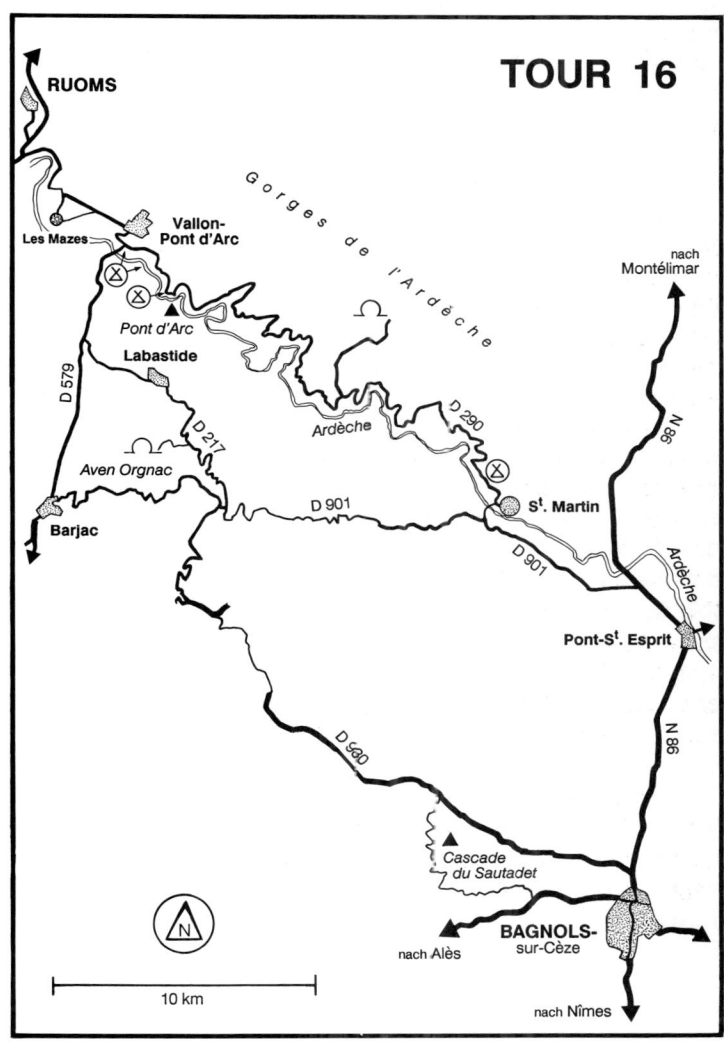

Übernachten: Campingplatz am Pont d'Arc

Besichtigen: die Ardèche-Schlucht; den Pont d'Arc; Seidenraupen-Museum
in Les Mazes; Impressionisten-Museum in Bagnols

Es ist schon ein paar Jahre her, als ein Gerücht wie ein Donnerhall die Runde machte: Die **Ardèche** sei gesundheitsgefährdend verschmutzt. Es gab sogar ein paar Warnschilder und vielleicht auch ein paar weniger Urlauber. Über die Wasserqualität läßt man heute nichts mehr verlauten, jedenfalls nichts, was bis zu den Ohren mehr oder weniger betuchter Touristen vordringen könnte. Der eine Bootsverleiher sagt es dem anderen, der flüstert es dem Campingplatz-Besitzer zu, jener seinem Kollegen und dieser dem Bürgermeister; der Bäcker sagt es dem Wirt, es macht die Runde über den Ansichtskartenstand, den Karusellbetreiber, den Fahrradvermieter: *"Stellen Sie sich vor, die Ardèche ist dreckig, und keiner geht hin!"*

Folglich ist der Fluß seit Jahren sauber. Oder sagen wir lieber, er gilt als unbedenklich. Wenn Sie mich fragen: Tausende pinkeln im Juli/August ins Wasser, und von der Chemie möchte ich erst gar nichts wissen. Sie merken es, ich muß Sie vor den Gorges-de-l'Ardèche warnen. Damit befinde ich mich in der Reiseliteratur in guter Gesellschaft, und ich habe mir ernsthaft überlegt, ob ich Europas berühmtestes Paddel-Gebiet literarisch nicht einfach unterschlagen soll. Aber der Fluß ist nun mal sooo prominent! Und ich möchte mich auch nicht zum Maßstab aller Urlaubsfreuden machen, was bei der Schilderung unserer letzten Tour noch einmal betont werden soll. Aber ich fasse mich kurz, denn viel gibt es eigentlich auch nicht zu berichten:

Einen freien Stellplatz am Fluß haben wir nicht gefunden, ich wette, es gibt auch keinen, jedenfalls nicht auf dem touristisch bekannten Stück zwischen Vallon-Pont-d'Arc und St. Martin. Dort verläuft die bekannte Schluchtstraße auch ohnehin größtenteils weit oberhalb des Flußlaufes, so daß man nur von einigen Aussichtspunkten ins tief eingeschnittene Tal hinabblicken kann. Die Fahrt auf dieser Straße gerät fast mehr zur Enttäuschung, als zur touristischen Offenbarung. Immer wieder hält man an, in der Hoffnung auf ein Aha-Erlebnis. Statt dessen sieht man unten ein oder zwei Flußbiegungen, eine Menge Boote und drumherum eigentlich nichts. Freilich haben die steil abfallenden Hänge auch einen gewissen Reiz, wer aber schon andere südfranzösische Schluchten gesehen hat, wird nicht gerade vom Sitz gerissen.

Will man die Ardèche wirklich kennenlernen, muß man wenigstens einen ganzen Tag lang, möglichst sogar mehrtägig auf ihr entlang paddeln. Dafür wiederum sollte man, jedenfalls in der Vorsaison, schon einige Wildwassererfahrungen besitzen, denn der Fluß hat es an manchen Stellen in sich. Eigentümer eines Bootes muß man jedoch nicht unbedingt

sein, mehr als 10.000 Kanus und Kajaks werden inzwischen an den abenteuerhungrigen Urlauber vermietet. Selbstverständlich transportiert Sie der Bootsverleiher auch wieder an den Ausgangspunkt zurück, ganz gleich, ob Sie nur ein paar Stunden oder drei Tage mit den Stromschnellen gekämpft haben. Richten Sie sich darauf ein, daß Sie kentern! Verpakken Sie also Ihre Wertsachen, vor allem die Fotoausrüstung, in wasserdichte Tonnen, die man samt Schwimmweste gleich mitmieten sollte. Nur um Ihre Flußwanderkarte müssen Sie sich nicht sorgen, die gibt es nämlich inzwischen aus wasserfestem Papier. Sie werden nicht nur Ihrer eigenen Ungeschicklichkeit zum Opfer fallen, sondern mindestens so leicht der von denen, die genauso unerfahren sind wie Sie. Boot hinter Boot wird flußabwärts getrieben, und wer sich einmal querstellt, gerät leicht ins Fahrwasser des Hintermanns, der nicht willens oder in der Lage ist, auf Abstand zu achten. Aber vielleicht empfinden Sie mehr Freude als ich hier prophezeie, sie sei Ihnen gegönnt.

In Ermangelung freier Übernachtungsmöglichkeiten bleibt für Ihr Wohnmobil nur der **Campingplatz**. Beachten Sie aber, daß es im Mittelteil der Schlucht keine Zeltplätze gibt, sondern nur an deren Anfang und Ende. Schöner ist dabei der westliche Schluchteingang, die Campingmöglichkeiten ziehen sich dort sogar noch ein Stück über den Pont d'Arc in die Gorges hinein. Als wir uns Ende Juli auf den Plätzen umsehen, stehen wir wider Erwarten nicht vor verschlossenen Toren, denn - jedenfalls um die Mittagszeit - gibt es fast überall noch Platz. Wir mieten uns im Auge des Hurrikan ein, am berühmten **Pont d'Arc**, einem Felsgebilde, das sich in Form eines gewaltigen Tors über den Fluß spannt. Direkt darunter gibt es sogar einen kleinen Strand, auf dem sich die Leiber aber fast schon stapeln. Denn die Badestelle ist von der Natur reichlich mit Schönheiten gesegnet - und nicht nur für die Campingplatzbesucher, sondern auch von der Straße her für die Öffentlichkeit zugänglich (Straßenparker Achtung, es gibt Diebe!). Und man läßt sogar Wohnmobilisten vor dem Campingplatz kostenlos nächtigen. Positiv überrascht bin ich auch davon, daß es abends kein Halligalli gibt, keine Disco, sondern nur eine ganz normale Campingplatz-Kneipe. Als ich zu später Stunde nochmals am Fluß sitze, bin ich ganz alleine. Über dem Felsentor steht eine Mondsichel, der Fluß gurgelt leise vor sich hin, und ein wenig kann ich mich sogar mit der Ardèche anfreunden.

Hoch her geht es allerdings im Hauptort der Gegend, in **Vallon-Pont-d'Arc**, der eigentlich ein Obstbauerndorf war, heutzutage aber, jedenfalls im Sommer, vom Massentourismus lebt. WOMO's dürfen auf den wenigen Plätzen nicht mal parken, wer deshalb einfach durchfährt, versäumt nichts. Beschaulicher ist das **Seidenraupen-Museum** 3 km westlich in Les Mazes. Hier, wie auch in den Cevennen-Tälern, war ab dem 16. Jahrhundert die Seidenraupenzucht eine sichere Einnahmequelle, bis Importe aus Fernost die Seidenraupenzucht in der Mitte des 19. Jahrhunderts allmählich zum Erliegen brachte. Und als die Tierchen noch von einer Seuche gebeutelt wurden, war es mit diesem Erwerbszweig vorbei. In Les Mazes kann man aber inzwischen wieder zusehen, wie die

Raupen ihre Kokons spinnen, allerdings weder sonntags noch über Mittag (das Museum trägt den Namen Ma Magnananerie).

Wenn Sie einkaufen möchten, empfehlen wir Ihnen das Städtchen Ruoms, das nicht ganz so überlaufen wie Vallon-Pont-d'Arc ist.

Pont d'Arc

Ein touristisches Mekka der Gegend ist der **Aven d'Orgnac.** Ein Aven ist, wie Sie vielleicht schon von früheren Touren wissen, ein Höhlengebilde, das sich nur nach oben durch einen engen Schacht öffnet. Der war beim Aven d'Orgnac weitge-

223

hend verschüttet, weshalb sich erst im Jahre 1935 ein Höhlenforscher in die unterirdische Riesenkammer vorarbeiten konnte. Heute gibt es einen Aufzug, der Sie in den Saal des Chaos führt, in ein Trümmerfeld aus Tropfsteinen. Vor ca. 50 Millionen Jahren hatte nämlich ein Erdbeben Stalagmiten und Stalaktiten wild durcheinander geworfen, ehe darauf wieder neue Tropfsteine wachsen konnten.

Auf dem Weg zur Höhle (geöffnet von 9,oo bis 12,oo und von 14,oo bis 19,oo Uhr; Pullover mitnehmen) kommt man durch das Dorf **Labastide-de-Virac,** das von einer Burg überragt wird und zu den erfreulicheren Erscheinungen der Gegend gehört.

Vielleicht mögen Sie am Aven d'Orgnac auch gar nicht mehr umkehren, dann fahren Sie doch weiter nach Südosten in das Tal der Cèze, machen Sie ein Badepicknick an der **Cascade du Sautadet** und besuchen Sie noch Bagnolss.Cèze. Dann hätten Sie sogar mehr gesehen als wir, denn der Wasserfall von Sautadet ist uns bislang noch entgangen, er wird aber als erfreuliche Alternative zum Trubel der Ardèche gehandelt.

Die Stadt **Bagnols-sur-Cèze** (18.000 Einwohner) ist den Freunden der Malerei geläufig. Ein gewisser Albert André übernahm im Jahre 1918 den Posten des Museumsdirektors, was eigentlich nichts Besonderes wäre. Nur war Monsieur André ein Freund des Malers Renoir sowie anderer Impressionisten und Fauvisten. Die Maler schenkten der Stadt eine Reihe ihrer Werke, so daß sich im Museum ohne nennenswerte Geldausgabe allmählich eine bedeutende Sammlung zusammentat. Aber der Schatz war schlecht gesichert, weshalb 16 der berühmtesten Gemälde im Jahre 1977 auf Nimmerwiedersehen verschwanden, darunter Bilder von Dufy, Matisse, Monet und Renoir. Aber trotz dieses Verlustes lohnt es sich immer noch, in das **Musée municipal** hereinzuschauen (das Museum ist in der Mairie am Marktplatz untergebracht; im Sommer von 10,oo bis 12,oo und 15,oo bis 19,oo Uhr, sonst nur bis 18,oo Uhr geöffnet; im Februar und dienstags geschlossen).

Der Diebstahl geschah just zu der Zeit, als sich Bagnols auf eine neue Zeit einstellte und den Atomkraftmanagern lauthals *"ja bitte"* entgegenrief. Die suchten nämlich eine Schlafstadt für die Arbeiter und Angestellten der nahen Atomkraftwerke. So wurde Bagnols um eine Neustadt erweitert, alles andere hat man gründlich verdrängt. Es gab keine Protestbewegungen und auch keinen Widerstand. Dabei ist dem Atomzentrum von

Marcoule eine Wiederaufbereitungsanlage angeschlossen, und nördlich davon gibt es sogar einen schnellen Brüter. Nicht weit entfernt bei Pierrelatte drohen die Kühltürme einer weiteren Atom-Großanlage, des KKW von Donzère-Mondragon, wo seit 1982 rund 1.000 Menschen beschäftigt sind. Auch hier wird Uran angereichert, angeblich 25% des Weltbedarfs.

Der Kreis unserer Südfrankreich-Reise schließt sich. Vielleicht fragen Sie sich, wo unsereiner den letzten Abend verbringt. Wäre es ein Autobahnrast- oder Supermarktparkplatz, ich würde dies leugnen. Ich würde gerade noch gestehen, daß ich dort die letzte Dose (peinlich, peinlich) deutschen Bieres trinke. Sie ahnen es: Als Autor von WOMO-Reiseführern idealisiert man das wohnmobilistische Leben mehr als es der Wirklichkeit entspricht. Auch wir fristen gelegentlich miserable Nächte und haben schlechte Stimmung. Auch unsere Kinder nörgeln und streiten, und bisweilen wünschen auch wir uns ein gemütliches Hotelbett, eine Fernreise oder auch mal, aber selten, den Büroschreibtisch. Es geht uns also nicht anders als Ihnen!

Wo aber stehen wir nun wirklich in der letzten Nacht? Auf dem Parkplatz neben der Burg von Châteauneuf-du-Pape, wo wir schon bei der ersten Tour so prächtig geschlafen haben.

Tips und Infos für Südfrankreich

Boules - Pétanque

Sicher geht es Ihnen auch so, daß Sie immer wieder fasziniert stehen bleiben, wenn in Südfrankreich gegen Abend auf irgend einem Sandplatz die Eisenkugeln (*boules*) geworfen werden. Nirgendwo anders sind die Gesichter charakteristischer als auf dem Boulodrôme, dem staubigen Spielfeld, auf das kein südfranzösisches Dorf verzichten kann. Ich könnte Stunden damit zubringen, den Kugelwerfern zuzuschauen.

Nur muß man fürs Kiebitzen die **Regeln** kennen: Es spielen immer zwei Parteien gegeneinander, wobei zu jeder Partei ein bis drei Spieler gehören, natürlich müssen es gleich viele sein. Jeder Spieler hat zwei oder drei Eisenkugeln. Sinn des Spieles ist es, möglichst viele Kugeln näher als der Gegner an die kleine Holzkugel, den "*cochonnet*", das "*Schweinchen*" heranzubringen. Dieses ist eine arme Sau, ist es doch Ziel sämtlicher Attacken. Der Werfer der Holzkugel setzt seine erste Eisenkugel nun möglichst nahe. Jetzt kommt die andere Partei an die Reihe und muß versuchen, dem Schwein noch näher auf die Pelle zu rücken. Dabei muß die Gegenpartei solange werfen, bis sie eine Kugel dichter am Ziel hat, als die andere Partei. Ob dies der Fall ist, wird häufig durch genauestes Nachmessen und lange Diskussionen über die Meßtechnik ermittelt. Man achtet peinlich darauf, daß bei allen Würfen die Spieler genau im Kreis stehen, und daß von jeder Partei - solange diese noch Kugeln hat - immer der Spieler wirft, dessen spezielle Fähigkeiten gerade gefordert sind. So gibt es in jeder Mannschaft meistens einen "*Tireur*", dessen Aufgabe darin liegt, die unerwünscht nahe Boule des Gegners wegzuschießen. Geschickte Spieler können dem Eisen einen derartigen Drall geben, daß die fremde Kugel meterweit weg fliegt, daß aber die eigene genau an der Stelle der fremden liegen bleibt. Sind alle Kugeln gespielt, bekommen die Kugeln einen Zählpunkt, die näher am Ziel liegen, als die beste Kugel des Gegners. Das Spiel gewinnt, wer auf diese Weise als erster 13 Punkte erreicht hat.

Ursprünglich wurde in Südfrankreich das Boules-Spiel auf größere Distanz gespielt, wobei die Zielkugel bis zu 21 m weit geworfen wurde. Die Akteure mußten dann die Spielkugel mit Anlauf oder auf einem Bein stehend zum Ziel bringen. Im Jahre 1910 bahnte sich auf dem Boulodrôme des Hafenstädtchens La Ciotat ein Boulo-Drama an: Ein begnadeter Boulomane litt unter Rheumatismus, an die Einbein-Wurf-Technik war nicht mehr zu denken, an den Anlauf schon gar nicht. Jules hieß der Bedauernswerte, der irgendwann nur noch den anderen zusehen konnte. Jules hatte aber einen Freund mit Namen Ernest, bei dem es an einem warmen Juniabend funkte: Um Boules zu werfen, braucht man doch nur einen gesunden Arm, viel Fingerspitzengefühl und noch mehr Köpfchen (ob man damals auch schon eine Gitane im Mundwinkel brauchte, weiß ich leider nicht). Warum also müssen wir anlaufen oder auf einem Bein stehen? Er kreierte den Abwurfkreis und ließ die Zielkugel auf eine kürze Distanz rollen. Fortan boulten die Herren stehend und mit geschlossenen Füßen, auf französisch also mit Pieds tanqués (prov.: péd tanco).

Bald nannte man diese Art des Boules-Spieles nur noch Pétanque. Eine Gedenktafel in La Ciotat erinnert an den denkwürdigen Sommer.

Das Spiel ist aus Südfrankreich nicht mehr wegzudenken, und vier Boules-Fabriken machen nach wie vor beste Geschäfte. Bessere als die Zahnbürstenhersteller, denn in Frankreich werden mehr Boules-Kugeln verkauft als Zahnbürsten, und kein südfranzösisches Eisen-warengeschäft kann darauf verzichten, verschiedene Qualitäten der etwa 750 g schweren Kugeln im Schaufenster auszustellen.

Sogar die Frauenbewegung frohlockt: Längst ist das Pétanque keine reine Männersache mehr, geschlechtlich gemischte Mann-schaften nehmen mehr und mehr zu. Und auf den nackten Po von Fanny küßt man heute auch nicht mehr. Fanny war nämlich ein Pin-up-Girl mit einem auffälligen, womöglich sogar nackten Hintern, das irgendwo am Rande der Boules-Plätze aufgehängt war. Wenn eine Mannschaft mit 0:13 verloren hat, durften sich die Spieler damit trösten, Fanny auf den Allerwertesten zu küssen - zum Gespött der Gewinner, versteht sich.

Campingplätze

Es gibt kaum eine Region in Europa, die mehr Campingplätze aufzuweisen hat, als die Provence und das Languedoc. Von den Zeltplätzen am Meer soll hier noch gar nicht die Rede sein (näheres siehe unter dem Stichwort "Strände"), wo ein Campingplatz neben dem anderen liegt. Auch im Landesinneren ist das Netz offizieller Campingplätze so extrem dicht, daß jeder, der einen Platz sucht, auch in der Hochsaison einen findet. Zwar nicht unbedingt den, welchen man gerne möchte, und schon gar nicht den, der an einer Badestelle liegt.

Die sanitären Ausstattungen sind ganz unterschiedlich, am schlich-testen sind sie in der Regel auf den städtischen Plätzen (Camping municipal), die aber auch wiederum die preiswertesten sind. Wer häufig auf Campingplätzen nächtigt, kauft sich am besten den grünen Michelin-Führer Camping Caravaning France, der jedes Jahr in

227

Neuauflage erscheint, aber nur einen Bruchteil der französischen Campingplätze verzeichnet. Die Fremdenverkehrsbüros (siehe Stichwort "Fremdenverkehrsbüros") geben jährlich einen hervorragenden Führer heraus, den man sich gratis zuschicken lassen kann und in dem alle Campingplätze der beschriebenen Region genannt sind.

Auch in Südfrankreich gibt es Plätze, die vorwiegend von Dauercampern besucht werden, die ihren Wohnwagen nicht mehr auf Rädern, sondern Backsteinen stehen haben. Die Campingführer weisen dezent auf Dauercamper hin. Wenn Sie in Ihrem Michelin-Führer das Attribut "*Location lonque durée*" lesen, können Sie sich den Weg zum Campingplatz in der Regel schenken.

Ich erwähnte bereits, daß die Plätze an den Stränden, sei es am Meer, an Flüssen oder an Seen in der Hochsaison häufig belegt sind. Zumeist hängt dann am Eingang ein Schild mit der Aufschrift "*complet*". Die glücklichen Urlauber im Inneren haben sich oft schon ein Jahr vorher für den nächsten Urlaub angemeldet - und mit mobilem Reisen nichts am Hut. Wenn Sie unbedingt auf einen derartigen Platz wollen, fragen Sie bei der Leitung, ob Sie überhaupt Chancen haben, und reisen Sie am nächsten Vormittag oder am besten donnerstags oder freitags an.

Die Nacht auf dem Campingplatz kostet natürlich Geld, Kinder über 6 Jahre zahlen meistens voll, und so legt man für eine 4-köpfige Familie schon mal umgerechnet 40,– DM pro Nacht auf den Tisch, oft aber auch weniger als 20,– DM. Je aufwendiger die Ausstattung des Campingplatzes ist, um so teurer wird die Chose, wobei die aufgemotzten Plätze meistens nicht die schönsten sind. Und die aufwendigen Sanitäranlagen sind für Wohnmobilfahrer mit eigenem Toilettenraum nicht von Bedeutung.

Unsere Campingplatzerfahrungen sind beschränkt, da wir Zeltplätze zumeist nur in Städten aufsuchen oder wenn wir uns längere Zeit zum Baden an einem Gewässer aufhalten (dabei gibt es nach unseren Erfahrungen nur selten Alternativen zum Campingplatz). Wir hatten in Südfrankreich aber noch nie das traurige Erlebnis, daß man uns am Campingplatztor, wegen unseres Wohnmobils diskriminiert hätte, daß man uns nur für mehr als eine Nacht aufgenommen hätte.

Dafür läßt man Sie auf einige Plätze möglicherweise nur mit einem gültigen "Camping-Carnet", dessen Besitz sich ohnedies lohnt, ersetzt es nämlich die Hinterlegung des Passes in der Schreibtischschublade des Campingplatzbesitzers. Man erhält das Carnet beim ADAC oder dem Deutschen Campingclub für ein paar Mark.

Diebstahl

Niemand von uns ist vor Dieben gefeit - weder in Südfrankreich noch anderswo. Aber leider gehören Provence und Languedoc seit einigen Jahren zu den Gebieten, in denen man besonders aufpassen muß. Wer so tut, als gäbe es das Problem nicht, lügt sich in die eigene Tasche. Je sorgloser man ist, um so eher schlagen die Diebe zu.

Die oberste Grundregel lautet: Verlasse nie Dein WOMO mit nichts als dem Autoschlüssel in der Hand. Denn Diebe sind nicht blöde und wissen, daß Sie mehr als diesen Autoschlüssel dabei haben: Geld, Schecks, eine Fotoausrüstung, eine Videokamera und die Damen eine Handtasche. Tragen Sie aber nichts unterm Arm, müssen diese Dinge zwangsläufig im WOMO sein. Eine Auto- oder Reisemobiltür ist aber für einen Profi ein Klacks. Er öffnet sie in Sekunden. Außer auf Campingplätzen (wo auch geklaut wird, wo aber meine Reisegepäckversicherung gilt) lasse ich meine Fotoausrüstung niemals im Fahrzeug zurück. Das gilt für den Autobahnrastplatz genauso wie für jeden Stadtbummel. Autoknacker haben es häufig auf Autoradios abgesehen. Wenn Ihr Radio kein abnehmbares Bedienteil hat oder nicht mit einem Code gesichert ist, bauen Sie es aus, bevor Sie Ihr Wohnmobil in einer südfranzösischen Stadt stehen lassen.

Eine weitere sehr sinnvolle Schutzvorrichtung ist eine Alarmanlage. Man darf von ihr natürlich keine Wunder erwarten, es gibt jedoch Situationen, in denen man nicht weit vom Wohnmobil entfernt ist und schon deshalb das Alarmhupen hören kann, beispielsweise am Strand oder in der Kneipe. Die Alarmanlage leistet auch wertvolle Dienste, wenn das Auto auf einem bewachten Parkplatz steht, immerhin wird darüber dann der Wächter aufmerksam. Gleiches gilt für den Campingplatz oder dann, wenn andere Wohnmobile in der Nähe parken. Denn irgendwo sitzt gerade eine Familie beim Kaffee. Aber Voraussetzung ist, daß man die Alarmanlage nicht über die reguläre Autohupe tuten läßt, denn dort kann der Dieb vorher leicht das Kabel abziehen. Man muß daher an versteckter Stelle ein zusätzliches Signalhorn einbauen. Und die beste Alarmanlage nutzt auch nur dann, wenn sie im Ernstfall funktioniert (ab und zu an entlegener Stelle ausprobieren).

In den größeren Städten sollte man das WOMO nie an einer abgelegenen, unbeobachteten Stelle parken. Wir suchen nach Möglichkeit immer bewachte Parkplätze. Meistens klappen wir auch die Einstiegstufe heraus und ziehen alle Vorhänge zu, dann weiß der Dieb nicht, was ihn erwartet.

Beugen Sie auch für den Fall der Fälle vor: Verstecken Sie Geld und Schecks dort, wo es niemand vermutet, also lieber zwischen den Kochtöpfen als unter dem Kopfkissen. Und schreiben Sie auf einem zu Hause aufbewahrten Zettel die Verstecke auf; Sie glauben gar nicht, wie schnell Sie Ihre eigenen Geheimplätze vergessen (ein Freund von uns hat kürzlich sein WOMO mit 400,— DM hinter einer Schrankverblendung verkauft). Sinnvoll sind auch fest einbaubare Wohnmobil-Tresore, aber nicht wenn sie lediglich mit irgendwelchen Holzmöbeln oder dem Holzboden verschraubt werden. Für Besitzer eines Fiat-, Peugeot- oder Citroën-Wohnmobils gibt es inzwischen (leider ziemlich teure) Tresore, die man in die Beifahrersitzkonsole einbauen kann. Damit wird dem Dieb das Handwerk schon ein Stück schwerer gemacht. Aber am besten lassen Sie möglichst wenig Wertsachen im Auto zurück, so lästig das manchmal auch ist. Tragen Sie Ihre Ausweise, Scheck- und Kreditkarten, die Handtasche und die Fotoausrüstung immer - also auch abends in der Kneipe - mit sich herum. Denken Sie dabei aber auch an die Taschendiebe und die Bösewichte, die Ihnen vom vorbeifahrenden Motorrad die Tasche vom Arm reißen (also immer an der straßenabgewandten Seite tragen und irgendwie festhalten, wenngleich diese Spielart der Kriminalität in Südfrankreich weniger verbreitet ist, als in Italien). Mit dem Rat, Wertsachen möglichst zu Hause zu lassen, will ich hier gar nicht aufwarten, haben Sie doch Ihre Foto- oder Videoausrüstung hauptsächlich für den Urlaub angeschafft.

Wenn das Schicksal Sie eines Tages doch noch ereilt, wünsche ich Ihnen eine Reisegepäckversicherung. Lesen Sie von Zeit zu Zeit die Versicherungsbedingungen (ich habe diese in Fotokopie immer dabei), denn Sie werden sich wundern, was alles nicht versichert ist. Ich wünsche Ihnen dann noch kurze Wartezeiten bei der Polizei, denn die Herren von der Gendarmerie müssen Sie auf jeden Fall aufsuchen, wenn Sie eine Versicherung in Anspruch nehmen wollen, sei es auch die Kaskoversicherung wegen des Fahrzeugschadens.

Ich kenne keine Statistiken, ich fürchte aber, daß Südfrankreich in punkto Autoknacken ziemlich weit oben steht. Seien Sie dort besonders vorsichtig, wo bevorzugt Touristen aufkreuzen, also auf den Parkplätzen von Sehenswürdigkeiten; der Dieb weiß vermutlich ganz genau, wann Sie Ihr Auto abstellen - und was Sie darin zurücklassen.

Damit Sie mich aber nicht falsch verstehen: Mit der Übernachtungssicherheit hat das nichts zu tun. Ich kenne keine Geschichten, in denen Wohnmobilisten unter die Räuber gefallen wären. Ich würde mich nie darüber wundern, wenn das geparkte Auto aufgebrochen wäre, beim freien Übernachten aber fühle ich mich bei Einhaltung der üblichen Grundregeln (siehe Stichwort "Stellplätze") genauso sicher wie anderswo.

Fotografieren/Filmen

Sofern Sie unsere Empfehlungen des vorangegangenen Stichwortes artig befolgt haben, werden Sie wahrscheinlich den ganzen Urlaub über viel Freude mit Ihrer Foto-, Video- oder Filmausrüstung haben. Mit Film und Video kenne ich mich nicht aus, ich schleppe schon genug Gewicht mit meiner Fotoausrüstung herum. Wer eines dieser Medien einigermaßen richtig beherrschen will, sollte sich auch auf eine einzige Aufnahmeart beschränken. Bedauernswert sind auch die Urlauber, die zwei Kameras mit sich tragen, in denen unterschiedliche Filme geladen sind. So fehlt dann bei der Dia-Schau ausgerechnet der Pont du Gard ("den zeigen wir Euch nachher noch im Album").

Provence und Languedoc sind ideale Ziele für Lichtbildner, nicht ohne Grund ist Arles das französische Zentrum der Fotografie. Genauso wie die Maler schwärmen auch wir Fotografen vom "Land im Licht". Wenn im Mai der Mohn in voller Blüte steht. oder wenn die Sonne das Farbenspiel der Ockerbrüche von Roussillon so richtig leuchten läßt, wenn man mit dem Teleobjektiv über einen Markt streift, erlebt der Fotograf wahre Sternstunden. Halten Sie drauf, sparen Sie nicht am Filmmaterial - und sortieren Sie für die heimische Dia-Schau das meiste wieder aus.

Die Filme sind in Frankreich teurer als in Deutschland, decken Sie sich also zu Hause ein. Und testen Sie Ihre Kamera vor dem Urlaub.

Aber messen Sie sich nicht mit den Profis, deren Kunstfotografien heute überall verkauft werden. Die Leute leben vom Fotografieren und machen die meiste Zeit ihres Lebens nichts anderes. Auch denen gelingt nicht jeden Tag ein gutes Bild.

Freies Camping

Die Gretchenfrage lautet auch hier wieder: Darf ich, oder darf ich nicht? Unsere Antwort: Im Prinzip ja, aber ....

Ich habe ausführlich recherchiert, den ADAC befragt, verschiedene Fremdenverkehrsbüros in Frankreich und in Deutschland, ich habe französische Rechtsanwälte angeschrieben und Rechtsberater von Wohnmobilzeitschriften. Ist das freie Übernachten in Frankreich nun erlaubt? Die Antworten waren widersprüchlich. Richtig scheint folgendes zu sein:

Außerhalb geschlossener Ortschaften ist die freie WOMO-Übernachtung in Frankreich grundsätzlich erlaubt, jedoch nicht an Bach, Fluß, See, nicht am Strand, nicht im Wald und nicht in 100 m Nähe von diesem. In einigen Départements soll es weitere Einschränkungen geben, und innerhalb geschlossener Ortschaften hat die Gemeindeverwaltung das Sagen. In manchen Orten ist das Camping durch Gemeindesatzung geregelt, was man gelegentlich am Ortseingang mit einem symbolisierten Wohnwagen und der sinngemäßen Aufschrift, daß das Übernachten reglementiert ist, bekannt gibt. Damit ist aber über den Inhalt der örtlichen Regelung noch gar nichts ausgesagt. Manchmal ist nämlich die freie Übernachtung nur zeitlich beschränkt oder in bestimmten Ortsteilen verboten. Nach den mir erteilten Informationen will man oftmals auch "nur Landfahrer" fernhalten, - auf jeden Fall will man eine Handhabe, wenn die WOMOS überhand nehmen und lästig werden.

Sie fragen sich angesichts obiger Aufzählung, wo Sie eigentlich noch frei stehen können? In der Praxis sieht man alles nicht so eng, und nach unseren Erfahrungen kann man sich überall dorthin stellen, wo es nicht durch Schilder ausdrücklich verboten ist, oder wo man wegen des berühmten Balkens in 2 m Höhe erst gar nicht hinkommt.

Natürlich gibt es auch einige Stellen, an denen ich nie frei nächtigen würde, so zum Beispiel im waldbrandgefährdeten Unterholz, wo man sich im Sommer möglicherweise selbst in (Waldbrand-) Gefahr begibt. Mit der notwendigen Portion Sensibilität erkennt man auch in Südfrankreich, wo man sich als Wohnmobilist unbeliebt macht.

Ob man mit "Camping interdit" (Camping verboten) auch ein Wohnmobil meint, wird heiß diskutiert. Französische Wohnmobilisten ignorieren dieses Verbot grundsätzlich und behaupten steif und fest, damit sei nur das Zelten gemeint - und machen sich meist über unseren deutschen Obrigkeitsgehorsam lustig.

Wir wurden noch nie von einem Platz vertrieben und haben das freie Camping in Südfrankreich insgesamt als unproblematisch erlebt. Aber auch an dieser Stelle muß ich noch einmal wiederholen: ich spreche nicht von der Meeresküste im Sommer. Wer dort freie Campingmöglichkeiten erwartet, wird ziemlich enttäuscht sein.

Mehr zu diesem Thema lesen Sie unten unter der Überschrift "Stellplätze".

Fremdenverkehrsbüros

Jede Stadt oder Gemeinde, die touristisch auf sich hält - das tun die meisten -, hat ein Fremdenverkehrsbüro (*Office de Tourisme* oder *Syndicat d'Initiative*) eingerichtet, wo man die verschiedensten Informationen bekommt, manchmal sogar über Stellplätze. In den örtlichen Büros spricht selten jemand deutsch, außerdem hat man hier nur im Sommer geöffnet. Regional übergreifende Informationen und zumeist auch in deutsch erhält man in den Verkehrsbüros der Départements, von denen ich Ihnen die wichtigsten nenne:

Département 84, *Vaucluse*:
84000 Avignon; 41, Cours Jeans-Jaurès; Tel. 90 82 65 11

Département 04, *Alpes-de-Haute-Provence*:
04000 Digne; Maison du Tourisme; Rond Point du 11.Nov.; Tel. 92 31 29 26

Département 13, *Bouches-du-Rhône*:
13001 Marseille; 4, La Canebière; Tel. 91 54 91 11

Département 83, *Var*:
38000 Toulon; 8, Av. Colbert; Tel. 94 22 08 22

Département 26, *Drôme*:
26000 Valence; Maison du Tourisme; Les Boulevards; Tel. 75 43 04 88

Département 30, *Gard*:
30011 Nîmes; 3, Place des Arènes; Tel. 66 21 02 51

Département 48, *Lozère*:
48002 Mende; 4, Place Urbain V.; Tel. 66 65 34 55

Département 34, *Hérault*:
34000 Montpellier; Place Marcel Godechot; Tel. 67 54 20 66

Daß Sie jemals diese Adressen benutzen, darf ich bezweifeln, aber an mir soll es nicht liegen.

Informationsmaterial bekommt man auch in den ausländischen Vertretungen des französischen Fremdenverkehrsamtes, wenngleich dort spezielle Fragen gelegentlich unbeantwortet bleiben:

D-6000 Frankfurt/M.; Kaiserstr. 12; Tel. 069/756083-0
D-4000 Düsseldorf; Berliner Allee 26; Tel. 0211/80375
A-130 Wien; Landstrasser Hauptstr. 2 A; Tel. 222/757062
CH-8000 Zürich; Bahnhofstr. 16; Tel. 01/2113085

Gas

Wohnmobilbesitzer mit fest eingebautem **Gastank** sind in Frankreich vergleichsweise gut dran, dort ist das Gas-Tankstellennetz wesentlich dichter als in Deutschland, außerdem ist das Gas preiswert. Gas-Tankstellen erkennt man an dem Schild "*G.L.P.*".

Wir haben unsere **Flasche** in Frankreich noch nie füllen lassen, was ich mir auch sehr schwer vorstelle. Denn eine offizielle Umtauschmöglichkeit für die deutschen Flaschen gibt es in Frankreich nicht. Dafür verkaufen vor allem Tankstellen gefüllte französische Gasflaschen. Bei der Tankstelle kann man nach dem Lieferanten dieser Flasche fragen und dann mit viel Glück zu einer Füllstation vordringen. Mit gutem Zureden, einem entsprechenden Adapter (den es in Deutschland im Zubehörhandel, vielleicht auch in Frankreich an der Füllstation gibt) wird einem dann die Flasche aufgefüllt.

Statt dessen kann man sich in Frankreich an einer beliebigen Tankstelle, die mit Gasflaschen handelt, eine 13 Kilo-Butangasflasche leihen, die man am Ende des Urlaubs auch an einer anderen Tankstelle der gleichen Marke zurückgeben kann (Leihschein aufheben). Falls das Flaschengewinde nicht paßt, braucht man auch hier einen - anderen - Adapter, den es im deutschen WOMO-Bedarfsartikel-Laden ebenfalls gibt. Wo man inzwischen die leere, deutsche Gasflasche hinpackt, weiß ich auch nicht, vielleicht kann man sie an der Tankstelle in Aufbewahrung geben, dann muß man aber hierher zurückkehren. Außerdem ist die französische Flasche für die meisten Gasflaschenkästen zu groß.

Sinnvoller ist es dann schon, wenn man sich mit einer blauen "Camping-Gaz"-Flasche mit 3 kg Inhalt behilft, die man in Frankreich an jeder Ecke kaufen und umtauschen kann. Die blauen Flaschen muß man allerdings für teures Geld kaufen, und der Inhalt ist auch nicht billig. Am besten teilt man sich den Gasvorrat jedoch so ein, daß der Notstand erst gar nicht eintritt. Wenn man nicht heizt und mit heißem Duschwasser auch etwas zurückhaltend ist, reichen die heute üblichen Gasvorräte einer 4-köpfigen Familie für einen 4-wöchigen Sommerurlaub. Fahren Sie aber auf jeden Fall nur mit frischer Gasflasche von zu Hause los!

Geld

Die **Banken** sind meistens vor- und nachmittags geöffnet, manchmal sogar samstags vormittags. Frankreich ist in Europa das Land der Kreditkarte! Mit der "Carte bleu" kann man fast überall bezahlen. Zu dieser **Kreditkarte** zählen die "Visa"-Karte und die "Eurocard". Der bargeldlose Zahlungsverkehr ist in Frankreich wesentlich weiter verbreitet als bei uns und auch im Supermarkt wechseln kaum noch Geldscheine den Besitzer. Ich brauche inzwischen in Frankreich nur noch für kleine Einkäufe richtiges Geld - und neuerdings wieder in einigen Lokalen, wo man aber Euro-Schecks nimmt. Schreiben Sie sich aber vor Reiseantritt die Telefon-Nummer Ihrer Kreditkarten-Centrale auf, damit Sie dort im Falle des Verlustes sofort anrufen können, was unbedingt notwendig ist. Meistens kann man auch **Euroschecks** ausstellen. Mit der ec.-Karte und Geheimnummer kann man angeblich bei den Zweigstellen der "Crédit Mutuele" Geld am Automaten tanken. Ich gestehe, daß ich das noch nicht ausprobiert habe, nachdem ein solcher Automat einem Freund an einem Samstag ohne ersichtlichen Grund die Karte eingezogen hat und unser leidgeprüfter Karteninhaber erst am nächsten Montag und nach ausgiebigsten Verhandlungen seine Euroscheck-Karte wieder zurückbekommen hat.

Wenn man mit der Eurocheck-Karte auf der Bank Geld holt,

braucht man meistens einen Ausweis, was zu Schwierigkeiten führt, wenn dieser in der Schreibtischschublade des Campingplatzbesitzers als Pfand verwahrt wird. Nicht nur aus diesem Grunde haben wir bei allen Reisen Paß und Personalausweis dabei, wir bewahren diese an verschiedenen Orten auf und ersparen uns damit auch Scherereien im Falle eines Diebstahls.

Karten

Unter allen Straßenkarten gibt es zu den Michelin-Karten im Maßstab 1:200.000 keine echte Alternative. Wir setzen in unserem Buch voraus, daß Sie sich diese Karten angeschafft haben. Man kann sie bei uns in jedem größeren Buchladen, in Frankreich, wo sie billiger sind, in Buch-, Schreibwarengeschäften sowie an Tankstellen erwerben. Karten mit kleinerem Maßstab sind ungeeignet, da die in unserem Buch beschriebenen Strecken dort teilweise gar nicht verzeichnet sind.

Falls Sie ab und zu wandern möchten, suchen Sie natürlich nach Wanderkarten, die es in Frankreich inzwischen fast flächendeckend gibt; näheres können Sie unter der Überschrift "Wandern" nachlesen.

Lebensmittel/Getränke

Es gibt auch unter den erfahrensten Wohnmobilisten Leute, die befürchten, in Frankreich zu verhungern. Schauen Sie mal, was Ihre deutschen Campingplatznachbarn zum "Kochen" aus den Stauräumen des WOMO's herauskramen: Konserven, Tütensuppen, Konserven... Das ist in Südfrankreich wirklich eine Sünde! Nichts gegen ein paar Vorräte. Für Notfälle bei geschlossenen Geschäften oder für die Tage übergroßer Urlaubsfaulheit. Wer möchte aber in einem Land mit allerbesten frischen Lebensmitteln bei konservierter Geschmacklosigkeit bleiben ? In Frankreich reiben sich die Hobbyköche die Augen: Schon in kleineren Orten überzeugen Fisch- und Gemüsegeschäfte mit einer Auswahl, die es bei uns nicht mal in der Großstadt gibt. Vom Käse gar nicht zu reden. Nur beim Brot wird es etwas schwieriger, denn so lecker das frische Baguette auch ist, am Nachmittag wird es knatschig, und übermäßig gesund ist es leider auch nicht. In einigen Bäckereien und in den meisten Supermärkten gibt es inzwischen jedoch auch dunkles Brot.

Das **Preisniveau** entspricht im wesentlichen dem hiesigen, so daß Sie auch nichts sparen, wenn Sie sich im Urlaub mit heimischen Konserven ernähren (genaugenommen "ernährt" man sich mit Konserven auch kaum, man wird nur satt). Es gibt inzwischen fast flächendeckend **Supermärkte**. Dort ist es wie in Deutschland: Das Angebot ist groß, man kauft einiges, was man gar nicht braucht, und die Qualität frischer Produkte, zum Beispiel von Gemüse und Obst, ist schlechter als im Fachgeschäft, aber immer noch besser als bei uns. Die meisten Supermärkte sind an allen Wochentagen einschließlich Samstagnachmittag geöffnet, in manchen Gegenden sogar sonntags. Kleinere Lebensmittelgeschäfte sind in der Regel montags vormittags geschlossen, gelegentlich auch mittwochs. Andere Geschäfte sind häufig montags den ganzen Tag über zu, es gibt aber keinen einheitlichen Brauch, insbesondere kein Ladenschlußgesetz. Gehen Sie sicherheitshalber davon aus, daß Sie montags allenfalls Brot einkaufen können. Die üblichen **Ladenöffnungszeiten**: Dienstag bis Samstag von 9,oo bis 12,oo Uhr und von 14,oo bis 19,oo Uhr.

Das **Getränkeangebot** ist ebenfalls groß. Als Deutscher nimmt man zufrieden zur Kenntnis, daß es in Frankreich inzwischen auch alle Arten von Gerstensaft gibt, denn die Franzosen legen im Bierkonsum von Jahr zu Jahr zu (was den Produzenten von einfachem Landwein zu schaffen macht). Viel Umweltbewußtsein haben die Franzosen aber noch nicht entwickelt, denn die Getränkebehältnisse sind weiterhin ein Ärgernis: Berge von Plastikflaschen für Mineralwasser, Sprudel und Limonaden füllen die Regale - und die Müllhalden. Die Auswahl an Fruchtsäften ist in Frankreich erstaunlicherweise schlecht, die Säfte sind auch verhältnismäßig teuer. Dem "Wein" widmen wir weiter hinten ein eigenes Stichwort.

Literatur

Sie werden sich vermutlich noch einen Reiseführer kaufen, der sich mit dem beschäftigt, was bei uns zu kurz kommt; dies sind in erster Linie Kunst, Kunstgeschichte und Architektur.

Beim **Languedoc** wird es dabei schwierig, denn der DuMont-Kunstreiseführer *Languedoc-Roussillon* von *Rolf Legler* beschäftigt sich nur mit dem südlichen, küstennahen Languedoc. Weiter nach Norden dringt *Peter Seidler* mit seinem Kunstreiseführer *Languedoc-Roussillon* vor, für den der Kohlhammer-Verlag aber satte 59,80 DM fordert. Weitere Reiseführer speziell über das Languedoc sucht man in den Regalen unserer Buchläden meist vergeblich.

Ganz im Gegensatz zur **Provence**. Auch für dieses Gebiet traut man dem DuMont von *Thorsten Droste* (*Die Provence*) mit Recht die meisten Kompetenz unter den bekannten Kunstreisebüchern zu. Wobei mir allerdings noch nie ganz eingeleuchtet hat, weshalb diese Bücher so einseitig und so trocken sein müssen.

Daß man Kunst und Kultur dem Reisenden auch kurzweiliger, wenn auch längst nicht so detailgenau, näherbringen kann, beweist *Christoph Hennig* mit seinem *Landschafts- und Erlebnisführer Provence* aus dem Oase-Verlag, Badenweiler; mein liebster Provence-Führer (neben meinem eigenen - mit Verlaub). Ähnlich hintergründig werden Sie von *Ruth und Christoph Merten* mit dem Buch *Provence* aus dem Quest-Verlag, Berlin informiert.

Am umfassendsten ist der *Merian*-Reiseführer *Provence*, ihn würde ich kaufen, wenn ich neben dem WOMO-Führer nur noch für ein weiteres Buch Geld anlegen möchte.

Wer sich kurz und anschaulich informieren will, sollte sich den *HB-Bildatlas* zur *Provence* mit vielen, recht schönen Fotos, sinnvollen Beschreibungen und brauchbarem Kartenmaterial anschaffen - aber bitte nur für den ersten Appetit. Es gibt aber keinen Reiseführer, mit dem man in kurzer Zeit einen besseren Überblick über eine ganze Region bekommen kann.

Die **Wanderführer** erwähnen wir unter dem dazugehörigen Stichwort.

Notfälle
Ärzte:
Der von deutschen Krankenkassen ausgestellte Internationale Krankenschein gilt in Frankreich sowohl bei Kassenärzten wie auch in Krankenhäusern. Das Problem besteht eigentlich hauptsächlich darin, vor Reiseantritt daran zu denken. Außerdem muß man den Auslandskrankenschein in Frankreich umtauschen; fragen Sie am besten beim Bürgermeisteramt (*Mairie* oder *Hôtel de Ville*), das ist oft auch zuständig. Manche Krankenkassen ersetzen einem in beschränktem Umfang bei der Rückkehr nach Deutschland Arzt- und Arzneikosten, wenn man eine Quittung (und eine Umtauschquittung der Bank) vorlegt. Wer eine private Krankenversicherung (wenn auch nur für den Urlaub) abgeschlossen hat, braucht sich gar nichts zu merken. Der muß zwar bezüglich aller Leistungen das Geld vorlegen, mit der späteren Erstattung gibt es jedoch in der Regel keine Probleme (auch hier die Umtauschquittung der Bank einreichen).

Adressen deutschsprachiger Ärzte erhält man bei den Konsulaten oder vom ADAC in München (von Frankreich aus Tel. 19-49-89-222222), aber auch bei den örtlichen Touristenbüros oder beim Campingplatzverwalter. Auf viele große Campingplätze kommt täglich ein Arzt. Wenn Sie dringend den ärztlichen Bereitschaftsdienst brauchen und mit Hilfe der Zeitung nicht weiterkommen, scheuen Sie sich nicht, zur Polizei zu gehen, um dort nachzufragen.

Apotheken:
Französische Apotheken (*Pharmacies*) haben nicht einheitlich geöffnet. Vor allem montags sind die meisten Apotheken dicht. Normalerweise müßte ein Schild an der Eingangstür auf die diensthabende Apotheke hinweisen (*Pharmacie de Garde*), was jedoch nicht immer funktioniert. Die Bereitschaftsapotheke steht auch in der Zeitung; wenn Sie nicht weiterkommen, wenden Sie sich an die Polizei, die Sie angeblich nachts ohnehin brauchen, denn dann öffnet Ihnen möglicherweise kein Apotheker die Tür, weil er Angst vor Überfällen hat.

Konsulate:
Generalkonsulat (*Consulat Général*) der Bundesrepublik Deutschland: 388, Av. du Prado; 13008 Marseille; Tel. 91 77 60 90; Mo. - Fr. von 9,oo bis 12,oo Uhr
Konsulat der Republik Österreich: 27, Cours Pierre-Puget; 13006 Marseille; Tel. 91 53 02 08; Mo. - Fr. von 9,3o bis 12,3o Uhr
Generalkonsulat der Schweiz: 7, Rue d'Arcole; 13006 Marseille; Tel. 91 53 36 65; Mo. - Fr. von 9,oo bis 11,3o Uhr

Notrufe:
Polizei (*police secours*): 17
Feuerwehr, Unfallrettung (*sapeurs-pompiers*): 18
ADAC-Auslandsnotruf, München: 19-49-89-222222
ADAC-Auslandsnotruf, Avignon: 185, Route des Rémouleurs, Zone Industrielle Courtine Ouest; 84000 Avignon; Tel: 90 86 16 09; von Mai bis September: Mo. bis Sa. von 9,oo bis 17,oo Uhr und So. von 9,oo bis 13,oo Uhr

236

ADAC-Auslandsnotruf, Paris: Tel. 14 50 04 29 5; von Mo. bis Fr. 9,oo bis 15,oo Uhr, von Mai bis Oktober bis 17,oo Uhr

Pannendienst:
Seit der französische Automobildienst nicht mehr existiert, über den Polizeinotruf (siehe oben), und zwar entweder über die Notrufsäulen an der Autobahn und einigen Nationalstraßen, sonst überall über die Ruf-Nr. 17. Außerdem kann man mittels der Telefonnummer 05 10 61 06 über *AIT-FIPA Assistance* einen Pannenhilfsdienst rufen.
Weitere Infos erhalten Sie unter dem Stichwort "Unfall".

Post
Die Postämter sind in der Regel von Montag bis Freitag von 8,oo bis 19,oo Uhr und am Samstag von 8,oo bis 12,oo Uhr geöffnet. In kleineren Ortschaften legt man gerne eine Mittagspause ein. Briefmarken bekommt man aber auch in den Tabakläden, beim Ansichtskartenkauf oder aus Briefmarkenautomaten.
Dem "Telefonieren" haben wir ein eigenes Stichwort gegönnt.

Preise
Das Preisniveau Südfrankreichs entspricht dem unsrigen und, je touristisch orientierter ein Gebiet ist, um so mehr dem Gesetz von Angebot und Nachfrage. Wenn der Einkauf im Supermarkt geringfügig größere Löcher in den Geldbeutel reißt, liegt dies in erster Linie daran, daß man in einem fremden Land nicht so genau weiß, was man wo erstehen sollte. Erstaunlich hoch sind die Eintrittspreise.

Radfahren
Ich bin immer wieder erstaunt darüber, in welch großer Anzahl deutsche Urlauber Fahrräder auf dem Heckgepäckträger nach Südfrankreich transportieren. Wer seinen Urlaub hauptsächlich auf einem Campingplatz verbringt, der abseits einer Ortschaft liegt, wer sein WOMO dort wohnwagenmäßig installiert, kann auf ein Fahrrad nicht verzichten (wobei ich mich immer wieder frage, weshalb diese Kollegen nicht so konsequent sind und sich einen Wohnwagen anschaffen). Wer das Fahrrad hingegen mitnimmt, um damit die Provence oder das Languedoc zu durchstreifen, wird möglicherweise etwas enttäuscht. Denn die Bedingungen sind keineswegs ideal:
Vom Mistral, dem kräftigen Nordwind, wird später noch ausführlicher die Rede sein; hier nur soviel: Wenn er bläst, steigen nur noch die Profis in den Sattel. Leider weht er dort am kräftigsten, wo es die wenigsten Steigungen gibt: im Rhônetal und in der Camargue. Die anderen Strecken sind hügeliger, als man sich dieses zu Hause vorstellt, so daß man für größere Unternehmungen einen entsprechenden Drahtesel besitzen und etwas trainiert sein muß.
Auf den Nationalstraßen werden Sie ohnehin nicht radeln, die Nebenstraßen sind weniger befahren als bei uns, dafür sind sie häufig schmal und nur selten mit einem Radweg versehen. Hierbei handelt es sich meistens um einen durch Markierungsstriche von der Fahrbahn abgeteilten Bereich, der nur Sicherheit vorgaukelt. Autofahrer nehmen beim Überholen diese Fläche häufig für sich in Anspruch.

Uns fehlen eigene praktische Erfahrungen; ich glaube aber, daß *Christoph Hennig* in seinem Reiseführer (siehe "Literatur") recht hat, wenn er behauptet, daß man die schönsten Radwege links und rechts des Tals von Apt findet (Touren 4 und 5). ˜berhaupt macht Herr *Hennig* den Radlern ein paar sinnvolle Streckenvorschläge, aus denen sich Wohnmobilisten allerdings Rundtouren basteln müssen. Noch ein Tip von mir: Radeln Sie mal auf der Kammstraße der Montagne du Lubéron (siehe Tour 5).

Reisezeit/Klima

Unser Reisegebiet fällt zum größten Teil in den Bereich des Mittelmeerklimas. Was schreibt ein ordentlicher Reiseführer über die beste Reisezeit in diese Klimazone? Sie ahnen es, aber wir enttäuschen Sie: Wir teilen Ihnen nämlich nicht mit, daß die günstigsten Reisemonate Mai und September sind, daß Sie Provence und Languedoc im Juli und August meiden sollen. Vermutlich gehören nämlich auch Sie zu den Leuten, die just dann in ein südliches Land reisen, wenn Ihnen unsere Zunft abrät. Weil Sie nämlich nur dann Urlaub bekommen oder die Kinder Ferien haben. Außerdem wäre eine solche Aussage für unser Reisegebiet auch gar nicht zutreffend, denn es gibt durchaus Landstriche, in die Sie nur (!) im Juli oder August fahren sollten. Wir müssen also bezüglich der Reisezeit zwischen den einzelnen Landschaften unseres Buches unterscheiden:

Januar und **Februar** sind keine Wohnmobilmonate, praktische Südfrankreicherfahrungen für diese Zeit besitzen wir nicht. Obwohl unsere Ahnen zur Zeit der Jahrhundertwende gerade im Winter die Côte d' Azur als Urlaubsziel entdeckt haben. Auch heute noch schwärmt mancher von den klaren Wintertagen in der Provence, die erstaunlich sonnig und regenarm sind.

Zum **Frühjahr** hin nehmen leider die Niederschläge kräftig zu, wenn es dann in der zweiten Märzhälfte auf Ostern zugeht erlebt man garantiert ein klimatisches Wechselbad. Man hat traumhaft schöne Tage, mit blühenden Bäumen unter tief blauem Himmel, man legt sich in das schon sichtbar gewachsene Gras und döst in der Sonne. Oder man schlägt sich die Zeit um die Ohren, die Wohnmobilheizung ist unverzichtbar und der Regen trommelt stundenlang aufs Dach. Sie werden während 10 Tagen **Ende März/Anfang April** normalerweise beides erleben. Fahren Sie zu dieser Zeit möglichst ins Rhônetal, in die Provence und nicht auf Höhen von mehr als 600 m. Trotz dieser Einschränkungen sind mir die Wochen um Ende März/ Anfang April fast die liebste Zeit in Südfrankreich, denn man reist schon merklich in den Sommer. Schrauben Sie Ihre Erwartungen aber nicht zu hoch, eine Wettergarantie gibt es mit Sicherheit nicht.

Ende April kann man im Meer bei gutem Wetter schon mal baden, die Küste liegt dann aber noch im Winterschlaf. Campingplätze und Kneipen sind häufig noch zu, aber dafür werden Wohnmobile fast überall noch geduldet. April und Mai sind die Monate, in denen man auf irgendwelchen Parkplätzen am Meer nächtigen darf, an Hafenmolen, am Ende von Stichstraßen, die zum Strand führen, und vielleicht auf dem einen oder anderen Geheimplätzchen, das einen Monat später zugeparkt, abgesperrt oder gar nicht mehr da ist.

Im **Mai,** wenn Klatschmohn und Ginster blühen, wenn die Regentage seltener werden, wenn noch keine drückende Schwüle über dem Land liegt, ist - ich kann es mir doch nicht verkneifen - die beste Zeit für den größten Teil unseres Gebietes: für das Rhône-Tal, besonders für das Plateau de Vaucluse und das Lubéron. Aber auch für die Küste, wo man um Pfingsten erleben darf, wie angenehm ein Campingplatz sein kann. Die schönsten Plätze direkt am Strand sind dann noch gähnend leer, Sie liegen in der Sonne und kommen sich vor wie im Sommerurlaub. Und als Tourist sind Sie manchmal sogar noch ein Individuum.

Ab Mitte **Juni** rollen dann die ersten Sommerurlauber heran, die Küste wird für uns allmählich tabu. Jetzt beginnt aber auch das bekannt beständige Klima, in Meeresnähe sind Regentage nun selten (in manchen Jahren gibt es Ausnahmen). Ab Anfang **Juli** kann man in den Flüssen des Hinterlandes baden, nun beginnt die Reisezeit für die Cevennen, für das Tarn-Tal und die Nebenflüsse. Aber auch der Verdon und seine Stauseen bekommen allmählich zivile Temperaturen, und man muß nicht mehr befürchten, daß die Wolken tagelang an den Bergen hängen bleiben.

Zu allen Jahreszeiten gilt übrigens, daß oftmals über einem relativ schmalen Küstenstreifen das Wetter deutlich besser ist als im gebirgigeren Landesinneren.

Die genannten **Flußtäler** sollte man sinnvollerweise nur im Juli oder August besuchen, wenn man baden kann. Im Frühling sind die Gebiete des nördlichen Languedoc, insbesondere die Cevennen, überraschend rauh und unwirtlich. Im Hochsommer wird es hier auch öfters mal regnen oder gewittern, aber insgesamt werden Sie in unserem gesamten Beschreibungsgebiet im Sommer keinen dauerhaften Wetterschiffbruch erleiden. Das Rhône-Tal ist dann allerdings weniger attraktiv, es kann dort nämlich glühend heiß und vor allem auch schwül werden.

Wettermäßig beständig sind auch **September** und **Oktober**, in vielen Jahren kann man bis Anfang November noch baden. Ein schöner Monat soll der **Dezember** sein, aber jetzt sind wir schon fast wieder bei der Theorie.

Während des ganzen Jahres, also leider auch im Hochsommer, kann Sie der **Mistral** ganz schön nerven. Der "Herr der Winde" ist ein überaus rauher Geselle, der aus nordwestlicher Richtung kräftig das Rhône-Tal hinunterbläst, aber auch auf den Landstrichen seitlich davon noch sturmartig die Zypressenreihen hin und her schüttelt, welche die Felder vor dem Wind schützen sollen. Der Mistral weht fast nur bei gutem Wetter, was wohl daran liegt, daß der Wind entsteht, wenn der Luftdruck im Süden höher ist, als in den nördlichen Cevennen. Maître Mistral hat zwei Seiten: Er kühlt die Luft so deutlich ab, daß selbst im Frühsommer an ein Sonnenbad nicht mehr zu denken ist. Gleichzeitig rüttelt er an Ihrem WOMO, und wenn Sie nicht aufpassen, weht Sie ein Seitenwind auch mal in den Graben. Sein großer Vorteil aber besteht darin, daß er den Dunst aus dem Rhône-Tal pustet und Ihnen ideale, klare Lichtverhältnisse beschert. Jetzt ist die Zeit der Fotografen, aber auch die der Gipfelstürmer, die dann vom Mont Ventoux das Meer sehen können. Vorbei sind aber nun die lauen Abende, an denen Sie vor Ihrem WOMO den Grillen lauschen. Und so sind Sie froh, wenn das nervige Winden wieder aufhört. Angeblich weht der Mistral 3, 6 oder 9 Tage, und damit hat er einiges mit dem Schnupfen gemeinsam: Wie lange er dauert, weiß kein Mensch. Und wenn Sie nicht genügend Pullover dabei haben, lernen Sie schnell die Gemeinsamkeiten mit dem Katarrh kennen. Der ideale Südfrankreich-Urlaub beginnt wettermäßig übrigens mit einem kräftigen Mistral; der Rückenwind wird Ihre Treibstoffrechnung fast halbieren, aber wehe wenn er Ihnen auf der Heimfahrt ins WOMO-Gesicht bläst! Dann lobe ich mir schon eher den in Südfrankreich gar nicht so seltenen Südwind, der bisweilen bräunlichen Saharasand auf Ihrem Dach ablädt.

Insgesamt macht man sich bei der Wohnmobilreise leider viel zu abhängig vom Wetter, was auch daran liegen mag, daß wir zu unflexibel sind. Achten Sie also darauf, daß Sie Ihre Aktivitäten dem Wetter anpassen. Bei Regen haben Sie nichts von der Landschaft, aber viel von den Städten, den Kirchen und den Museen. Und Sie freuen sich dann erst recht auf das gemütliche Restaurant. Bei Sonne und klarer Luft müssen Sie aber raus, auf die Berge und Hügel. Planen Sie also kurzfristig und dem Wetter angepaßt.

Alle französischen Radio-Sender verbreiten einen ausführlichen Wetterbericht nach den 13-Uhr-Nachrichten, außerdem gibt es eine telefonische Wettervorhersage. Sie finden die Nummer unter dem Stichwort "Météo" im Telefonbuch.

Restaurants

In keinem Land Europas hat das Essen die Bedeutung wie in Frankreich. Von der reichhaltigen Auswahl an Lebensmitteln sprach ich bereits oben. Ein richtiger Franzose knausert auch nicht außer Haus, ein frankophiler Tourist ebensowenig. Wohin aber soll man gehen?

Das Essen in den von uns bei den Tourenbeschreibungen erwähnten Restaurants ist sicher sein Geld wert (gelegentlich berichten wir auch nur vom Hörensagen, was wir Ihnen aber nicht verschweigen). Gehen Sie aber bitte nicht davon aus, daß es immer die preiswertesten Lokale sind, und verwechseln Sie unseren WOMO-Führer schon gar nicht mit einem Schlemmeratlas.

Nun möchten Sie aber nicht nur das nachvollziehen, was wir Ihnen vorkauen, Sie werden vielmehr selbst auf Entdeckungsreise gehen, meistens ins **Restaurant**. So nennt sich das normale Speiselokal, in dem man niemals nur ein Getränk zu sich nimmt. Ein Restaurant sollte nur betreten, wer Zeit, Lust und Geld für ein gepflegtes Mahl hat. Für einen kurzen Happen ist es ungeeignet. Mit Ausnahme von ganz einfachen Gasthäusern ißt man an weiß gedeckten Tischen mit entsprechendem Drumherum. Das Preisniveau ist ähnlich dem deutschen, nur muß man einkalkulieren, daß in der Regel mehrere Gänge serviert werden. Ist das Essen preisgünstig, zahlt man umgerechnet 25,– DM pro Person, in den Spitzenrestaurants muß man aber für eine Mahlzeit zwischen 60,– und 90,– DM/Person einplanen. Hinzu kommen noch die Getränke, wobei man sich nicht scheuen sollte, auch in besseren Lokalen nach offenem Wein zu fragen (*vin ordinaire* oder *vin au pichet*). Wenn man natürlich zu einem gepflegten Essen auch den entsprechenden Wein trinken möchte, kann der Abend schnell zu einem sehr teuren Vergnügen werden, wenngleich Flaschenwein in Frankreich, jedenfalls bei einfacheren Sorten, eher billiger ist als in Deutschland.

In den Restaurants kann man meistens zwischen einem oder mehreren Menüs und Speisen *à la carte* wählen, wobei die Menüs wesentlich billiger sind, selbst wenn darin einzelne Speisen der regulären Karte zusammengestellt sind. Ich empfehle Ihnen dringend, im Normalfall zu den Menüs zu greifen, bei denen auch die Essensqualität häufig besser ist; denn die Küche ist auf die Menüfolge vorbereitet. Einige teurere Restaurants bieten abends leider keine Menüs an. Das sieht man nicht allzeit von außen an der Speisekarte, die zwar in Frankreich aushängen muß, nicht aber immer alle Menüs enthält, die der Wirt anbietet.

Mögen Sie kein *menu*, können Sie in Frankreich ungeniert auch nur einen Hauptgang bestellen. Ich glaube auch nicht, daß man Sie schief anschaut, wenn Sie nur eine Vorspeise ordern. Eigene Erfahrungen fehlen mir jedoch insoweit (in Frankreich bin ich nämlich besonders gefräßig). Sehr oft werden auch spezielle Kindermenüs angeboten (*menu enfant*), die leider gelegentlich etwas lieblos sind, unsere Töchter aber trotzdem immer wieder beeindrucken. Ißt Ihr Nachwuchs nur Pommes-Frites? Auch hiernach können Sie allzeit fragen. Sie werden zwar dabei nicht auf Übersetzungsprobleme stoßen, jedoch längst nicht in jedem französischen Restaurant "*frites*" bekommen. Aber man wird Sie wegen dieses Wunsches nicht schief anschauen, auch wenn eine solch kärgliche Mahlzeit für das französische Kind restaurantmäßig undenkbar ist. Das tritt nämlich, so bald es richtig kauen kann, in die Fußstapfen der Eltern: Es sitzt stundenlang artig bei Tisch, verdrückt mehrere Gänge, darunter nicht selten ein blutiges Steak - und trinkt dazu Wasser, niemals Limo. Aber ich schweife ab, zurück zu Ihnen:

Wie finden Sie nun das richtige Lokal? Wenn es irgendwie geht, folgen Sie einer Empfehlung, es kann ja auch die eines anderen Reiseführers sein (Sie werden übrigens merken, daß viele Reiseführer dieselben Lokale anpreisen, was in erster Linie nicht daran liegt, daß die Autoren voneinander abschreiben, sondern daß die Köche ihr Handwerk verstehen). Und wenn Sie noch rund 45,– DM übrig haben, entscheiden Sie sich für den dicken, roten *Guide Michelin* (sowohl in Deutschland wie auch in Frankreich überall zu haben). Wir sind bestimmt nicht restaurantunerfahren und haben schon so manches Lokal erst nach sorgfältiger Prüfung der Speisekarte und der Preise besucht, wir fallen aber auch immer wieder herein. Gelegentlich wurden wir auch schon von einem Gasthaus begeistert, das nicht im *Michelin* erwähnt ist, wir sind aber umgekehrt noch nie total eingebrochen, wenn wir ein Haus in dem roten Wälzer gefunden haben. Schon wenn Sie einen einzigen Reinfall vermeiden, hat sich die Anschaffung gelohnt, wenngleich ich zugeben muß, daß *Michelin* nicht gerade die preiswerten Lokale favorisiert. Aber auch in Billig-Kneipen läppert sich auf der Rechnung einiges zusammen, und lieber bezahle ich zu zweit an einem netten Abend 300 Francs, als daß ich 200 Francs zum Fenster herauswerfe.

In den Restaurants sollte man sich so frühzeitig wie möglich anmelden, je bekannter das Haus ist, um so eher. Rufen Sie möglichst um die Mittagszeit an, wenn Sie abends einen Tisch benötigen.

Wie aber verständigt man sich? Französisch natürlich, gelegentlich auch englisch. Damit kann man aber eine anspruchsvolle Speisekarte noch lange nicht übersetzen. Ein Kellner als Dolmetscher führt oft nur zur Verwirrung. Seine Erklärungsversuche sind meistens so flott, daß man sie nicht richtig mitbekommt, irgend etwas bestellt und dann ein langes Gesicht macht, wenn das Essen aufgetragen wird. In einem normalen Wörterbuch stehen die kulinarischen Fachausdrücke nicht, weshalb wir Ihnen unbedingt den *Eßdolmetscher Frankreich*, erschienen im Mosaik-Verlag, empfehlen. Mit diesem Taschenbuch bleibt kein Wort unübersetzt. Dort finden Sie auch entsprechende Redewendungen für die Tischbestellung und das durchgebratene Steak.

Für den kleinen Hunger sucht man kein Restaurant, sondern eine **Crêperie**, die man im Midi häufig antrifft. Sie ist zwar nicht typisch südfranzösisch, aber das ist der Hunger ja auch nicht. Leider summiert sich auch dort die Rechnung.

Je nach touristischer Nachfrage gibt es dann noch weitere Abfütterungsbetriebe: Pizzerien, Rôtisserien, Hamburgerien... Die Pizza-Lokale sind in der Regel, zumal preiswert, ganz ordentlich. Aber bezüglich der anderen Etablissements gilt: Kaufen Sie sich rechtzeitig ein frisches Baguette, damit der Hunger Sie nicht an solche Stätten treibt und tragen Sie das Gesparte lieber in ein Restaurant, in dem die Franzosen sitzen. Geht man solchermaßen bewußt mit dem Franc um, wird zwar im Südfrankreich-Urlaub einiges in die Kassen der Wirte fließen, teuer ist Frankreich insoweit indessen nicht.

Sehenswürdigkeiten

Gäbe es sie nicht, würden Sie den Urlaub im heimischen Schwimmbad verbringen, folglich wollen Sie Sehenswertes auch würdigen.

242

Dabei gibt es aber vielfältige Hindernisse:

Nicht selten werden Ihre Pläne nämlich durch ungünstige **Öffnungszeiten** durchkreuzt. Am besten gehen Sie grundsätzlich davon aus, daß über Mittag, also zwischen 12,oo oder 12,3o und 15,oo Uhr, alles dicht ist, mitunter sogar die Kirchen. Museen und andere Sehenswürdigkeiten haben meistens auch einen ganzen oder halben Ruhetag, häufig dienstags. Das Unangenehme daran ist aber, daß es insoweit keine Gesetzmäßigkeit oder Veräßlichkeit gibt. Die Öffnungszeiten ändern sich leider oft von Jahr zu Jahr.

Ich bin immer wieder erstaunt, wie hoch die **Eintrittsgebühren** sind, Kinder zahlen immer weniger, nach dem Alter fragt niemand so genau. Die Franzosen neigen dazu, sehr viele Sehenswürdigkeiten nur im Rahmen von offiziellen Führungen den Touristen zu zeigen. Wobei mich häufig der Verdacht beschleicht, daß diese Rundgänge weniger der Kontrolle der Besucher dienen als vielmehr der Selbstdarstellung der Führer. Wer nicht über gute Französischkenntnisse verfügt, versteht wenig, weshalb aus derartigen Visiten oft langweilige Urlaubsepisoden werden. Der durchschnittliche Guide läßt sich nämlich selten einen Gang quer durch die bewegte französische Geschichte nehmen. Verschieben Sie ruhig öfters Sehenswürdigkeiten auf "nächstes Jahr" und verfallen Sie nicht dem Streß, die einzelnen Sterne Ihres Reiseführers abzuhaken.

Sprache

Franzosen sind dafür bekannt, daß sie Fremdsprachen gegenüber wenig aufgeschlossen sind. Erwarten Sie also nicht, daß man Ihnen auf Deutsch sprachlich entgegenkommt; gelegentlich radebrecht jemand Englisch. Schaffen Sie sich einen Sprachführer an und machen Sie sich etwas mit der Aussprache vertraut, was allerdings nicht einfach ist, wenn Sie kein Französisch gelernt haben. Allein mit einem Wörterbuch kommen Sie dann nicht weit. Insgesamt kann man aber sagen, daß der Südfrankreich-Urlaub nicht an der Sprache scheitern wird.

Stellplätze

Die Erfahrungen mit meinen beiden anderen Büchern in der *WOMO-Reihe*, insbesondere mit dem Toskana-Führer, haben mich gelehrt, daß ich unter dieser Überschrift erst einmal ein paar **deutliche Worte** schreiben muß: Unsere Stellplatztips sollen Ihnen helfen, ohne stundenlange Herumkurverei schöne oder geeignete Schlafplätze zu finden. Das heißt aber nicht, daß Sie auf Biegen oder Brechen diese Plätze anfahren müssen. Möglicherweise hat sich die örtliche Situation geändert (das passiert oft über Nacht und leider auch mal schon vor Erscheinen unserer Bücher), wahrscheinlich haben aber auch andere Urlauber unser Büchlein gelesen und vor Ihnen einen der Stellplätze angesteuert. Fahren Sie bitte weiter, wenn Sie das Gefühl haben, daß der Platz belegt ist, daß ein weiteres WOMO für die Umgebung nicht akzeptabel ist. Denn zu viele Wohnmobile auf einem Fleck führen auf Dauer dazu, daß die Plätze gesperrt werden.

Wie finden Sie selbst einen passenden Stellplatz? Hierüber wurde schon viel geschrieben, unter anderem auch im *Allgemeinen Wohn-*

mobilhandbuch, Band 5 der *WOMO-Reihe*. Wir wollen daher hier nur noch wenig hinzufügen und zunächst auf das verweisen, was uns oben schon unter der Überschrift "Freies Camping" eingefallen ist.

Natürlich braucht man Gespür, viel Erfahrung und ein bißchen Glück, um einen guten Platz zu entdecken. Das ist in Südfrankreich genauso wie anderswo. Sie können dem Glück jedoch ein wenig nachhelfen: Die meisten touristisch ambitionierten Gemeinden haben in Südfrankreich ordentliche Parkplätze eingerichtet, an denen es oftmals auch Toiletten gibt. Diese Parkmöglichkeiten liegen nicht immer landschaftlich reizvoll, sehr oft findet man aber einen brauchbaren Übernachtungsplatz, wenn man dem blauen "P" hinterher fährt. Hier kann man zwar keinen Campingtisch vor die WOMO-Tür stellen, aber meist sicher und einigermaßen ruhig schlafen. Oft wird man auch fündig, wenn man den Wegweisern zu außerhalb von Ortschaften stehenden Kirchen oder anderen Sehenswürdigkeiten folgt. Wenn nichts mehr hilft, suchen wir den Wegweiser zum Sportplatz (*centre sportif*) oder, da wir nicht abergläubig sind, zum Friedhof (*cimetière*). Auch mit dem Kartenstudium kommt man manchmal weiter, die Michelin-Karte hat beispielsweise mit kleinen, blauen Strichen Aussichtspunkte gekennzeichnet, wo man bisweilen schöne Parkplätze findet. Auf den topografischen Wanderkarten haben wir schon manche Anregung entdeckt. Diesen Karten entnehmen wir vor allem, ob ein Park- oder Picknick-Platz im Wald liegt, am Waldrand, auf einer Anhöhe oder in der Nähe von Häusern; selbstverständlich auch eine präzise Darstellung der Zufahrtswege.

Und machen Sie es sich zur Regel, lieber einen mittelschlechten Stellplatz zu nehmen (einen halbwegs ruhigen Parkplatz oder einen von Blicken geschützten Feldwegrand finden Sie immer) als genervt und schlecht gelaunt stundenlang in der Gegend herumzukurven.

Die Grundregeln für die Stellplatzsuche lauten aber stets: Möglichst nie im Dunkeln, möglichst nie müde und nach langer Fahrt und möglichst nicht hungrig; oder man reduziert die Erwartungen auf ein Minimum, also auf einen einigermaßen ruhigen und ebenen Platz. Und bevor Sie mit der Sucherei der ganzen Familie an den Nerven zerren, gehen Sie auf den Campingplatz. Es gibt nirgends so viele - auch preiswerte - Plätze wie in Südfrankreich.

Daß Sie an allen Orten, also auch auf dem Campingplatz, so stehen sollten, daß Sie jederzeit ohne Rangiermanöver abfahren können, versteht sich für den erfahrenen Wohnmobilisten fast von selbst. In diesem Zusammenhang liegt mir für Südfrankreich noch eine besondere Warnung am Herzen: Jedes Jahr lesen Sie in der Zeitung von Waldbränden. Aus diesem Grunde schreitet die Polizei in feuergefährdeten Bezirken gegen "wildes" Campieren ein. Aber auch wenn Sie nicht verjagt werden, stellen Sie sich niemals so, daß Sie im Schlaf von einem Feuer überrascht werden könnten. Meiden Sie Wälder und die Garique.

Strände/Bademöglichkeiten

Ich habe Sie eingangs unseres Buches schon gewarnt, denn die Strände habe ich bei den Touren größtenteils ausgeklammert. Südfrankreich ist in der Zeit zwischen Anfang Juli und Ende August am

Meer ein Horror. Geeignet nur für den, der sich das wohnmobile Reisen schon länger abgewöhnen wollte. Gehen Sie davon aus, daß Sie in dieser Zeit auf küstennahen Campingplätzen keinen Einlaß finden, daß Sie am Strand kaum eine Parkmöglichkeit antreffen werden, daß das Übernachten für WOMO's fast überall verboten ist und oft genug sogar das Parken. Gerade die Languedoc-Küste wurde vom Massentourismus überrollt. An der Côte d'Azur ist ohnehin alles so zugebaut, so daß es schon deswegen dort praktisch keine Stellplätze gibt.

Wenn Sie meinen Warnungen nicht glauben und vielleicht doch irgendwo wenigstens ein Badeplätzchen finden, nehmen Sie unbedingt Ihre Wertsachen mit zum Strand und lassen Sie diese dort nicht aus dem Auge. Auf Parkplätzen an der Küste wird viel geklaut.

In der Vorsaison ist alles besser, wenn man einmal von den baulichen Verunstaltungen absieht. Für den Hochsommer können Sie sich natürlich schon Monate vorher auf einem Campingplatz anmelden, um dann dort an der täglichen Animation teilzunehmen, um in der Disco zu schwofen und um deutsches Bier zu trinken. Mit mobilem Reisen hat das aber nichts mehr zu tun. Kurzum, von einem Badeurlaub in Südfrankreich während der Hauptsaison am Meer rate ich Ihnen dringend ab.

Man muß in Südfrankreich aber nicht auf das Schwimmen verzichten oder sich mit Freibädern begnügen. Es gibt eine Reihe von Flüssen, in denen man baden kann; unsere Touren führen an einige schöne Badeplätze. Und außerdem gibt es auch noch die Stauseen. Deren Ufer sind jedoch großenteils steil, so daß sich der Badebetrieb auf wenige Strände konzentriert. Die Seen sind im großen und ganzen aber erstaunlicherweise weit weniger überlaufen als die Küste, obwohl das Wasser im Hochsommer gerade richtig temperiert ist.

Für alle Strände und Badeplätze gilt: Am Wochenende gibt es einen besonderen Run; das ist die beste Zeit für den Campingplatz, denn der bleibt vom einheimischen Ausflugstourismus verschont. Und freitags bekommt man dort um die Mittagszeit ohnehin die besten Plätze, wenn ein Teil der Urlauber abgereist ist, während der andere Teil noch zu Hause die letzten Sachen einpackt.

Straßenverhältnisse/Tankstellen

Frankreich ist berühmt für sein Straßennetz. Leider - muß man fast schon sagen, denn auch durch die landschaftlich schönsten Gebiete führen befahrbare Wege, wenn auch gelegentlich ohne Asphalt. Wohnmobilisten kommt das natürlich entgegen. Die Straßen sind häufig schmal und kurvig, aber fast ausnahmslos auch für breite Wohnmobile passierbar. Wenn einmal ein Verkehrsschild das Befahren einer Straße für ein Fahrzeug Ihrer Größe verbietet, können Sie sicher sein, daß Sie hier niemand schikaniert. Denn mit dem Aufstellen von Verbotsschildern ist man in Frankreich zurückhaltender als bei uns. Auch wenn - gerade in Ortschaften - am Straßenrand ein Verkehrsschild steht, das LKW's die Weiterfahrt untersagt, nutzt es Ihnen meist wenig, daß Ihr WOMO in Frankreich rechtlich erst über 3,5 to ein Laster ist. Die Straße wird nämlich meist so schmal, daß Sie bald Blut und Wasser schwitzen.

245

Fahren Sie ansonsten ruhig kleinste Sträßchen. Wenn diese auf Ihrer Michelin-Karte ohne erkennbare Beschränkungen eingezeichnet sind, kommen Sie auch durch. Sie werden dabei viel mehr erleben als wenn Sie auf einer breite Nationalstraße durch die Landschaft rauschen. Passen Sie aber auf, daß Ihr - möglicherweise chronisch überladenes - Wohnmobil bei Bergabfahrten mit dem Motor gebremst wird. Und lassen Sie vor der Urlaubsfahrt Ihre Bremsanlage in einer Werkstatt überprüfen (alle zwei Jahre Austausch der Bremsflüssigkeit; Stärke der Bremsbeläge; Handbremsfunktion). Sie werden nämlich Ihre Bremsen mehr in Anspruch nehmen, als Sie dieses vorher erwarten.

Die **Autobahnmaut** schmälert ganz schön Ihre Urlaubskasse, denn dort gilt Ihr Wohnmobil als LKW, und Sie bezahlen mehr als der Fahrer eines Wohnwagengespanns.

Das **Tankstellennetz** ist dichter als in Deutschland. Dieselkraftstoff hat fast den gleichen Preis wie bei uns. Meiden Sie möglichst die Autobahntankstellen, denn hier ist der Kraftstoff am teuersten. Am preiswertesten tankt man bei großen Supermärkten.

Telefonieren

In Frankreich muß man immer die 8-stellige Nummer wählen, eine Vorwahl entsprechend dem deutschen System gibt es nur noch für Paris. Zwar kennzeichnen die ersten beiden Ziffern das Département, sie müssen aber auch innerhalb dieses Gebietes mitgewählt werden. Münzfernsprecher sind noch verbreitet, diese nehmen aber zugunsten der Telefonkartenhäuschen ab. Die dafür notwendigen Karten (*Télecarte*) bekommt man im Tabakladen. Für das Ferngespräch mit Münzen sollte man rechtzeitig passende Geldstücke sammeln, denn die größte passende Münze ist ein 5-Francs-Stück, das bei Gesprächen nach Deutschland nicht lange vorhält (Achtung, in Gaststätten ist das Telefonieren oftmals teurer). Für das Telefonat mit den Lieben zu Hause lohnt sich die verbilligte Zeit: Mo-Fr 21,3o bis 8,oo Uhr; Sa ab 14,oo Uhr und So ganztags.

Wenn Sie von Frankreich ins Ausland telefonieren, müssen Sie nach der 19 den Summton abwarten, bevor Sie weiterwählen. Daß bei der heimischen Ortsnetzvorwahl die 0 weggelassen wird, ist Ihnen bekannt. Die Auslandsvorwahlen von Frankreich aus sind:

nach Deutschland 19/49

nach Österreich 19/43

in die Schweiz 19/41

In den Telefonzellen hängen Verzeichnisse mit den Vorwahlen, den Nummern für Auskunft u.a. sowie den Tarifen.

Die Vorwahl nach Frankreich, der die normale 8-stellige Nummer folgt, ist aus Deutschland, Österreich und der Schweiz dieselbe, es ist die 0033.

Toiletten

Viele Leser werden dabei nur an die legalen Entleerungsmöglichkeiten für das Chemieklo denken. Eine saubere öffentliche Toilette entlastet aber auch das eigene Klo und spart Chemie; darauf kann man gar nicht oft genug hinweisen. Viele *WC publics* sind so sauber, daß man sich den Umweg über die Verdünnung mit Chemie schenken kann. Wir unterstellen einmal, daß unsere Leser ohnehin schon lange keine Toilettenflüssigkeit mehr benutzen, die Formaldehyd enthält (und hoffen, daß dieses Teufelszeug bald auch endgültig aus den Regalen der Geschäfte verbannt wird), und daß jeder, der dieses Buch zur Hand nimmt, sich darüber im klaren ist, daß auch die "umweltfreundlichen" Chemikalien Kläranlagen und Umwelt belasten. Die einen mehr und die anderen weniger. Viele Mittel arbeiten noch nach dem Prinzip, Bakterien zu zerstören. Leider tun sie dieses auch in der Kläranlage, wo aber gerade Bakterien die Abwässer reinigen. Wer auf diese Chemie nicht verzichten kann, oder gar nicht weiß, wie das Mittelchen wirkt (insoweit müßte von den Herstellern die Beschreibung auf den Flaschen verbessert werden), muß unbedingt richtig dosieren, damit die Chemie von den eigenen Fäkalien sozusagen weitgehend aufgebraucht wird. Bei aller Chemie gilt der Grundsatz: So wenig wie möglich! Der gute Vorsatz nutzt aber dann nichts, wenn man von vornherein soviel Sanitärflüssigkeit in den Fäkalienbehälter kippt, wie es dessen gesamten Fassungsvermögen entspricht. Wenn man dann nämlich bei guter Gelegenheit ein erst halbvolles Klo ausleert, ist die Hälfte der Chemie noch gar nicht aufgebraucht. Der verantwortungsvolle Wohnmobilist dosiert (z.B. mittels eines kleinen Meßgefäßes, das es in Fotogeschäften zum Abmessen für das Heimlabor gibt) also zunächst höchsten für 1/3 des Fäkalbehälterinhalts und füllt dann nach Bedarf auf.

Noch besser ist es, zunächst gar keine keimtötende Flüssigkeit einzufüllen, denn einen Tag lang geht es auch ohne. Und wer sich umsieht, findet fast täglich eine Toilette zur Entsorgung. Wir haben Sie daher bei den Reisebeschreibungen immer wieder auf öffentliche WC's (*WC public*) hingewiesen, an die man einigermaßen nahe heranfahren kann. Südfrankreich ist fast flächendeckend mit solchen Örtchen ausgestattet, man muß sich nur die Mühe machen, sie auch zu finden. Und leeren Sie bei sich bietender Gelegenheit das Klo aus, bevor es zu spät ist und Sie mit dem Gesträuch seitlich der Straße liebäugeln.

Denken Sie bitte immer daran, daß es gerade die "großen Geschäfte" im Gebüsch sind, welche mehr und mehr dazu führen, bestimmte Plätze für Wohnmobile zu sperren. Es ist gar nichts dagegen einzuwenden, verstohlen an einen Baum zu pinkeln (ganz im Gegenteil: dadurch wird die Natur sogar von Chemie verschont), wer aber am selben Baum ein Häuflein rosa Klopapier zurückläßt, braucht sich nicht zu wundern, wenn er im nächsten Urlaub sein Wohnmobil nicht mehr in die Nähe dieses Baumes stellen darf. Ich gebe zu, der Pkw-Tourist als solcher ist diesbezüglich vielleicht das größere Schwein. Aber Ihr Wohnmobilisten im Kleinbus und ohne Klo: Schlaft einsam im Wald - oder in der Nähe öffentlicher Toiletten!

Offizielle Entsorgungsstationen mag es an der Küste hier und da geben. Im Landesinneren fällt mir spontan keine einzige ein.

Und etwas wundert mich besonders: Ich bin wahrlich mit dem Wohnmobil viel unterwegs und mir begegnen unzählige andere WOMO's. Aber die Leute, die ich mit einem Fäkalbehälter in einer öffentlichen Toilette gesehen habe, kann ich über die Jahre an einer

Hand abzählen. Liebe Leser, geht in Euch! Muß es denn wirklich der Straßengraben sein?

Tourismus

Südfrankreich ist ein klassisches Touristenziel in Europa. Die entscheidende Frage ist aber, ob Südfrankreich vom Tourismus geprägt ist? Unsere Antwort: Der Massentourismus kann in Südfrankreich verheerende Formen annehmen. Ihn zu umfahren ist ein Ziel unseres Buches.

Ich habe Sie schon mehrfach gewarnt, zuletzt unter dem Stichwort "Strände". Der Tourismus hat fast die gesamte Küste zerstört. Westlich der Rhônemündung wurden mehrere Touristenzentren aus dem Boden gestampft. Östlich, an der Côte d'Azur, hat man nobler die Baulücken geschlossen, dort steht Villa neben Villa. Aber auch im Landesinneren kann der Tourist zum Alptraum werden. Ich denke an Les Baux an einem Sonntag, an Fontaine-de- Vaucluse bei schönem Wetter oder an Aigues Mortes. Die Aufzählung ist lange noch nicht vollständig. Aber ein paar hundert Meter abseits solch touristischer Hochburgen ist es meist vorbei mit der Angst vor unseresgleichen, den anderen, die genauso Touristen sind wie wir.

Selbst wenn Sie sich einmal ins Getümmel stürzen, können Sie mit den mobilen Vorzügen Ihres Fahrzeuges dem Touristengedränge sehr schnell wieder entfliehen. Nach ein paar Kilometern sitzen Sie in einem kleinen Café, außer Ihnen nur ein paar Einheimische, und Sie werden darüber nachdenken, daß auch Millionen von Urlaubern Südfrankreich noch längst nicht überall touristisch glattbügeln konnten. Denn die Mehrzahl braust durch bis zur Küste und legt einen kurzen Stop allenfalls dort ein, wo im Reiseführer wenigstens zwei Sterne dazu nötigen. Insofern hat sich auch in den letzten zehn Jahren wenig geändert. Das Entscheidende ist, ob **S i e** dem Zug der Lemminge folgen, oder ob Sie rechtzeitig abbiegen. Ich gebe es zu: Auch mich beschleicht oft die Angst, ich könnte dort etwas verpassen, wo die anderen hinfahren. Viele traurige Erfahrungen haben dieses Gefühl allmählich erstickt.

Man kann nicht einmal behaupten, daß der häufigste Tourist in Südfrankreich der deutsche wäre. Selbstverständlich sind Franzosen deutlich in der Mehrzahl. Aber wohnmobilmäßig ist Südfrankreich fest in deutscher Hand.

Unfall

Für unsere Leser testen wir fast alles. Nur was man selbst erlebt hat, kann man auch zutreffend beschreiben. Im Ernst: Es krachte zwar nicht in Südfrankreich, sondern im Elsaß, aber das gehört ja bekanntlich auch zu Frankreich (näheres in Band 6 der *WOMO-Reihe*. Ein Franzose nahm uns die Vorfahrt, sein Peugeot war nur noch Schrott und unser VW-Pritschenwagen ebenfalls (wie Sie auf den Fotos schon längst bemerkt haben, fahren wir eine Absetzkabine der Firma *Tischer* und konnten uns in seinem letzten Produktionsjahr noch eine neuen Bulli-Pritschenwagen für den intakt gebliebenen Aufbau anschaffen). Die körperlichen Blessuren waren weniger schlimm. Und gar nichts gegen den Papierkrieg und die Wartereien auf's Geld. Aber

ich berichte der Reihe nach: Mangels ernsthaft Verletzter nahm die Polizei den Unfall nicht auf. Sie half lediglich beim Ausfüllen eines gemeinsamen Unfallprotokollbogens, des sogenannten *Constat amiable*. Dieses Formular führt jeder Franzose mit sich, es wird aber auch von deutschen Versicherungsgesellschaften ausgehändigt. Immerhin waren dort die Daten unseres Kontrahenten vollständig eingetragen. Wenn es hieran schon hapert, können Sie die **Schadensregulierung** fast schon vergessen:

Schreiben Sie sich das Autokennzeichen des Unfallgegners auf, fotografieren Sie es, machen Sie Bilder von der Unfallstelle, den Verkehrszeichen und der Unfallsituation. Notieren Sie sich die Versicherungsgesellschaft und die Versicherungs-Nummer. Sie finden bei jedem französischen Auto an der Windschutzscheibe einen Aufkleber, der die Versicherung ausweist (bei Motorrädern am vorderen Schutzblech). Vergessen Sie, die Versicherungsgesellschaft an der Unfallstelle zu erfassen und schaltet Ihr Unfallgegner auf stur, sieht es düster aus; denn in Frankreich ist der Haftpflichtversicherer bei den Zulassungsstellen nicht registriert. Achten Sie darauf, daß in den Unfallbogen nur solche Daten aufgenommen werden, die unstreitig sind, unterschreiben Sie keinen Text, den Sie nicht verstehen. Und lassen Sie sich von Ihrer Rechtsschutzversicherungsgesellschaft sofort einen deutschsprechenden Anwalt nennen.

Sie haben keine **Rechtsschutzversicherung**? Dann können Sie die Schadensregulierung abschreiben, oder Sie zahlen Ihren französischen Anwalt (relativ teuer) selbst. Denn in Frankreich gibt es keine Erstattung von Rechtsanwaltsgebühren wie bei uns. Ein deutscher Advokat kann ohne die Hilfe eines französischen Kollegen so gut wie nichts ausrichten. Und prüfen Sie, ob Ihr Wohnmobil in Ihrer Rechtsschutzversicherung überhaupt mitversichert ist. Schließen Sie möglichst außerdem eine Vollkaskoversicherung ab, denken Sie an die Werte, die Sie durch die Gegend kutschieren (ich bin übrigens nicht von der Versicherungswirtschaft gesponsert).

Auch in unserem Fall mußte ein *Avocat* agieren; die Geldsumme, die uns einigermaßen entschädigte, war nach zehn Monaten auf unserem Konto.

Falls niemand verletzt ist, der Unfallgegner keine **Polizei** möchte und Sie eindeutig schuld sind, können Sie mit Ihrem Kontrahenten Formalitäten austauschen, ohne die Polizei zu rufen. Dann ersparen Sie sich nämlich mit hoher Wahrscheinlichkeit ein saftiges Bußgeld oder gar eine Kautionszahlung. Ihr deutscher Haftpflichtversicherer wird den Schaden auch regulieren, wenn Sie nur wahrheitsgemäß berichten. Und unverzüglich, das heißt so schnell Sie können, also spätestens am nächsten Tag, sollten Sie die deutsche Haftpflichtversicherung per Einschreiben und Eilboten informieren. Einzelheiten können Sie notfalls in der Heimat nach Rückkehr aus dem Urlaub noch nachreichen.

Sie haben ein Wohnmobil **gemietet**? Fragen Sie Ihren Vermieter vor Abschluß des Mietvertrages, ob das Fahrzeug auch vollkaskoversichert ist. Lassen Sie die Finger davon, wenn Sie nicht den Versicherungsschein gesehen haben und Ihnen der Vermieter nicht schriftlich erklärt hat, daß er auch die Versicherungsprämie bezahlt hat. Fragen Sie Ihn nach der Rechtsschutzversicherung. Falls er keine unterhält, Sie sich aber selbst rechtsschutzversichert haben, beispielsweise für Ihr normales Auto, genießen Sie Versicherungsschutz auch als Fahrer eines fremden Autos, sofern Ihre eigenen Rechte betroffen sind. Dies gilt für den gesamten strafrechtlichen Be-reich, also für Geldstrafen, Freiheitsstrafen (manch einem kann der Urlaub nicht alternativ genug sein) und auch für die Durchsetzung Ihrer eigenen Schadensersatzansprüche, wenn Sie einen Körperschaden erlitten haben. Achten Sie darauf, daß Ihre Familienmitglieder in dieser Versicherung mitversichert sind. Hätte ich nicht eigene Erfahrungen gemacht, ich würde Sie nicht so eindringlich warnen. Weitere Tips gebe ich Ihnen oben unter dem Stichwort "Notfälle".

Wanderungen

Südfrankreich hat ideale Wanderreviere. Auch für die erforderlichen Hilfsmittel ist gesorgt: Es gibt erstaunlich viele markierte Wege, Wanderkarten und ein flächendeckendes Netz von topographischen Karten.

Die *Cartes Topographiques* des *institut géographique national (ign)* haben einen Maßstab von 1: 25.000 und einen blauen Aufdruck. Die Reihe dieser Karten nennt sich deswegen auch *SERIE BLEUE*. Die Karten sind so genau, daß sogar jeder Trampelpfad eingezeichnet ist; auch die Wanderwege, wenn auch manchmal nur schwer erkennbar. Die Karten kosten 45 Francs und haben den Nachteil, daß man bei manchen Wanderungen gleich zwei von ihnen braucht. Besser sind unter diesem Gesichtspunkt die echten Wanderkarten der *Éditions Didier & Richard*. Auch diese Karten sind vom *ign* erstellt, allerdings im Maßstab 1:50.000. Es sind ausgesprochene Wanderkarten, auf denen alle markierten Wege verzeichnet sind, nicht selten auch solche, bei denen man in natura die Wanderzeichen vergeblich sucht. Allerdings gibt es diese Karten nicht für alle Gebiete, dafür bekommt man sie auch schon in Deutschland, z.B. beim GeoCenter, 7000 Stuttgart 80, Postfach zum Preis von rund 25,– DM. Wenn Sie

Wanderung bei Gordes (Tour 4)

auf jeden Fall wandern wollen, besorgen Sie sich die Karten am besten schon zu Hause. Es ist auch kein Problem, die Karten in Frankreich zu erwerben, es gibt sie im Prinzip überall, manchmal erstaunlicherweise mitten in bekannten Wandergebieten aber auch nicht. Man braucht nicht unbedingt Karten im Maßstab 1:25.000, die Karten der *Édition Didier & Richard* sind wegen der besser eingezeichneten Wanderwege eher zu empfehlen, nicht zuletzt auch aus preislichen Gründen. Ich habe Ihnen bei den einzelnen von mir beschriebenen Wanderungen auch immer die Karte genannt, die ich dazu benutzt habe. Die Orientierung ist mit Hilfe der Karten auch auf nicht markierten Wegen einfach. Sie wird zum Kinderspiel, wenn man auf einem "GR" (*Grande Randonnée*) marschiert, der immer gründlich rot-weiß bepinselt ist. Auf den weniger bekannten Wegen ist die Markierung nicht so pedantisch, eher nachlässig, ohne Karte verfranst man sich hier schnell. Die Wandermarkierung wird häufig auch durch an Bäume gebundene Plastikbänder ersetzt.

Man trifft erstaunlich viele Gleichgesinnte, die sich allzeit artig "*bon jour*" zurufen, denen aber oftmals ein "*Grüß Gott*" leichter über die Lippen käme. Die aber auch genau wissen, warum sie in Südfrankreich und nicht im Allgäu durch die Bergwelt stiefeln. Womit wir bei der Ausrüstung wären: Ohne Wanderschuhe bekommen Sie Probleme, denn der Untergrund ist sehr oft steinig und geröllartig. Auch noch im April empfehle ich Ihnen wegen des starken Windes eine Wollmütze, und, lachen Sie nicht, Handschuhe. Ich habe um Ostern schon bibbernd meine Hände in den Anorakärmeln vergraben, als ich auf den Gipfeln des Lubéron oder der Montagne Ste.-Victoire stand.

Falls Sie ernsthaft wandern wollen, empfehle ich Ihnen das Buch von *Joële Kirch, Wanderungen in der Provence*, Verlag J. Berg, München mit sehr schönen Fotos; etwas zum Verschenken. Hingegen rate ich von der Serie *Ringbuch-Wandern* ab, in der es auch einen Band *Provence* gibt. Die Beschreibung der Wanderwege ist schlech-

251

terdings unbrauchbar. Und die vom *ign* übernommenen Karten sind keinesfalls präziser als das Original - nur schlechter gedruckt.

Oder Sie versuchen es erst einmal mit unseren Wanderrouten, wobei wir bewußt nicht so großen Wert darauf gelegt haben, Ihnen den Wegeverlauf genauestens zu schildern. Eine Karte brauchen Sie ohnehin, und ein bißchen Kreativität sollte auch beim Wandern mitspielen!

Wasserversorgung

Es gibt in Südfrankreich viele öffentliche Wasserzapfstellen, allein schon wegen der zahlreichen *WC publics*. Es stellt sich daher kaum die Frage: Wo finde ich Wasser? Als vielmehr: Wie kommt das Wasser in den Tank? Denn die Wasserhähne kann man oft sehr schlecht anfahren, oder sie haben ein unförmiges Maul, auf das kein Gartenschlauchgewinde paßt, häufig kommt beides zusammen. Wir hantieren seit ein paar Jahren mit einer 10 l Gießkanne, es gibt nichts Praktischeres, wenn man diese sauber hält und unterwegs Platz für sie hat. Alternativ empfehle ich einen faltbaren Wasserkanister, bei dem das Umfüllen in den eigenen Tankstutzen allerdings schwieriger ist (außerdem reißen die Dinger leicht, einen weiteren zur Reserve mitnehmen!). Für die Schlauch-Methode brauchen Sie einen Plastik-schlauch, der wenigstens 8 m lang sein muß. Sie sollten einen Schraubanschluß für 1/2 Zoll und 3/4 Zoll dabeihaben, falls Sie doch mal auf einen entsprechenden Wasserhahn stoßen (z.B. an der Tankstelle). Wir verfügen außerdem über verschiedene, etwa 40 cm lange Schlauchenden. Es gibt in den Baumärkten bei uns durchsich-tige PVC-Schläuche, bei denen der jeweils kleinere genau in den nächst größeren hineingesteckt werden kann. Mit ihrer Hilfe kann man seinen Schlauch jeder Dicke eines Wasserhahns, der vorne kein Gewinde hat, anpassen. Notfalls kann man den Schlauch auch in den Wasserhahn hineinstecken.

Damit Sie sorglos durch die Lande fahren können, haben wir auf den Karten zu den einzelnen Touren einige Wasserentnahmemög-lichkeiten eingezeichnet. Entweder sehen Sie diese beim Vorbeifah-ren von der Straße aus, oder wir beschreiben sie Ihnen im Text. Gehen Sie aber bitte nicht davon aus, daß Sie dort immer mit Hilfe eines Schlauches Wasser tanken können.

Wir analysieren natürlich nicht die Trinkwasserqualität, dafür entkeimen wir ziemlich regelmäßig mit *Micropur*, einem geruchs- und geschmacklosen Mittelchen, frei von Chlor und Jod, das auch der Veralgung Ihrer WOMO-Wasserleitungen vorbeugen soll. Vom Was-ser nun zum Wein.

Wein

Eine kleine Weinkunde vorab ist unerläßlich: Französischer Wein wird nach bestimmten Kriterien in Qualitätsklassen gruppiert, die auf dem Etikett genannt sein müssen. Auf der untersten Stufe stehen die Tafelweine (*vin de table*), gefolgt von den Landweinen (vin de pays). Es folgt auf dem Weg nach oben eine dritte Klasse, die keine nennenswerte Rolle mehr spielt, ehe mit der *Appellation (d'origine) contrôlée (AOC oder AC)* weinmäßig die höchste Stufe erklommen ist. Nur diese Qualitätsstufe ist interessant, wobei es jedoch auch hier jede Menge schlechte Weine gibt.

Wer meine WOMO-Reiseführer über das Elsaß oder die Toskana kennt, wird sich vielleicht wundern, daß im Südfrankreichbuch das Weinkapitel vergleichsweise kurz ausgefallen ist, daß ich insbesondere keine Weingüter empfehle. Der Grund ist einfach: In Südfrankreich wird zwar viel Wein angebaut, jedoch wenig guter. So wenig, daß man ganze Urlaube damit zubringen müßte, die wirklich beachtlichen Gewächse ausfindig zu machen. Dafür ist mir die Zeit zu schade, Ihnen vermutlich auch.

Dabei hat sich die Qualität in den letzten Jahren stark verbessert. Das war aber auch dringend nötig, denn in Südfrankreich achtete man Jahrzehnte hauptsächlich auf Quantität, nicht auf Qualität. Ausschlag dafür war eine Reblausplage, die Ende des letzten Jahrhunderts die Weinkulturen in Südfrankreich zerstörte. Viele Bauern mußte ihre Anbauflächen, auf denen sie noch auf Qualität geachtet hatten, an Großproduzenten verkaufen. Es war die Zeit des Entstehens der schier grenzenlosen Weinfelder, wie wir sie heute vor allem noch im Languedoc antreffen. Es wurde nur noch Masse produziert, Kontrollen gab es in der viel gepriesenen "Gründerzeit" nicht. Und an die Stelle von Rebensaft traten oftmals Zucker und Chemie. Die ehrgeizigeren Kleinbauern mußten sich dem anpassen; kurz, die Weinkultur verfiel. Es blieb nicht aus, daß man viel zu viel produzierte, daß die Verarmung der Weinbauern weiter zunahm. Bei der berühmten Weinrevolte im Jahre 1907 gab es etliche Tote, sogar Soldaten wurden eingesetzt.

Ein wenig von alledem ist bis in unsere Zeit erhalten geblieben. Die Weinmasse ist nicht mehr gefragt, Qualität wird verlangt, zumal der Franzose im Alltag auch mehr und mehr zur Bierflasche greift. Immerhin wird in Südfrankreich noch ein Zehntel des gesamten Weins auf der Welt produziert, etwa die Hälfte der französischen Menge. Kein Wunder, daß die Regierung und die EG Flächenstillegungen prämiieren und Wein zur Destillation aufkaufen. Außerdem ist man, jedenfalls in der Provence, mit der Vergabe einer *Appellation Contrôllée* großzügiger geworden. Wenn die nämlich auf der Flasche steht, greift der Kunde lieber zu. Mit Glück findet man heutzutage auch mal einen richtig guten Tropfen, im Supermarkt nie, am ehesten im Restaurant, wenn der Sommelier sein Handwerk versteht. Bei dieser Gelegenheit: Wer es nicht lassen kann und in der Provence für den heimischen Weinkeller einkaufen möchte, teste am besten im Restaurant die besseren Flaschen und fahre anschließend zum Winzer. Dessen Name und Adresse stehen auf dem Etikett.

Den höchsten Ruf genießt der Châteauneuf-du-Pape, ein kräftiger Rotwein, der meist überteuert gehandelt wird. Preiswerter und mit Glück sogar besser ist der Gigondas; beide sind letztendlich Weine, die unter den Oberbegriff *Côtes du Rhône* fallen.

Der mit Abstand am meisten hergestellte Wein ist in Südfrankreich ein Rosé-Wein, der gut gekühlt an heißen Tagen das Urlaubserleben steigert; daß er ein rechter Durstlöscher wäre, wie man häufig liest, scheint mir aber eher ein sehr zweifelhaftes Werbeargument der Weinindustrie. Aber man fährt oft gut (nicht mit dem WOMO), wenn man gerade im Lokal einen Krug kühlen Rosé bestellt.

Aber ich will Ihnen den Weinkauf gar nicht ausreden. Wenn es Ihnen Spaß macht, fahren Sie zum Erzeuger, verkosten Sie ein paar Qualitäten und packen Sie auch was ein. Gelegenheit haben Sie dafür genug, unzählige Erzeuger werben für ihre *Caves* (Keller). Aber eines dürfen Sie nicht, sich weinmäßig im südfranzösischen Supermarkt eindecken. Dann doch lieber zu Hause, denn dort wäre manches, was in französischen Einkaufswagen steht, unverkäuflich. Oder Sie machen es wie die Franzosen, Sie greifen zunehmend zum Bier, das schmeckt nicht nur fast wie zu Hause, sondern kommt oftmals auch von da her. Warum also überhaupt noch verreisen?

Wenn Sie diese Frage jetzt, am Ende des Buches, noch nicht beantworten können, haben Sie sich verkauft: Entweder bei der Anschaffung Ihres Wohnmobils - oder mit meinem Buch.

freie Stellplätze zum Übernachten

Reisenotizen und Korrekturen:

Ü= Kloster Michel -de - Frigolet
in der Nähe von Avignon
Ü = in Barbetane ca 10 km
von Avignon S. 143

Les Baux = Ü = St. Remy,
Les Antiques = S. 152

Route 3+4
viele Ü - Plätze S. 43
landschaftlich sehr schön
viele Lavendelfelder
Canyon d'Oppedette
Durch das Tal von Apt

255

Reisenotizen und Korrekturen:

Reisenotizen und Korrekturen:

Reisenotizen und Korrekturen:

Reisenotizen und Korrekturen:

Stichwortverzeichnis

Abtei Montmajour 159
Abtei St.-Michel-de-Frigolet 142
Abtei von Sénanque 61
Abtei von Silvacane 100
Agde 196
Aigues-Mortes 190
Aiguines 122
Aix-en-Provence 103
Alpilles 149
Ansouis 101
Apotheken 236
Apt 72
Aquädukt von Barbegal 158
Ardèche 220
Arles 160
Ärzte 236
Auribeau 82
Aven Armand 213
Aven d'Orgnac 223
Avignon 131
Bademöglichkeiten 244
Bagnols-sur-Cèze 224
Banon 45
Barbegal 158
Barbetane 143
Beaumes-de-Venise 32
Bonnieux 86
Boules 226
Buoux 82
Cabanes du Sablon 188
Camargue 183
Campingplätze 227
Cantobre 218
Canyon d'Oppedette 79
Carpentras 36
Cascade du Sautadet 224
Castelbouc 212
Castellane 125
Castellet 82
Causse du Larzac 214
Causse Méjean 212
Causses 214
Cavaillon 95
Chaos-de-Montpellier-le-Vieux 217
Châteauneuf-du-Pape 27
Cirque des Baumes 209, 210
Clermont-l'Hérault 198
Col du Cayron 33
Collias 174
Colorado Provençal 76
Corniche Sublime 120, 123
Courthézon 29
Cucuron 98
Dauphin 46
Défilé de Donzère 21
Dentelles de Montmirail 32

Diebstahl 228
Esparron 116
Etang de la Bonde 100
Eygalières 155
Flamingo-Beobachtung 188
Fontaine-de-Vaucluse 49
Fontvieille 156
Forcalquier 46
Fort de Buoux 84
Fotografieren/Filmen 230
Freies Camping 231
Fremdenverkehrsbüros 232
Ganges 202
Gas 232
Geld 233
Getränke 234
Gigondas 36
Gordes 57
Gorges de la Dourbie 217
Gorges de la Nesque 46
Gorges du Tarn 210
Gorges le la Jonte 215
Gorges-de-l'Ardèche 220
Goult 71
Grand Canyon du Verdon 123
Graufesenque 216
Gréoux-les-Baines 115
Grotte de Clamouse 202
Grotte des Demoiselles 202
Infos 226
Kapelle St. Sixte 155
Karten 234
Klima 238
Klosters St. Symphorien 86
Konsulate 236
La Garde-Adhémar 21
La Grande Motte 193
la Malène 208
La Maline 127
La Tamarissière 195
Labastide-de-Virac 224
Lac de Ste. Croix 120
Lac des Peiroou 152
Lac du Salagou 198
Lacoste 87
Lavendel 119
Le Chalet-Reynard 42
Lebensmittel 234
Les Baux 145
Les Mazes 222
Les Milles 107
L'Isle-sur-la-Sorgue 55
Literatur 235
Lourmarin 95
Lubéron 81

Méjanes 184
Ménerbes 89
Mérindol 98
Millau 215
Mont Aigoual 215
Mont Ventoux 31, 40
Montagne-Ste.-Victoire 108
Montagnette 142
Montélimar 20
Moulin de Daudet 157
Mourre Nègre 81
Moustiers-Ste.-Marie 120
Murs 48
Nant 218
Nîmes 177
Notfälle 236
Notre-Dame-d'Aubune 32
Notrufe 236
Observation des Flaments 188
Oppède-le-Vieux 91
Oppedette 79
Orange 22
Pannendienst 237
Pas du Souci 210
Pernes-les-Fontaines 48
Pétanque 226
Pézenas 197
Phare de L' Espiguette 193
Plage de Beauduc 189
Plage de Piemancon 190
Plateau de Vaucluse 44
Plateau de Valensole 118
Point Sublime 210
Pont d'Arc 222
Pont de Langlois 167
Pont du Diable 201
Pont du Gard 171
Pont Julien 72
Post 237
Preise 237
Puyloubier 109
Radfahren 237
Reisezeit 238
Remoulins 174
Restaurants 240
Rians 113
Riez 118
Roc des Hourtous 210, 212
Roquefort-sur-Soulzon 216
Roussillon 66
Route Cézanne 107
Route de Lavande 118
Route des Crêtes 123
Route Napoléon 127
Ruoms 223
Rustrel 76
Saignon 75
Salin-de-Giraud 190

Sault 44
Schlucht von Régalon 98
See von Esparron 115
Sehenswürdigkeiten 242
Sénanque 61
Silvacane 100
Simiane-la-Rotonde 78
Sisteron 127
Sorgue 51
Sprache 243
St. Chély-du-Tarn 209
St. Christol 73
St. Gilles 168
St. Guilhem-le-Désert 201
St. Jean-du-Bruel 218
St. Julien-de-la-Nef 202
St. Maine 46
St. Paul-Trois-Châteaux 21
St. Rémy 151
Ste. Enimie 212
Stellplätze 243
Stes. Maries-de-la-Mer 184
Strand von Beauduc 189
Strände 244
Straßenverhältnisse 245
Suze-la-Rousse 22
Tal von Apt 56
Tankstellen 245
Tarascon 141
Tarn 206
Telefonieren 246
Tips 226
Toiletten 246
Tourismus 248
Tricastin 21
Trigance 125
Unfall 248
Uzès 174
Vaison-la-Romaine 22, 37
Vallon-Pont-d'Arc 222
Vauvenargues 109
Venasque 46
Vers 174
Viens 79
Village des Bories 64
Villeneuve lès Avignon 137
Waldenser 90
Wanderungen 250
Wasserversorgung 252
Wein 252
Zedernwald 93

Weitere Bände der WOMO-Reihe:

BAND 1 · BAND 1 · BAND 1
Brigitte & Reinhard Schulz
Wolfgang Schwörer
MIT DEM WOHNMOBIL NACH GRIECHENLAND
TIPS · TRICKS · TOUREN · TOLLE STRÄNDE

BAND 2 · BAND 2 · BAND 2
Brigitte & Reinhard Schulz
MIT DEM WOHNMOBIL NACH NORD-SPANIEN
TIPS · TRICKS · TOUREN · TOLLE STRÄNDE

BAND · BAND
Brigitte & Reinhard Schulz
MIT DEM WOHNMOBIL NACH KORSIKA
TIPS · TRICKS · TOUREN · TOLLE STRÄNDE

BAND 4 · BAND 4 · BAND 4
Brigitte & Reinhard Schulz
Gerhard Allmendinger
MIT NORDKAP TOUR
MIT DEM WOHNMOBIL NACH SCHWEDEN
TIPS · TRICKS · TOUREN · TOLLE STRÄNDE

BAND · BAND
Ralf Gréus
MIT DEM WOHNMOBIL INS ELSASS
TIPS · TRICKS · TOUREN · GUTE GASTSTÄTTEN

BAND 7 · BAND 7
Reinhard Schulz
MIT DEM WOHNMOBIL NACH SARDINIEN
TIPS · TRICKS · TOUREN · TOLLE STRÄNDE

BAND 8 · BAND 8
Ralf Gréus
MIT DEM WOHNMOBIL IN DIE TOSKANA
TIPS · TRICKS · TOUREN · GUTE PLÄTZE

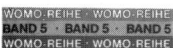

Band 1–4 und 6–15

MIT DEM WOHNMOBIL . . . .

- Durchs ganze Land in vielen Touren.
- Die schönsten Badestrände, die noch nicht jeder kennt — mit uns finden Sie hin.
- Freies Camping — kein Problem!
- Bergtouren für groß und klein.
- 300 Tricks und Tips für Ausrüstung, Reisevorbereitung und Urlaub.
- Ausgefeilte Packliste.
- Die besten Anreiserouten, Fähren, usw. usw.
- Gesicherte Trinkwasserversorgung durch Hinweise auf über 50 Brunnen.
- Die besten Fährverbindungen.
- Genaue Kennzeichnung schöner Bade-, Picknick- und Wanderparkplätze.

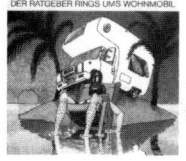

WOMO-REIHE · WOMO-REIHE
BAND 5 · BAND 5 · BAND 5
WOMO-REIHE · WOMO-REIHE
Brigitte & Reinhard Schulz
ALLGEMEINES WOHNMOBIL HANDBUCH
DER RATGEBER RINGS UMS WOHNMOBIL

Band 5:

ALLGEMEINES WOHNMOBIL-HANDBUCH

- Beratung bei Wohnmobilkauf oder -miete.
- Einweisung in die Gas-, Wasser- und Elektroinstallation.
- Einrichtung des Wohnmobils.
- Tips und Tricks fürs wohnmobile Wochenende.
- Freies Camping in Deutschland — Stellplatztips.
- Zubehörtips, Ver- und Entsorgungsratschläge.
- Urlaubsvorbereitung mit Profipackliste.
- Tips und Tricks für die große Fahrt mit Informationen über freies Camping in ganz Europa.
- Rezepte f. d. Wohnmobilküche./Ratschläge f. Reisen m. Kindern.
- Mit dem Wohnmobil zum Wintersport./Alle Wohnmobilclubs.
- WUPS — der WOMO-Urlaubs-Partner-Service.
- Adressen der Wohnmobilhersteller, -händler, -vermieter, Campingzubehör, Gastankstellen.

✳ WOMO ✳ 🚐🚐 ✳ WOMO ✳ 🚐🚐

Absender:

_____

_____

_____

Datum _____ Unterschrift

WOMO-VERLAG

Versandabteilung

D-7128 Lauffen/Neckar

Wir bestellen:

___ Ex.: Mit dem Wohnmobil nach Griechenland .... DM 22,80

___ Ex.: Mit dem Wohnmobil nach Nord-Spanien .... DM 24,80

___ Ex.: Mit dem Wohnmobil nach Korsika .... DM 19,80

___ Ex.: Mit dem Wohnmobil nach Schweden .... DM 22,80

___ Ex.: Allgemeines Wohnmobil-Handbuch .... DM 24,80

___ Ex.: Mit dem Wohnmobil ins Elsaß .... DM 22,80

___ Ex.: Mit dem Wohnmobil nach Sardinien .... DM 22,80

___ Ex.: Mit dem Wohnmobil in die Toskana .... DM 22,80

___ Ex.: Mit dem Wohnmobil nach Thüringen .... DM 24,80

___ Ex.: Mit dem Wohnmobil in die Bretagne .... DM 22,80

___ Ex.: Mit Wohnwagen/Wohnmobil in die Auvergne .... DM 19,80

___ Ex.: Mit dem Wohnmobil in die Provence .... DM 24,80

___ Ex.: Mit dem Wohnmobil in die Pfalz .... DM 22,80

___ Ex.: Mit Wohnwagen/Wohnmobil nach Burgund .... DM 22,80

___ Ex.: Mit dem Wohnmobil nach Norwegen .... DM 24,80

Preisänderungen vorbehalten.

Unsere Bücher erhalten Sie in jeder Buchhandlung oder porto- und verpackungsfrei und auf Rechnung direkt vom Verlag.
Bestell-Telefon: 0 71 35 / 1 45 53, Fax 1 46 52.
Hier auch Infos über unsere ständigen Neuerscheinungen.

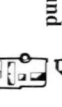